LES

MAISONS SOUVERAINES

DE L'EUROPE

LES

MAISONS SOUVERAINES

DE L'EUROPE

ORIGINE — HISTOIRE — GÉNÉALOGIE

ONZE TABLEAUX GÉNÉALOGIQUES

PAR

GASTON de FRESSANCOURT.

BRUXELLES
LIBRAIRIE EUROPÉENNE C. MUQUARDT
ÉDITEUR DE LA COUR
45, RUE DE LA RÉGENCE, 45
MÊME MAISON A LEIPZIG

1876

TABLE DES MATIÈRES

Tableaux généalogiques.

Voici le tableau des maisons souveraines dont traite ce volume. Nous les donnons ici dans l'ordre alphabétique; dans l'ouvrage nous avons suivi l'ordre alphabétique des pays qu'elles gouvernent, excepté pour les familles de Bourbon, de Bonaparte et de Holstein.

Maison d'**Anhalt** ou **Ascanienne**. . .	Dessau. Bernbourg (éteint 1863). Cœthen (éteint 1853).	
Maison d'**Autriche** ou de **Habsbourg-Lorraine** . . .	Autriche. Modène (éteint 1875). Toscane.	
Maison de **Bade**.		
Maison de **Bernadotte** ou de **Monte-Corvo**.	Suède et Norwége.	
Maison **Bonaparte**.		
Maison de **Bourbon**.	Ligne française.	Bourbon-Bourbon. Bourbon-Orléans.
	Ligne espagnole	Espagne. Deux-Siciles. Parme.
Maison de **Bragance**.	Portugal. Brésil.	
Maison des **Guelfes** ou de **Brunswick**.	Brunswick-Wolfenbuttel. Lunebourg-Hanovre (Gr.-Bret.).	
Maison des **Grimaldi**.	Monaco.	
Maison de **Hesse**. .	Ligne aînée ou électorale.	Hesse-Cassel. Hesse-Philippsthal. Hesse-Philippsthal-Barchfeld.
	Ligne cadette ou grand-ducale (Darmstadt).	

- Maison de **Holstein** ou d'**Oldenbourg**.
  - Ligne royale.
    - Danemarck (éteint 1863).
    - Sonderbourg-Augustenbourg.
    - Sonderbourg-Glucksbourg.
  - Ligne ducale.
    - Ligne aînée . . Russie.
    - Ligne cadette .
      - Suède.
      - Oldenbourg.
- Maison de **Hohenzollern** . . . . .
  - Ligne aînée.
    - Hoh.-Hechingen (éteint 1869).
    - Hoh.-Sigmaringen.
  - Ligne cadette. Prusse.
- Maison de **Liechtenstein**.
- Maison de **Lippe** . .
  - Lippe-Detmold.
  - Schaumbourg-Lippe.
- Maison de **Mecklembourg** . . . .
  - Mecklembourg-Schwérin.
  - Mecklembourg-Strélitz.
- Maison de **Nassau** .
  - Ligne Walramienne (Nassau).
  - Ligne Othonienne (Pays-Bas).
- Maison de **Reuss** . .
  - Reuss-Greiz.
  - Reuss-Schleiz.
- Maison de **Savoie**. . Italie.
- Maison de **Schwarzbourg** . . . .
  - Schwarzbourg-Sondershauzen.
  - Schwarzbourg-Rudolstadt.
- Maison de **Waldeck**. Waldeck et Pyrmont.
- Maison de **Wettin** ou de **Saxe**. . . .
  - Ligne Ernestine
    - Weimar-Eisenach.
    - Gotha.
      - Meiningen-et-Heldbourghausen.
      - Altenbourg.
      - Cobourg-et-Gotha
        - Cobourg-et-Gotha.
        - Belgique.
  - Ligne Albertine. Royaume de Saxe.
- Maison de **Wittelsbach**. Bavière.
- Maison de **Wurtemberg**.

La plupart de ces maisons remontent à une antiquité reculée, et leurs origines sont souvent enveloppées d'impénétrables obscurités. Jadis on leur fabriquait des généalogies fantastiques pour les rattacher à l'un ou l'autre personnage célèbre de l'histoire, ou pour donner à plusieurs une origine commune; aujourd'hui la science est plus ingénue, elle fait connaître le résultat de ses investigations et avoue simplement qu'elle n'a pu pénétrer plus avant quand les sources font défaut.

Il n'est presque pas de pays qui ne soit gouverné par une famille d'origine étrangère, ou par une autre branche de cette même famille. La plupart des trônes sont occupés par des souverains d'origine germanique; la maison de Bourbon, autrefois si bien partagée, n'a plus que celui d'Espagne. La famille royale de Portugal remonte à la même souche que celle de Bourbon. Une seule famille souveraine est d'origine slave, c'est celle de Mecklembourg. La plus jeune de toutes est celle de Bernadotte, en Suède.

Nous n'avons pas parlé de la maison d'Osman, à laquelle obéit la Turquie, parce qu'elle est d'origine asiatique.

ROYAUME DE BELGIQUE.

La dynastie de SAXE-GOTHA.

La Belgique, après avoir subi pendant des siècles la domination étrangère, conquit enfin son indépendance en 1830. Le Congrès national élut (4 juin 1831), pour roi des Belges, Léopold Georges Chrétien Frédéric, duc de Saxe, prince de Saxe-Cobourg-et-Gotha (1). Ce prince accepta la couronne, conditionnellement le 26 juin et définitivement le 12 juill. de la même année. Le 21 juill. suivant, il prit possession du trône : il fit son entrée triomphale à Bruxelles et prêta le serment constitutionnel. Il avait été marié le 2 mai 1816 à *Charlotte* Auguste, fille de George IV, roi de la Grande-Bretagne et d'Irlande, mais était resté veuf l'année suivante, 6 novembre. Le 9 août 1832, il épousa en secondes noces *Louise* Marie Thérèse Charlotte Isabelle d'Orléans, née 3 av. 1812, fille de Louis-Philippe, roi des Français. La reine Louise fut enlevée à la vénération et à l'affection des Belges le 11 octobre 1850. Léopold Ier décéda au château royal de Laeken (10 déc. 1865), après un règne des plus prospères.

Famille Royale.

Catholique.

Résid. : *Bruxelles.*

Roi.

Léopold II Louis Philippe Marie Victor roi des Belges, duc de Saxe, prince de Saxe-Cobourg-et-Gotha, né 9 avril 1835; succ. à son père Léopold Ier, 10 déc., prête le serment constitutionnel devant les Chambres réunies, 17 déc. 1865 ; marié, par procuration 10 et en personne 22 août 1853, à

(1) Voir plus loin la Saxe.

Reine.

Marie Henriette Anne, archiduchesse d'Autriche, fille de feu l'archiduc *Joseph* Antoine Jean, palatin de Hongrie, née 23 août 1836.

Enfants.

1. *Louise* Marie Amélie Jeanne, née 18 février 1858 ; mariée à Ferdinand Philippe, prince de Saxe-Cobourg-et-Gotha. duc de Saxe.
2. Feu Léopold Ferdinand Élie Victor Albert Marie, prince royal, comte de Hainaut, né 12 juin 1859 ; m. 22 janv. 1869.
3. *Stéphanie* Clotilde Louise Hermine Marie Charlotte, née 21 mai 1864.
4. *Clémentine* Albertine Marie Léopoldine, née 30 juillet 1872.

Frères et sœur du roi.

1. Feu Louis Philippe Léopold Victor Ernest, prince royal, né 24 juillet 1833; m. 16 mai 1834.
2. Philippe Ferdinand Eugène Marie Clément Baudouin Léopold Georges, comte de Flandre, né 24 mars 1837; marié, 25 avril 1867, à *Marie* Louise Alexandrine Caroline, fille du prince Charles-Antoine de Hohenzollern-Sigmaringen, née 17 novembre 1845.

   Enfants: 1. *Baudouin* Léopold Philippe Marie Charles Antoine Joseph-Louis, né 3 juin 1869.
   2. *Henriette* Marie Charlotte Antoinette, née 30 nov. 1870.
   3. Feue *Joséphine* Marie Stéphanie Victoire, n. 30 nov. 1870; m. 18 janv. 1871.
   4. *Joséphine* Caroline Marie Albertine, n. 18 oct. 1872.
   5. *Albert-Léopold* Clément Marie Mainard, n. 9 av. 1875.
3. Marie Charlotte Amélie Auguste Victoire Clémentine Léopoldine, née 7 juin 1840; mariée, 27 juillet 1857, à Ferdinand *Maximilien* Joseph, archiduc d'Autriche (frère de S. M. l'Empereur d'Autriche), et empereur du Mexique ; veuve 19 juin 1867.

DUCHÉ D'ANHALT.

La dynastie d'ESICON ou ASCANIENNE.

La famille d'Anhalt est l'une des plus anciennes de l'Allemagne. Elle a joui de brillantes positions, donné des électeurs au Brandebourg et à la Saxe, mais elle a été successivement frustrée de tout. Il ne lui reste aujourd'hui qu'un petit duché enclavé dans la province prussienne de Saxe.

Esicon, comte de Ballenstedt, qui possédait de grands biens sur l'Elbe et la Saale, vers le milieu du onzième siècle, est regardé comme la souche de la maison d'Anhalt, appelée aussi Ascanienne (1).

Son fils, Othon-le-Riche, marié à Elike, fille du dernier duc de Saxe de la maison de Billoung, s'intitula duc d'Asanie et d'Aschersleben. Son héritier, Albert-l'Ours, accrut la puissance et la considération de sa maison par l'acquisition du Brandebourg, dont il devint margrave en 1142, et par celle des biens maternels de Thuringe ; son fils Bernard fut créé duc de Saxe à la chute de Henri-le-Lion, 1180 (2) ; son fils cadet, Henri-le-Gras, hérita le comté d'Anhalt, 1196, et fut revêtu par l'empereur Frédéric II de la dignité princière. Il est le fondateur de la maison d'Anhalt.

A sa mort, ses trois fils formèrent trois lignes, qui furent de nouveau réunies par le prince Joachim-Ernest (mort en 1586). De ses seize enfants, quatre fils formèrent, en 1603, quatre branches : l'aîné, Jean Georges, fonda celle de Dessau ; le second, Christian, celle de Bernbourg ; le quatrième, Rodolphe, celle de Zerbst ; le cinquième, Louis, celle de Cœthen. Le troisième, Auguste, à Plœtzgau, se contenta d'une somme d'argent, avec la réserve, pour lui et ses descendants, de succéder, si l'une des lignes fondées par ses frères venait à s'éteindre. Cette dernière condition se réalisa en 1665, où le fils d'Auguste, Lebrecht, succéda à son oncle Louis, à Cœthen.

Anhalt-Dessau prit, ainsi qu'Anhalt-Cœthen, la dignité ducale en 1807, en entrant comme princes souverains dans la Confédération du Rhin.

(1) De leur château d'Ascanie ou d'Ascharie, situé sur le Wolfsberg près d'Aschersleben. Quand la ligne d'Ascanie-Aschersleben, l'aînée sortie d'Henri, s'éteignit en 1315, les évêques d'Halberstadt s'emparèrent de l'Ascanie et s'y maintinrent malgré l'opposition et les réclamations des agnats, et malgré les résolutions de la Diète. Lors de la sécularisation de l'évêché en 1802, l'Ascanie fut cédée à la Prusse. Les ducs d'Anhalt ont conservé le titre et les armes des comtes d'Ascanie.

(2) Les petits-fils de Bernard, Jean et Albert, fondèrent les deux lignes de *Saxe-Wittenberg* (électorale, et *Saxe-Lauenbourg*). La première finit en 1422, et la Saxe passa à la maison de Wettin. La ligne de Lauenbourg s'éteignit en 1689 ; les agnats d'Anhalt élevèrent en vain des prétentions à sa succession.

En 1806, Anhalt-Bernbourg avait obtenu cette dignité de l'empereur d'Allemagne, François II.

Anhalt-Zerbst s'éteignit en 1793, dans la personne de Frédéric-Auguste, frère de Catherine II, Impératrice de Russie. Ses possessions échurent aux lignes survivantes.

Anhalt-Cœthen. Le prince Frédéric Erdmann (m. en 1797), hérita de son aïeul maternel la seigneurie de Pless en Silésie. Il y eut depuis lors une branche collatérale de Cœthen-Pless. Le duc Louis Auguste étant mort mineur le 16 déc. 1818, la ligne principale de Cœthen s'est éteinte, et le prince Anhalt-Cœthen-Pless devint alors souverain du duché de Cœthen. Son frère Henri eut la baronnie silésienne de Pless, sous la souveraineté du roi de Prusse. La branche de Cœthen-Pless s'est éteinte en 1853, et ses possessions ont passé à la ligne de Dessau.

Anhalt-Bernbourg s'est éteint dans les mâles en 1863.

1. Famille d'Anhalt-Dessau-Cœthen.

Conf. Évangélique.

Résid.: *Dessau.*

Duc.

Léopold **Frédéric** François Nicolas, duc d'Anhalt, duc de Saxe, Engern et Westphalie, comte d'Ascanie, seigneur de Zerbst, Bernhourg et Grœbzig, etc., n. 29 avril 1831, succ., 22 mai 1871, à son père le duc *Léopold* Frédéric (né 1er octobre 1794); marié, 22 avril 1854 à

Duchesse.

Antoinette Charlotte Marie Joséphine, Caroline Frida, n. 17 avril 1838, fille de feu Edouard prince de Saxe-Altenbourg, duc de Saxe.

Enfants.

1. *Léopold* Frédéric François Ernest, pr. hérédit., n. 18 juill. 1855.
2. Léopold *Frédéric* Édouard Charles Alexandre, n. 19 août 1856.
3. *Elisabeth* Marie Frédérique Amélie Agnès, n. 7 sept. 1857.
4. *Edouard* Georges Guillaume Maximilien, n. 18 avril 1861.
5. *Aribert* Joseph Alexandre, n. 18 juin 1864.
6. *Alexandrine* Thérèse Marie, n. 4 avril 1868.

Sœurs du Duc.

1. Frédérique Amélie Agnès, n. 24 juin 1824; mariée, 28 avril 1853, à Ernest, alors prince héréditaire et actuellement duc régnant de Saxe-Altenbourg.
2. Marie Anne, n. 14 sept. 1837, mariée, 29 nov. 1854, à *Frédéric-Charles* Nicolas, prince de Prusse.

Oncles et leurs descendants.

1. Feu Georges Bernard (n. 21 fév. 1796, m. 16 oct. 1865); marié 1° 6 août 1825, à *Caroline* Auguste Louise Amélie, fille de feu Charles-Gonthier, pr. de Schwarzbourg-Rudolstadt (n. 4 avril 1804, m. 14 janv. 1829); 2° 4 oct. 1831 (morganatiquement), à *Thérèse* Emma d'Ermannsdorf, comtesse de Reina (n. 12 sept. 1807, m. 28 fév. 1848).

   Fille du 1er lit: *Louise*, née 22 juin 1826.

   Du 2e lit: 6 enfants, portant le titre de comtes et comtesses de Reina.

2. Feu Frédéric Auguste (n. 23 sept. 1799, m. 4 déc. 1864). Sa veuve: *Marie* Louise Charlotte, n. 9 mai 1814, fille de feu Guillaume, landgrave de Hesse-Cassel; mariée 11 sept. 1832.

   Filles: 1. *Adélaïde* Marie, n. 25 déc. 1833; mariée, 23 av. 1851, à Adolphe, duc de Nassau.

   2. *Bathilde* Amalgonde, n. 29 déc. 1837; mariée, 30 mai 1862, à Guillaume Charles Auguste, prince de Schaumbourg-Lippe.

   3. *Hilda* Charlotte, n. 13 déc. 1839.

3. Feu Guillaume Woldemar (n. 29 mai 1807; m. 8 oct. 1864); marié (morganatiquement), 9 juill. 1840, à Caroline *Émilie*, baronne de Stolzenberg, n. 30 janv. 1812.

2. Famille d'Anhalt-Bernbourg.

Conf. Évangélique.

Résid. : *Ballenstedt.*

Feu le duc Alexandre Charles (n. 2 mars 1805, m. 19 août 1863), succ., 24 mars 1834, à son père le duc Alexis Frédéric Chrétien (n. 12 juin 1767). Il est le dernier duc d'Anhalt-Bernbourg. Sa veuve :

Duchesse douairière.

Frédérique Caroline Julienne, n. 9 oct. 1811, fille de feu *Guillaume* Frédéric, duc de Schleswig-Holstein-Sonderbourg-Glucksbourg; mariée 30 oct. 1834; co-régente depuis le 8 oct. 1855.

Sœur du duc Alexandre.

Wilhelmine L o u i s e, n. 30 oct. 1799; mariée, 21 nov. 1817, à *Frédéric* Guillaume, prince de Prusse; veuve 27 juill. 1863. (Résid.: Château d'*Eller*, près Dusseldorf.)

EMPIRE D'AUTRICHE

OU

MONARCHIE AUSTRO-HONGROISE.

La Dynastie de **HABSBOURG-LORRAINE**.

Habsbourg.

On admet généralement que l'ancienne maison d'Autriche ou de Habsbourg a une commune origine avec celle de Bade. Les généalogistes s'accordent à les faire descendre de Gontran, comte en Brisgau vers 950; mais ils ne sont pas unanimes sur la souche à assigner à celui-ci. D'après un système très-répandu, il faudrait admettre comme chef Etichon duc d'Alsace (m. 695), auquel la maison de Lorraine doit aussi son origine, et, dans cette hypothèse, le mariage de François-Etienne de Lorraine avec Marie-Thérèse d'Autriche aurait réuni deux branches sorties d'une même tige mille ans auparavant. D'après un autre système plus récent, qui a pour lui beaucoup de probabilité, la souche serait les anciens ducs de Souabe, dont on cite Geoffroi vers l'an 700 (1).

Dans les troubles qui suivirent la chute des Mérovingiens, les descendants de Geoffroi perdirent la dignité ducale, tout en restant l'une des familles comtales les plus puissantes de la Souabe ou Alemannie. Leurs possessions principales étaient dans le gau alémannique le Baar, l'un des plus vastes de toute la Germanie; ils en avaient d'autres dans le Brisgau et le reste de la Souabe, ainsi que dans la Suisse.

Les descendants de Geoffroi tentèrent souvent, même par les armes, de faire rentrer dans leur famille la dignité de ducs de Souabe, mais sans jamais y réussir pleinement.

Gontran, surnommé le Riche, à cause de ses grands biens, s'étant joint aux adversaires de l'empereur Othon le Grand, se vit enlever tous

(1) Le système d'Alsace a été présenté par Vignier : *La véritable origine des très-illustres maisons de Lorraine, d'Autriche et de Bade.* Paris, 1649 ; Eccard, le P. Hergott (*Genealogia diplomatica domus Habsburgicæ.* Frib, 1740). Schöpflin (*Historia Zaringo-Badensis.* Carlsr. 1763), le baron de Zurlauben (*Tables généalogiques des aug. maisons d'Autriche et de Lorraine.* Paris, 1770) lui ont acquis une grande vogue. Le P. Neugart le soumit à la critique et lui enleva de sa valeur en présentant son système de Souabe (*Codex Alemanniæ diplomat.* Typ. S. Blas. 1711), auquel Leichtlen (*Die Zæringer.* Freib im Breisg, 1831) a tâché de donner plus de certitude; mais le manque de documents laisse encore subsister une masse de doutes et de difficultés presque insolubles. Voir JOSEPH BADER : *Badische landes-geschichte.* Freib im Breisg. 1834, et *ejusd. : der Zäringische Löwe.* Freib, 1837.

Tableau généalogique de la maison

MARIE-THÉRÈSE

1740-80

Joseph II.	Léopold II.	Marie-Christine.	M. Elisabeth.	M. Améli
1765-90. *Is. de Parme.* m. 1763. *Jos. de Bav.* m. 1767.	Gr.-d. de Toscane. 1765-90. Emp. 1790-92. *M. Louise d'Esp.*	Gouv. des Pays-Bas. m. 1798. *Albert de Saxe-Teschen.*	Abbesse d'Inspruck. m. 1808.	m. 1805. *D. de Parme.* m. 1802.

François II (Ier).	M. Thérèse.	Ferdinand III.	Charles.	Joseph.	Antoin
Emp. rom. 1792-1806. Emp. d'Autr. 1804-35 a) *El. de Wurt.* m. 1790 b) *M. Th. de Nap.* m. 1807 c) *M. d'Autr.-Este.* m. 1816 d) *Carol. de Bav.* m. 1873	m. 1827. *Antoine, R. de Saxe.* m. 1836	Gr.-Duc de **Toscane.** m. 1824. a) *Louise de Naples.* m. 1802. b) *Marie de Saxe.*	m. 1847.	m. 1847.	Gr.-malt de l'ordr teutoniqu n. 31 ao 1779. m. 2 av 1834.

Ferdinand Ier	François.	Léopold II.
1835-48 (abdique)		m. 1870.

François-Joseph.	Ferdinand IV.
Emp. 1848.	

Voir le complément du tableau dans les notices généalogiques. (Cett

HABSBOURG-LORRAINE.

FRANÇOIS Ier

Emp. 1745-65

. Caroline.	M. Antoinette.	Maximilien.	Ferdinand. (Autriche-Este).
m. 1814. *rdinand I (IV), des Deux-Sic.*	m. 1793. *Louis XVI, R. de France.*	Gr.-maître teutonique m. 1800.	Duc de **Modène.** m. 1808. *Marie d'Este.*

ean.	Renier.	Louis.	Rodolphe.	François IV.
10 janv. 1782. 11 mai 1859.	m. 1853	n. 13 déc. 1784. m. 21 déc. 1864.	Card.-Archev. d'Olmutz. n. 8 janv. 1788. m. 24 juin 1831.	m. 1846. *Béatrix de Sardaigne.*

François V.

tion s'applique également aux autres tableaux).

les fiefs qu'il tenait de l'Empire, et on n'aurait pu prévoir alors la splendeur à laquelle sa maison devait s'élever dans la suite.

Les descendants de Gontran se divisèrent en deux lignes qui formèrent à la troisième génération les maisons de Zæringhen (dont celle de Bade est un rameau) et de Habsbourg. Cette dernière a pour fondateur le fils cadet de Gontran, Lanzelin, comte dans le Klekgau; il s'appelait d'Altenbourg du lieu de sa résidence. Le fils de Lanzelin, Ratbod, bâtit le château de Habsbourg sur l'Aar, au nord du canton de Berne d'où ses successeurs empruntèrent leur nom.

Au treizième siècle, un rejeton de Ratbod, Rodolphe III (Ier, comme empereur), comte de Habsbourg et de Kybourg, fils d'Albert le Sage, se fit tellement remarquer par sa valeur et ses hautes qualités, qu'il fut unanimement appelé au trône de l'Empire par tous les princes de la Germanie, 1273. Il se rendit maître du duché d'Autriche, de la Styrie, de la Carniole et de la Carinthie, et en garda la possession, 1282, du consentement des princes de l'Empire. Depuis cette époque ses descendants ajoutèrent au nom de leur famille celui d'Autriche.

C'est ainsi que Rodolphe jeta la base de la puissance de sa maison. Autour du duché d'Autriche, les Habsbourg, profitant adroitement des circonstances, parvinrent à grouper peu à peu une foule d'autres pays dans l'Allemagne, et hors de l'Allemagne; ils rendirent de fait la dignité impériale héréditaire dans leur famille et s'élevèrent au premier rang parmi les puissances de l'Europe. La descendance directe de Rodolphe de Habsbourg donna vingt-deux souverains aux Pays-héréditaires d'Autriche, seize empereurs à l'Allemagne, onze rois à la Bohême et à la Hongrie et six à l'Espagne.

Rodolphe céda les pays conquis à ses deux fils, Albert et Rodolphe, à l'exception de la Carinthie qu'il abandonna à Meinhard, duc de Tyrol et beau-père de son fils Albert, avec la condition que si sa famille venait à s'éteindre à défaut de mâles, ses biens seraient dévolus à celle de son gendre. Il maria Rodolphe aux mêmes conditions avec la sœur du roi de Bohême, Ottocar II.

Sous Albert II le Sage (m. 1358), petit-fils de Rodolphe I, l'Autriche s'accrut de la Carinthie, 1335; en 1363 et 1368, du Tyrol et de Fribourg en Brisgau; vers 1300 elle avait acquis le margraviat de Souabe. En 1366 les fils d'Albert se partagèrent les possessions de leur maison administrées jusque là en commun: l'aîné, Albert III, eut l'Autriche, la Styrie, la Carinthie, la Carniole; le cadet, Léopold III, les autres pays dans l'Alsace, la Souabe et la Suisse; le Tyrol resta en commun. La maison d'Autriche vit pendant un temps son éclat s'obscurcir par les querelles des différentes branches, et surtout par ses guerres malheureuses contre les cantons de la Suisse qu'elle voulait réduire sous sa souveraineté, alors qu'ils relevaient directement de l'Empire; ceux-ci au contraire conquirent leur indépendance par des combats vraiment gigantesques, et même, en 1415, ils enlevèrent aux Habsbourg leurs biens originaires.

Une époque plus prospère commença avec Albert V (II, comme empereur). Par son mariage avec Élisabeth, fille et héritière de l'empereur Sigismond, il obtint la Moravie, 1423, la Hongrie, 1437, et la Bohême, 1438. Cette même année, il fut élu empereur, et depuis la couronne d'Allemagne est restée dans la maison d'Autriche.

Albert II ne laissa qu'un fils posthume, Ladislas, dont son successeur, l'empereur Frédéric III, de la branche cadette, prit la tutelle. A la mort de Ladislas, 1457, la Bohême et la Hongrie furent perdues pour l'Autriche; mais Frédéric parvint à réunir toutes les possessions des Habsbourg, les accrut de la Marche Windique et de l'Istrie, et érigea l'Autriche en Archiduché. Depuis lors ses princes s'intitulent Archiducs.

Le fils de Frédéric, Maximilien Ier, par son mariage avec la fille de Charles-le-Téméraire, Marie de Bourgogne, qui lui apporta les Pays-Bas en dot, fraya la voie qui devait conduire sa maison au premier rang parmi les puissances de l'Europe. Il accrut encore ses possessions héréditaires du Tyrol Bavarois et du comté de Goritz.

Maximilien eut pour fils Philippe le Beau, qui mourut avant lui, 1506. Philippe avait hérité de sa mère les Pays-Bas, 1482; par son mariage avec Jeanne, dite la Folle, héritière d'Arragon et de Castille, il obtint les vastes possessions d'Espagne. Son fils, Charles-Quint, put dire que le soleil ne couchait jamais sur toutes ses terres. Il possédait, par sa mère, l'Espagne, Naples, la Sicile, la Sardaigne, Malte et les pays du Nouveau-Monde ; par son père les états autrichiens et les Pays-Bas. A la mort de son grand-père, Maximilien Ier, 1519, il fut élu empereur d'Allemagne. Il obtint encore le duché de Milan, comme fief de l'Empire, vacant par la mort du dernier duc François Sforza, et le donna à son fils Philippe.

En 1522, Charles-Quint avait cédé les possessions d'Allemagne à son frère Ferdinand (Ier). Ce prince acquit, en 1526, du droit de sa femme Anne de Bohême, sœur et héritière de Louis II, tué à Mohacz, les royaumes de Bohême et de Hongrie, avec la Moravie, la Silésie et la Lusace. La Bohême et la Hongrie étaient sorties de la maison d'Autriche soixante ans auparavant; elles lui restèrent depuis.

Charles-Quint, en abdiquant, donna à son frère Ferdinand, déjà élu roi des Romains depuis 1531, la couronne impériale avec les états héréditaires d'Autriche ; à son fils Philippe II, l'Espagne, Naples, les Pays-Bas et le Nouveau-Monde. La maison d'Autriche se divisa ainsi en deux branches: la branche espagnole et la branche allemande.

Branche espagnole. Elle finit avec Charles II, arrière-petit-fils de Philippe II. Sa succession mit l'Europe en feu. La paix d'Utrecht, 1713, confirmée à Radstadt et à Bade, 1714, mit fin à *la guerre de succession* qui avait duré quatorze ans ; l'Espagne resta à la famille de Bourbon, en la personne de Philippe d'Anjou, petit-fils de Louis XIV, qui régna sous le nom de Philippe V.

Branche allemande. Ferdinand Ier mourut en 1564, laissant trois fils qui partagèrent sa succession. Ce fut la dernière fois que se fit un démembrement de cette espèce. L'aîné de ses fils, Maximilien II, son successeur à l'empire, reçut l'Autriche, la Bohême et la Hongrie ; le second, Charles, la Styrie, la Carinthie, la Croatie et Goritz ; le troizième, Ferdinand, le Tyrol. Ce fut par la lignée de Charles que se continua la dynastie des Habsbourg, celle de Ferdinand s'étant éteinte en 1618, et celle de Maximilien II en 1619, avec son second fils Mathias.

Le fils de Charles fut élu empereur à la mort de Mathias. Il régna sous le nom de Ferdinand II, 1619-36. Tout son règne fut rempli par la guerre de trente ans. Heureux d'abord jusqu'à devenir en quelque sorte le maître absolu de l'Allemagne, il vit la fortune se tourner contre lui, et il dut assister aux désastres infligés à ses armées par Gustave-Adolphe et ses Suédois. Ferdinand III, déjà élu roi des Romains du vivant de son père, continua la guerre, qui ne prit fin qu'en 1648 par la paix de Westphalie. L'Autriche cédait à la France l'Alsace, le Sundgau et Brisach, et à la Saxe, la Lusace.

Son fils Léopold Ier, lui succéda en 1658. Sous lui, l'Autriche se releva de ses revers. La révolte des Hongrois qui, unis aux Turcs, vinrent mettre le siége devant Vienne, eut pour résultat la conquête définitive de leur pays ; agrandi de la Transylvanie et de l'Esclavonie, cédés par les Turcs (paix de Carlowitz, 1699), il devint royaume héréditaire dans la maison d'Autriche. A l'extinction de la branche aînée de sa famille, en Espagne, l'empereur réclama l'héritage de Charles II, et commença la guerre de succession d'Espagne, que continua son fils et successeur, 1705, Joseph Ier, en faveur de Charles, son frère. Joseph Ier étant mort sans descendants mâles, les alliés pour ne pas réunir tant de couronnes sur une même tête, abandonnèrent la cause de Charles, devenu empereur sous le nom de Charles VI. Celui-ci se vit obligé d'accepter à Bade, 1714, les conditions de la paix d'Utrecht, conclue l'année précédente entre la France et les puissances alliées, par laquelle l'Autriche obtenait les Pays-Bas espagnols, le Milanais, Naples, la Sardaigne et Mantoue, dont le duc Charles V avait été mis au ban de l'Empire parce qu'il s'était déclaré pour les Français en 1701. En 1720, la Sardaigne fut cédée à la Savoie, en échange de la Sicile que celle-ci avait obtenue par la paix d'Utrecht. La guerre contre les Turcs, terminée par la paix de Passarowitz, 1718, rapporta plusieurs provinces. Mais à la suite de la guerre de la succession de Pologne, Charles dut abandonner (paix de Vienne 1735-38) Naples et la Sicile à l'Espagne, en échange de Parme et Plaisance, et une partie du Milanais au roi de Sardaigne. François-Étienne, duc de Lorraine, céda son duché à la France et obtint en retour celui de Toscane, où le dernier descendant des Médicis venait de mourir sans postérité. Une nouvelle guerre contre les Turcs, 1719, fit perdre à l'Autriche tout ce qu'elle avait obtenu par la paix de Passarowitz, à l'exception du Banat de Temeswar.

Charles VI mourut en 1740, ne laissant que deux filles, Marie-Thérèse, mariée (12 fév. 1736), à François-Étienne, duc de Lorraine de 1719 à 1735, duc régnant de Toscane depuis 1737, et Marie-Anne, épouse de Charles de Lorraine, frère de François. Par l'acte célèbre, connu sous le nom de *Pragmatique Sanction*, qu'il avait fait reconnaître par toutes les puissances de l'Europe, l'empereur avait institué sa fille aînée héritière de tous ses états.

Avec Charles VI s'éteignit la descendance directe de Rodolphe de Habsbourg, et une nouvelle maison monta sur le trône d'Autriche. Elle est connue sous les noms de Habsbourg-Lorraine, d'Autriche-Lorraine et d'Autriche moderne.

Lorraine.

En 1048, l'empereur Henri III donna le duché de Lorraine à Gérard, comte de la Basse Alsace, et fit ainsi la fortune de cette maison. En 1508, à la mort de René II, de ses deux fils, Claude, le cadet, fonda la maison de Guise, qui joua un rôle si important dans l'histoire de France, et d'où sont sorties celles de Mayenne, d'Aumal, d'Elbeuf, de Harcourt, d'Illebonne, d'Armagnac et de Marsan; tandis que l'aîné, Antoine, succéda dans le duché de Lorraine. C'est de lui que descendait, à la huitième génération, François-Étienne.

On aurait cru que la Pragmatique Sanction, solennellement reconnue par toutes les puissances, devait assurer à Marie-Thérèse la tranquille possession de l'héritage de son père. Mais à peine celui-ci fut-il mort, que des prétendants s'élevèrent de tous côtés. La grande impératrice sortit triomphante de ces luttes; elle fit couronner son époux empereur d'Allemagne, sous le nom de François Ier, 1745, et affermit pour toujours ses États dans sa famille, au prix de la Silésie qui demeura à Frédéric II, roi de Prusse ; du Milannais, qui devint le partage de son allié le duc de Savoie ; et des duchés de Parme, Plaisance et Guastella, qu'elle abandonna à don Philippe, troisième fils de Philippe V. Dans le partage de la Pologne, cet acte si injuste et si malheureux, l'Autriche reçut la Galicie et la Lodomérie; plus tard elle obtint de la Turquie la Buckowine, et de la Bavière les districts situés entre L'Inn et la Saltza, (l'Innviertel). Quand Marie-Thérèse mourut, 1780, son fils Joseph II (empereur d'Allemagne depuis la mort de son père, 1765), lui succéda ; son frère, Léopold, alla gouverner la Toscane, qui était le bien de son père. Le contrat de mariage de François et de Thérèse avait stipulé que jamais leurs patrimoines ne pourraient se réunir ou se confondre.

A Joseph II, succéda, 1790, son frère Léopold qui ne régna que deux ans. Son fils François II, prit en 1804 le titre d'Empereur héréditaire d'Autriche, sous le nom de François Ier, et, à la formation de la Confédération du Rhin, il déposa la couronne impériale d'Allemagne. De toutes les modifications que les guerres de Napoléon avaient fait subir à l'Autriche, il ne resta que la perte de la Belgique, compensée par l'acquisition de la Lombardie et des États de Venise ; le traité de Vienne rendit l'Autriche plus compacte et plus puissante qu'auparavant.

François II régna jusqu'en 1835. Ferdinand, son fils, lui succéda. En 1848, la révolution éclata dans presque tous les états de la monarchie autrichienne, et la Hongrie fut sur le point de conquérir son indépendance ; fatigué de ces luttes, Ferdinand abdiqua (2 déc. 1848) en faveur de son neveu François-Joseph qui règne encore.

Deux grandes guerres malheureuses ont signalé le règne de François-Joseph, celle d'Italie, et celle de Prusse. Par la première l'Autriche perdit la Lombardie, cédée à Napoléon III et rétrocédée par celui-ci au Piémont, en échange de la Savoie et de Nice dont s'agrandit la France (traité de Zurich 1859); à la suite de la seconde, elle renonça à la Vénétie et se vit complétement exclue de l'Allemagne, où sa rivale séculaire, la Prusse, exerce seule aujourd'hui la prépondérance (traité de Vienne, 1866).

Depuis 1867 on a adopté le Dualisme. Les pays hongrois d'un côté, les autres pays de la couronne de l'autre, forment deux parties distinctes dans l'empire, ayant chacune sa constitution, ses chambres et son administration propres. A la tête de chaque partie se trouve un ministère particulier qui n'a aucune influence dans l'autre. Trois ministères sont communs à tout l'Empire, celui des affaires étrangères, celui des finances et celui de la guerre. La Leitha étant la frontière entre l'Autriche et la Hongrie, les pays autrichiens ont été appelés la Cisleithanie, ceux de la Hongrie la Transleithanie. Depuis lors aussi la monarchie autrichienne est désignée sous la dénomination de Monarchie Austro-Hongroise.

La maison de Habsbourg-Lorraine a formé plusieurs branches collatérales dont nous allons parler.

Branche de Toscane. Nous avons dit plus haut qu'à l'extinction des Médicis en la personne de Jean Gaston, la Toscane passa à François, l'époux de Marie-Thérèse, et que celui-ci céda la Lorraine à la France (traité de Vienne, 1735-38). La Toscane ne pouvant être réunie aux possessions Autrichiennes, fut réservée aux cadets de la famille, en conséquence, le second de ses fils, Léopold, eut, après lui, le grand-duché, 1765. Devenu empereur (Léopold II), il fut remplacé en Toscane par son second fils Ferdinand III, 2 juillet 1790. Les Français occupèrent la Toscane en 1796. Ils en formèrent le royaume d'Etrurie, qui fut donné à l'infant Louis de Parme. En 1807, la régente Marie-Louise, au nom de ses fils dut renoncer à l'Étrurie et la

Toscane fut incorporée à l'Empire français. En 1808, la sœur de Napoléon, Élise, princesse de Lucques, fut nommée grande duchesse de Toscane.

Ferdinand avait reçu en échange de son duché, par le recès de l'Empire du 27 avril 1803, l'archevêché de Salzbourg avec la dignité électorale ; en vertu du traité de paix de Presbourg, 26 déc. 1805, il céda le pays de Salzbourg à son frère l'empereur, et fut déclaré électeur de Wurtzbourg ; il accéda à la Confédération du Rhin et prit le titre de Grand-Duc de Wurtzbourg, 25 sept. 1806; il reprit la Toscane en échange de Wurtzbourg par la paix de Paris, 30 mai 1814. Le congrès de Vienne ajouta à la Toscane le petit Etat de Présides, l'île d'Elbe, et la suzeraineté de Piombino.

Ferdinand III mourut le 18 juin 1824, son fils Léopold II lui succéda. En 1847, il prit possession du duché de Lucques, cédé à la Toscane par le duc de Parme. Il perdit une première fois son duché en 1849, par suite de la révolution, et définitivement en 1859. Il renonça au trône en faveur de son fils Ferdinand IV (acte d'abdication de Breslau du 21 juillet 1859). La Toscane fut annexée à la Sardaigne, avec garantie d'autonomie administrative, par décret du roi Victor-Emmanuel, du 22 mars 1860 ; Ferdinand IV protesta contre l'annexion le 26 du même mois. Le 14 fév. 1861, l'autonomie de la Toscane fut supprimée. Le grand duc protesta contre l'adoption du titre de « Roi d'Italie » par Victor-Emmanuel, le 26 mars 1861. Il réside à Dresde et à Lindau en Bavière.

Branche de Modène. Modène qui avait conquis son indépendance pendant les luttes des Guelfes et des Gibelins, tomba, 1288, sous la domination d'Obizzo, margrave d'Este (m. 1293) (1) qui devint aussi maître de Ferrare. Un descendant d'Obizzo, le margrave Borso, fut déclaré duc de Modène et de Reggio par l'empereur Frédéric III, en 1452, et duc de Ferrare par le pape Paul II, en 1470. Leur lignée s'éteignit avec Alphonse II, en 1597. L'empereur Rodolphe II, par une faveur exceptionnelle, transféra les duchés de Modène et de Reggio à César d'Este (m. 1628), cousin du dernier souverain, mais dont le père était issu d'un mariage morganatique ; la cour romaine, au contraire, prit possession du duché de Ferrare, comme fief qui lui était dévolu par le décès d'Alphonse II. C'est de César d'Este que descendait, à la cinquième génération, le duc Hercule III René, dernier mâle de sa famille (m. 1803). Sa fille, Marie-Béatrix, épousa l'archiduc Ferdinand d'Autriche, frère des empereurs Joseph II et Léopold II, qui devint la tige de la branche de Habsbourg-Modène ou d'Este.

Hercule III perdit son duché par la paix de Lunéville, et dut l'abandonner au gouvernement français ; il reçut en échange le Brisgau et

(1) On peut voir plus loin (maison de Brunswick) que c'est de l'antique famille des Seigneurs d'Este que descendent les Guelfes.

l'Ortenau qu'il céda à son beau-fils Ferdinand ; mais en vertu du traité de paix de Presbourg celui-ci dut céder ce pays à la maison de Bade. Le congrès de Vienne ayant reconnu les droits héréditaires de François IV, fils de Ferdinand, celui-ci fut réintégré dans les duchés de Modène, de Reggio et de Mirandole; sa mère, veuve de Ferdinand depuis le 4 déc. 1806, reçut les principautés de Massa et Carrare, qui, à sa mort (14 nov. 1829), furent réunis aux autres possessions de son fils.

A François IV, succéda, 21 janv. 1846, son fils François V. Il quitta son pays pendant les événements de 1859 et se retira à Vienne, où il publia, 22 mars 1860, une protestation contre le décret de Victor-Emmanuel du 18 mars précédent, qui incorporait Modène au royaume de Sardaigne. Le 30 mars 1861, il protesta contre la prise du titre de « Roi d'Italie » par Victor-Emmanuel.

Parme. Après l'abdication de Napoléon, le congrès de Vienne, par une déclaration du 14 av. 1814, donna à sa femme Marie-Louise, fille aînée de l'empereur François Ier (avec le titre d'Impératrice), les duchés de Parme, de Plaisance et de Guastella en pleine souveraineté et propriété, et, après elle, à son fils. Une convention postérieure (traité de Paris, 10 juin 1817, et recès de Francfort, 20 juill. 1819) modifiant cette disposition, fixa qu'après la mort de Marie-Louise, les duchés de Parme, de Plaisance et de Guastella, à l'exception de la rive gauche du Pô, iraient au duc de Lucques qui céderait son duché à la Toscane. C'est ce qui eut lieu en 1847 ; seulement Guastella passa au duché de Modène, dont elle était une enclave (Voir plus haut, Toscane, et plus loin, les Bourbons).

Famille Impériale.

Catholique.

Résid. : *Vienne.*

Empereur.

François-Joseph Ier Charles, empereur d'Autriche, roi apostolique de Hongrie, roi de Bohême, de Dalmatie, de Croatie, d'Esclavonie, de Galicie, Lodomérie et Illyrie, archiduc d'Autriche, etc., né 18 août 1830, fils de l'archiduc François Charles Joseph (v. ci-dessous); déclaré majeur 1er décembre 1848; succ. à son oncle Ferdinand Ier (v. ci-dessous), en vertu de l'abdication du 2 décembre 1848 et de la renonciation de son père au trône de l'empire; couronné roi de Hongrie le 8 juin 1867; marié, 24 avril 1854, à

Impératrice.

Élisabeth Amélie Eugénie, n. 24 décembre 1837, fille de Maximilien Joseph, duc en Bavière.

Enfants (1).

1. Feue *Sophie* Fréd. Doroth. M. Jos., n. 24 déc. 1837; m. 29 mai 1857.
2. *Gisèle* Louise Marie, mariée à Léopold, prince de Bavière.
3. *Rodolphe* François Charles Jos., prince impérial d'Autriche, héritier du trône, prince royal de Hongrie et de Bohême, etc., n. 21 août 1858.
4. *Marie-Valérie* Mathilde Amélie, n. 22 avril 1868.

Frères et sœur de l'empereur.

1. Feu Ferdinand Maximilien Joseph, n. 6 juill. 1832; marié à Charlotte, fille de Léopold Ier, roi des Belges. Accepte, 10 av. 1864, la couronne impériale du Mexique, sous le nom de Maximilien Ier ; fait son entrée dans la capitale du Mexique, 12 juin 1864 ; tué à Quérétaro, 19 juin 1867. Sa veuve :

   Marie *Charlotte*, fille de Léopold Ier, roi des Belges, n. 7 juin 1840 ; mariée, 27 juillet 1857 (Château de *Laeken*, Belgique).

2. Charles Louis Joseph Marie, n. 30 juil. 1833; marié 1°, 4 novembre 1856, à *Marguerite* Caroline de Saxe, (n. 24 mai 1840, m. 15 sept. 1858), fille de feu Jean, roi de Saxe; 2°, par proc. à Rome, 16 oct., et en personne à Venise, 21 oct. 1862, à Marie *Annonciade*, (n. 24 mars 1843, m. 4 mai 1871) fille de feu Ferdinand II, roi des Deux-Siciles ; 3°, au château de Heubach, 23 juillet 1873, à *Marie* Thérèse, etc., n. à Heubach, 24 août 1855, fille de feu le prince Miguel, régent de Portugal.

   Enfants du 2^d^ lit: 1. *François* Ferdinand, n. 18 déc. 1863.

   2. *Othon* François, n. 21 av. 1865.

(1) Les princes et princesses de la famille d'Autriche portent le titre de Princes impériaux et Princesses impériales, Archiducs et Archiduchesses d'Autriche, Princes royaux et Princesses royales de Hongrie et de Bohême.

3. *Ferdinand* Charles, n. 27 déc. 1868.
4. *Marguerite* Sophie, n. 13 mai 1870.

3. Feue Marie Anne Caroline Pie, n. 27 oct. 1835, m. 5 fév. 1840.
4. Louis Joseph Antoine Victor, n. 15 mai 1842.

Père.

L'archiduc François-Charles Joseph, n. 7 déc. 1802, fils de l'empereur *François I*er Joseph Charles et de sa 2de épouse, *Marie-Thérèse*, fille de feu Ferdinand Ier (IV), roi des Deux-Siciles; renonce, après l'abdication de son frère, l'empereur Ferdinand Ier, à la succession au trône, en faveur de son fils aîné François-Joseph; marié, 4 nov. 1824, à *Sophie* Frédérique (n. 27 janv. 1805), fille de feu Maximilien Ier, roi de Bavière; veuf 28 mai 1872.

Oncles et tantes, tous issus du second mariage de François Ier avec Marie-Thérèse.

1. Feue l'impératrice Marie-Louise Léopold. Franç. etc., n. 12 déc. 1791; mariée par proc. 11 mars, et en pers. 2 av. 1810, à l'empereur Napoléon Ier; déclarée duchesse de Parme par la paix de Paris, 30 mai 1814; morte 18 déc. 1847.

2. Feu Ferdinand Ier Charles Léop. Jos. Franç. Marcellin, ci-devant empereur, n. 19 av. 1793; succède, 2 mars 1835, à son père, sous le nom de Ferdinand Ier, comme empereur d'Autriche, et de Ferdinand V, comme roi de Hongrie et de Bohême; couronné roi de Hongrie, 28 sept. 1830, roi de Bohême, 7 sept. 1836, roi de Lombardie et de Venise, 6 sept. 1838; renonce au trône en faveur de son neveu François-Joseph, par manifeste du 2 déc. 1848; marié par proc. 12, et en pers. 27 fév. 1831, à

Marie *Anne* Caroline Pie, n. 19 sept. 1803, fille de feu Victor-Emmanuel Ier, roi de Sardaigne, couronnée reine de Bohême, 12 sept. 1836; veuve 29 juin 1875.

3. Feue Léopoldine Caroline Joséphine, n. 22 juin 1797; mariée par proc. à Vienne, 13 mai, et en pers. à Rio-de-Janeiro, 6 nov. 1817, à Pierre d'Alcantera de Portugal, prince du Brésil, depuis empereur sous le nom de Pedro Ier; morte 11 déc. 1826.

4. Marie-Clémentine Franç. M., n. 1er mars 1798; mariée, 28 juill. 1816, à Léopold, prince de Salerne; veuve 10 mars 1851.

5. Feue Caroline Ferdinande Joséphine, n. 2 avril 1801, mariée à Frédéric-Auguste, roi de Saxe; m. 2 mai 1832.

6. Feue Marie-Anne, n. 8 juin 1804; Princesse Abbesse du chapitre noble de Prague; m. 28 déc. 1859.

Descendants des grands-oncles,

frères du grand-père, l'empereur François Ier Jos. Ch., et fils de l'empereur Léopold II (n. 5 mai 1747, m. 1er mars 1792) et de l'impératrice Marie-Louise (n. 24 nov. 1745, m. 15 mai 1792) fille de Charles III, roi d'Espagne.

I. De feu l'archid. Ferdinand Joseph (comme grand-duc de Toscane, Ferdinand III), voir ci-dessous, Toscane.

II. De feu l'archid. Charles Louis (n. 5 sept. 1771, m. 30 av. 1847), dernier Gouverneur général des Pays-Bas, 1793; Gouverneur et Capitaine général du Royaume de Bohême, 1804; marié, 17 sept. 1815, à *Henriette* Alexandrine de Nassau-Weilbourg (n. 30 oct. 1797, m. 29 déc. 1829).

1. Feue *Marie-Thérèse* (n. 31 juill. 1816, m. 8 août 1867); mariée 9 janv. 1837, à feu Ferdinand II, roi des Deux-Siciles (n. 12 janv. 1810, m. 22 mai 1859).

2. *Albert* Fréd. Rodolphe, n. 3 août 1817; marié 1er mai 1844, à *Hildegarde* Louise, n. 10 juin 1825, fille de feu Louis Ier, roi de Bavière; veuf 2 av. 1864.

   Enfants: 1. *Marie-Thérèse*, n. 15 juill. 1845; mariée à Philippe duc de Wurtemberg.

   2. Feu *Charles* Albert, n. 3 janv. 1847; m. 18 juill. 1848.

   3. Feue *Mathilde* Marie, n. 25 janv. 1849, m. 6 juin 1867.

3. *Charles-Ferdinand*, n. 29 juill. 1818; marié 18 av. 1854, à Françoise *Élisabeth*, fille de feu l'archid. Joseph, palatin de Hongrie, veuve depuis le 15 déc. 1849 de l'arch. *Ferdinand* Charles d'Este. (V. ci-dessous, Modène.)

   Enfants: 1. Feu *François* Joseph, n. 5; m. 13 mars 1855.

2. *Frédéric* Marie, n. 4 juin 1856.

3. *Marie* Christine, n. 21 juill. 1858, nommée abbesse de l'abbaye Hardschin de Prague, fév. 1875.

4. *Charles* Etienne, n. 5 sept. 1860.

5. *Eugène* Ferdinand, n. 21 mai 1863.

4. Feu *Frédéric* Ferdinand, n. 16 mai 1821; m. 5 oct. 1847.

5. *Marie-Caroline*, n. 10 sept. 1825; épouse de l'arch. Renier (V. ci-dessous).

6. *Guillaume* François Charles, n. 21 av. 1827, grand-maître de l'Ordre-Teutonique dans l'empire d'Autriche.

III. De feu l'archid. Joseph Antoine Jean, dernier Palatin, Gouverneur et Capitaine général de Hongrie (n. 9 mars 1776, m. 13 janvier 1847); marié 1° à *Alexandrine*, Paulowna, fille de l'empereur Paul de Russie, m. 16 mars 1801, sans enfants; 2°, 30 août 1815, à *Herminie*, fille de Victor Charles, prince d'Anhalt-Bernbourg-Schaumbourg (n. 2 déc. 1797, m. 14 sept. 1817); 3°, 24 août 1819, à Marie Dorothée, fille de Louis, duc de Wurtemberg (n. 1er nov. 1797; m. 30 mars 1855).

Du 2d lit : 1. Feue *Herminie*, Amélie Marie, abbesse du chapitre thérésien noble de Prague; m. 13 fév. 1842. } nés 14 sept. 1817.

2. Feu *Etienne* François Victor, prince de Schaumbourg, m. à Mantoue, 19 fév. 1867.

Du 3e lit : 3. Feu *Alexandre* Léopold, n. 6 juin 1825; m. 14 nov. 1837.

4. *Élisabeth* Franç. Mar., n. 17 janv. 1831; mariée 1°, 4 av. 1847, à l'arch. Ferdinand d'Este (V. ci-dessous, Modène), veuve 15 déc. 1849; 2°, 18 av. 1854, à l'arch. *Charles* Ferdinand (V. ci-dessus).

5. *Joseph* Charles, n. 2 mars 1833; marié, 12 mai 1864, à Marie-Adélaïde *Clotilde*, fille d'*Auguste* Louis, prince de Saxe-Cobourg-et-Gotha, née 8 juill. 1846.

Enfants : 1. Feue Élisabeth Clém., n. 18 mars 1865; m. 27 janv. 1866.

2. *Marie* Dorothée, n. 14 juin 1867.

3. *Marguerite-Clémentine*, n. 6 juill. 1870.

4. *Joseph* Auguste, n. 9 août 1872.

6. *Marie-Henriette* Anne, mariée au roi des Belges.

IV. De feu l'archid. Renier Joseph Jean, ancien vice-roi du royaume Lombard-Vénitien (n. 30 sept. 1783, m. 16 janv. 1853); marié, 28 mai 1820, à *Marie-Élisabeth* (n. 13 av. 1800, m. 25 déc. 1856), fille de feu Charles Emmanuel, Pr. de Savoie-Carignan.

1. Feue *Marie* Caroline Augusta, n. 6 fév. 1821 ; m, 23 janv. 1844.

2. Feue *Adélaïde* Françoise Marie, n. 3 juin 1822; mariée à Vict. Emmanuel II, roi de Sardaigne, depuis roi d'Italie; m. 29 janv. 1855.

3. *Léopold* Louis Marie, n. 6 juin 1823.

4. *Ernest* Charles, n. 8 août 1824.

5. *Sigismond* Léopold, n. 7 janv. 1826.

6. *Renier* Ferdinand, n. 11 janv. 1827; marié, 21 fév. 1852, à sa cousine germaine *Marie-Caroline*, fille de l'archid. *Charles* Louis (Voir ci-dessus).

7. *Henri* Antoine, n. 9 mai 1828 ; marié morganatiquement.

8. Feu *Maximilien* Charles, n. 16 janv. 1830 ; m. 16 mars 1839.

Descendants du frère du bisaïeul,

Ferdinand Charles Antoine, duc de Modène-Brisgau (n. 1er juin 1754, m. 4 déc. 1806); marié à Marie *Richarde* Béatrice, duchesse de Modène, duch. de Massa et princesse de Carrare (n. 6 av. 1750, m. 14 nov. 1829).

Fils: 1. Feu *François* Joseph (comme duc de Modène François IV), n. 6 oct. 1779, m. 21 janv. 1846. (V. ci-dessous, Modène).

2. Feu *Maximilien* Joseph., grand-maître de l'Ordre-Teutonique dans l'empire d'Autriche, n. 14 juill. 1782, m. 1er juin 1863.

Branches collatérales ci-devant régnantes.

I. Famille Ducale de Toscane.

Catholique.

Résid. : *Dresde* et *Lindau*, en Bavière.

Ferdinand IV Salvator-Marie, grand-duc de Toscane, archiduc d'Autriche, prince impérial de Hongrie et de Bohême, né 10 juin 1835; succ. par suite de l'acte d'abdication daté de Voeslau, 21 juill. 1859, à son père le grand-duc Léopold II

(n. 3 oct. 1797, m. 29 janv. 1870); marié 1°, 24 nov. 1856, à *Anne* Marie (n. 4 janv. 1836, m. 10 fév. 1859), fille de feu Jean, roi de Saxe; 2°, 11 janv. 1868, à Alice Marie, etc., n. 27 déc. 1849, fille de feu Charles III, duc de Parme.

Enfants.

Du 1er lit : 1. Marie *Antoinette*, n. 10 janv. 1858.
Du 2d lit : 2. *Léopold-Ferdinand*, n. 2 déc. 1868.
3. *Louise* Antoinette, n. 2 sept. 1870.
4. *Joseph* Ferdinand, n. 24 mai 1872.
5. *Pierre* Ferdinand, etc., n. 12 mai 1874.

Frères et sœurs du grand-duc,

Issus du second mariage du père (v. ci-dessous).

1. Marie-Isabelle Annonciade, n. 21 mai 1834, épouse de *François-de-Paule*, pr. des Deux-Siciles, cte de Trapani.
2. Feue Marie-Christine, etc., n. 5 fév. 1838; m. 1er sept. 1849.
3. Charles-Salvator, n. 30 avril 1839; marié, 19 sept. 1861, à *Marie Immaculée* Clémentine, n. 14 av. 1844, fille de feu Ferdinand II, roi des Deux-Siciles.

   Enfants : 1. Marie-*Thérèse*, etc., n. 18 sept. 1862.
   2. *Léopold-Salvator*, etc., n. 15 oct. 1863.
   3. *François-Salvator* Marie, etc., n. 21 août 1866.
   4. *Caroline* Marie, etc., n. 5 sept. 1869.
   5. *Albert* Salvator, etc., n. 22 nov. 1871.
   6. *Marie* Antoinette, etc., n. 18 av. 1874.
4. Feue Marie-Anne, etc., n. 9 juin 1840; m. 13 août 1841.
5. Feu Renier Salvator, etc., n. 1er mai 1842; m. 14 août 1844.
6. Marie-Louise Annonciade, n. 31 oct. 1845; mariée 31 mai 1865, à *Charles* Victor, prince d'Isembourg-Birstein (Hesse-électorale).
7. Louis Salvator, etc., n. 4 août 1847.
8. Jean Népomucène Salvator, etc., n. 25 nov. 1852.

Mère.

Marie Antoinette Anne, fille de feu François Ier, roi des D.-Siciles, n. 19 déc. 1814; mariée, 7 juin 1833, à Léopold II, veuf depuis le 24 mars 1832, de *Marie-Anne* (n. 15 nov. 1799), fille de feu Maximilien, prince de Saxe (1).

II. Famille Ducale de Modène.

Catholique.

Résid. : *Vienne.*

François V Ferdinand Géminien, archiduc d'Autriche-d'Este, prince impérial de Hongrie et de Bohême, duc de Modène, de Reggio, Mirandole, Massa, Carrare, Guastalla, etc., n. 1er juin 1819, fils de François IV (m. 6 oct. 1779) et de la duchesse Marie *Béatrice* (n. 6 déc. 1792, m. 15 sept. 1840, fille de feu Victor Emmanuel Ier, roi de Sardaigne); succ. à son père, 21 janv. 1846; marié, 30 mars 1842, à **Adelgonde** Auguste, n. 19 mars 1823, fille de feu Louis Ier, roi de Bavière.

Frère et sœurs.

1. Marie-Thérèse Béatrice, n. 14 juillet 1817; épouse du comte de Chambord (Voir Bourbons).
2. Feu Ferdinand Charles Victor, n. 20 juill. 1821. Sa veuve :

   Élisabeth Françoise, fille de feu l'arch. Joseph, palatin de Hongrie, née 17 janv. 1831; mariée 4 oct. 1847; veuve 15 déc. 1849; mariée en secondes noces, 18 av. 1854, à Charles Ferdinand, fils de feu l'arch. Charles d'Autriche.

   Fille : *Marie-Thérèse*; mariée à Louis, pr. de Bavière.
3. Marie Béatrice, n. 13 fév. 1824; mariée à don Juan, père de don Carlos (Charles VII) d'Espagne.

(1) De ce mariage sont nées : 1. Feue Marie *Caroline* Aug., etc., n. 19 nov. 1822; m. 5 oct. 1841; 2. Feue *Auguste* Ferdinande, etc., n. 1er av. 1825; mariée à Léopold, pr. de Bavière; m. 26 av. 1864.

GRAND-DUCHÉ DE BADE.

La dynastie de BADE.

En expliquant les origines de la maison d'Autriche, nous avons fait connaître celle des grands-ducs de Bade. Ils descendent, comme les Habsbourg, d'un fils de Gontran, dit le Riche. Ce fils était comte dans le Brisgau et le Thurgau. Son arrière petit-fils Berthaud le Barbu (m. 1077) devint duc de Carinthie et margrave de Vérone, unie alors à la Carinthie, et occupa une place marquante dans les événements du règne de l'empereur Henri IV. Des fils de celui-ci, l'aîné, Berthaud II, fonda la puissante maison des ducs de Zæhringen, ainsi appelée de leur château près de Fribourg en Brisgau ; le second, Hermann, dit le Saint, celle de Bade. La branche aînée s'éteignit en 1218 avec Berthaud V, la cadette hérita fort peu de ses possessions étendues.

Hermann était margrave de Hochberg, château dans le Brisgau ; sa femme Judith d'Eberstein, dont les ancêtres avaient gouverné le comté de l'Algau, lui apporta le château de Bade, dont son fils Hermann II prit, le premier, le titre de margrave de Bade.

Les petits-fils de Hermann II formèrent, 1190, les branches de Bade et de Hochberg, celle-ci divisée bientôt en Hochberg et Sausenberg. A l'extinction de ces deux derniers rameaux leurs possessions furent recueillies par la branche aînée, de sorte que Christophe réunit de nouveau, 1527, tous les biens de sa famille.

Deux de ses fils, Bernard et Ernest, se partagèrent de rechef les domaines paternels, et fondèrent deux rameaux longtemps continués : l'aîné, celui de Bade-Bade ; le cadet, celui de Bade-Dourlach. Ce furent ces deux princes qui introduisirent le luthéranisme dans leurs états (1). La branche aînée de Bade-Bade s'éteignit en 1771, et la cadette réunit, en la personne de Charles-Frédéric, tous les biens de sa maison. Par la paix de Presbourg, le margrave de Bade acquit la plus grande partie des domaines qui avaient autrefois appartenu aux Zæhringen, notamment une grande partie du Brisgau (possédé depuis le XIVe siècle par les archiducs d'Autriche), Constance, etc. Charles-Frédéric en entrant dans la Confédération du Rhin, 1806, prit le titre de grand-duc souverain. Son petit-fils règne aujourd'hui. Plusieurs princesses de Bade ont contracté des alliances illustres.

(1) Le petit-fils de Bernard revint au catholicisme, qui resta la religion de tous ses descendants.

Famille grand-ducale.

Conf. Evangélique.

Résid. : *Carlsruhe.*

Grand-duc.

Frédéric Guillaume Louis, grand-duc de Bade, duc de Zæhringen, n. 9 sept. 1826, fils du grand-duc Charles *Léopold* (n. 29 août 1790) et de *Sophie* Wilhelmine, fille de feu Gustave IV, roi de Suède (née 21 mai 1801, mariée15 juill. 1819, m. 6 juill. 1865); succède, comme régent, à son père, à la place de son frère Louis (1), 24 avril 1852; prend le titre de grand-duc le 5 sept. 1856; marié, 20 sept. 1856 à

Grande-duchesse.

Louise Marie Élisabeth, n. 3 déc. 1838, fille de Guillaume Ier, roi de Prusse et empereur d'Allemagne.

Enfants.

1. *Frédéric-Guillaume* Louis Léopold Auguste, grand-duc héréditaire, n. 9 juil. 1857.
2. Sophie Marie *Victoria*, n. 7 août 1862.
3. *Louis-Guillaume* Charles, n. 12 juin 1865.

Frères et sœurs du Grand-duc.

1. Alexandrine Louise, etc., n. 6 déc. 1820; mariée à Ernest II, duc régnant de Saxe-Cobourg-et-Gotha.
2. Feu Louis, pr. héréd., n. 15 août 1824, m. 22 janv. 1858.
3. Louis Guillaume, n. 18 déc. 1829; marié, 11 fév. 1863, à *Marie* Maximilionowna Romanowska de Leucthenberg, fille aînée de feu Maximilien duc de Leuchtenberg, née 16 oct. 1841.

   Enfants : 1. Sophie *Marie*, n. 26 juill. 1865.

   2. *Maximilien* Alexandre, n. 10 juill. 1867.
4. Charles Frédéric, n. 9 mars 1832; marié morg.

(1) Atteint d'une maladie de la moëlle épinière, Louis renonça au trône quelques jours après la mort de son père.

5. Marie Amélie, n. 20 nov. 1834; mariée, 11 sept. 1858, à *Ernest* Léopold, prince de Linange.

6. Olga-Téodorowna (ci-devant Cécile Auguste), n. 20 sept. 1839; mariée au grand-duc Michel Nicolajewitch de Russie.

Oncles et tante.

a) Frères et sœur du père, issus du second mariage du grand-père Charles-Frédéric (n. 10 nov. 1728, m. 10 juin 1811), avec *Louise* Caroline, née baronne Geyer de Geyersberg (n. 26 mai 1768; nommée baronne de Hochberg, et mariée, 24 nov. 1787, créée, en 1796, comtesse du St-Empire de Hochberg par l'empereur François II, princesse de Bade en 1817, m. 23 juillet 1820) (1).

1. Feu Margrave Guillaume Louis (n. 8 av. 1792, m. 11 oct. 1859); marié, 16 oct. 1830, à Élisabeth Alexandrine, (n. 27 fév. 1802, m. 5 déc. 1864), fille de feu *Louis* Frédéric, duc de Wurtemberg.

Filles : 1. *Sophie* Pauline, n. 7 août 1834 ; mariée à Gonthier Frédéric Woldemar, prince de Lippe.

2. Pauline Sophie *Élisabeth*, n. 18 déc. 1835.

3. *Léopoldine* Wilhelmine, n. 22 fév. 1837; mariée, 24 sept. 1862, à *Hermann* Ernest, pr. de Hohenlohe-Langenbourg.

2. Feue Amélie Christine (n. 25 janv. 1795, m. 14 sept. 1869); mariée, 19 av. 1818, à Charles-Egon, prince de Furstenberg (m. 22 oct. 1854).

3. Margrave *Maximilien* Frédéric, n. 8 déc. 1796.

b) Frères consanguins du père, issus du premier mariage du grand-père, avec *Caroline* Louise (n. 11 juill. 1723; mariée 28 janv. 1751; m. 8 av. 1783), fille de Louis VIII, landgrave de Hesse-Darmstadt).

1. Feu le prince héréditaire Charles Louis (n. 14 fév. 1751, m. 15 déc. 1801); marié, 15 juin 1774, à *Amélie* Frédérique (n. 20 juin 1754, m. 21 juill. 1832), fille de feu Louis IX, landgrave de Hesse-Darmstad.

Enfants : 1. Feue Cather. *Amélie* Christ., m. 26 oct. 1823. } nées 13 juill. 1776.
2. Feue *Caroline* Frédérique Wilhelmine, mariée, 9 mars 1797, à Maximilien Ier, roi de Bavière; veuve 13 oct. 1825; m. 13 nov. 1841. } nées 13 juill. 1776.

(1) Les enfants issus de ce mariage portaient primitivement le titre de comtes de Hochberg, ils furent déclarés Princes et Margraves de Bade par un décret du grand duc Charles, en date du 4 oct. 1817.

3. Feue *Louise* Marie Auguste (*Elisabeth* Alexiewna), n. 24 janv. 1779 ; mariée, 9 oct. 1793, à l'empereur Alexandre Ier de Russie ; veuve 1er déc. 1825 ; m. 16 mai 1826.

4. Feue *Frédérique* Dor. Wilh., n. 12 mars 1781 ; mariée, 31 oct. 1797, à Gustave IV Adolphe, roi de Suède ; divorcée 17 fév. 1812 ; m. 25 sept. 1825.

5. Feu le grand-duc Charles Louis Frédéric (n. 8 juin 1786 ; grand-duc 10 juin 1811 ; m. 8 déc. 1818) ; marié, 8 av. 1806, avec *Stéphanie* Louise Adrienne Napoléone de Beauharnais (n. 28 août 1789, m. 29 janv. 1860), fille adoptive de Napoléon Ier.

Enfants (*cathol.*) : 1. Feu le prince héréditaire, m. enfant.

2. Feue *Louise* Amélie, n. 5 juin 1811 ; mariée, 9 nov. 1830, à Gustave Wasa, pr. de Holstein-Gottorp, m. 19 juill. 1854.

3. *Joséphine* Frédérique, n. 21 oct. 1813 ; mariée, 21 oct. 1834, à Charles, pr. de Hohenzollern-Sigmaringen.

4. Feu le 2d pr. hérédit., n. 1er mai 1816, m. 1817.

5. *Marie* Amélie, n. 11 oct. 1817 ; mariée, 23 fév. 1843, à Guillaume, duc de Hamilton et de Brandon en Écosse et en Angleterre, et duc de Chatellerault en France ; veuve depuis le 15 juill. 1863.

6. Feue *Wilhelmine* Louise, n. 10 sept. 1788 ; mariée, 19 juin 1800, à Louis, pr. hérédit. (depuis 6 av. 1830 grand duc (Louis II) de Hesse-Darmstadt) ; m. 27 janv. 1837.

2. Feu margrave Frédéric, n. 29 août 1756 ; marié, 9 déc. 1791, à *Christiane* Louise (n. 17 août 1776, m. 19 fév. 1829), fille de Frédéric Auguste, duc de Nassau Ussingen ; m. 28 mai 1817.

3. Feu le grand duc Louis Guillaume Auguste, n. 9 fév. 1763 ; succ. à son neveu Charles Louis Frédéric, 8 déc. 1808 ; m. 3 mars 1830.

ROYAUME DE BAVIÈRE.

La dynastie de WITTELSBACH.

La famille qui occupe le trône royal de Bavière est une des plus illustres de l'Allemagne par son ancienneté et par le rôle qu'elle joua dans l'histoire de ce pays.

Elle remonte avec certitude jusqu'à Luitpold ou Léopold, grand seigneur bavarois créé margrave, puis duc de Bavière en 895, et qui perdit la vie en 907, à la bataille d'Augsbourg, livrée contre les Hongrois qui avaient envahi l'Allemagne. Ce Luitpold eut pour fils Arnoul-le-Mauvais, qui laissa trois fils ; du premier, Eberhard, descendent les plus anciens margraves d'Autriche, la trace de sa postérité se perd ensuite dans l'histoire ; le second, nommé Arnoul, comme son père, devint la souche des comtes de Wittelsbach, dits aussi de Scheiern (1) ; le troisième, Hermann, obtint le Palatinat du Rhin, mais sa maison s'éteignit en 1156, dans la personne du palatin Hermann III.

Les comtes de Wittelsbach, successeurs d'Arnoul II, étaient simplement comtes palatins (2) de Bavière, sans posséder le duché, qui resta hors de leur famille pendant près de deux cent cinquante ans.

Arnoul II avait été dépouillé de son duché pour avoir refusé l'hommage à l'empereur Othon II. La Bavière passa successivement à différentes familles, et vint vers 1070 dans celle des Welfs ou Guelfs, qui la conservèrent jusqu'à la chute de Henri le Lion, 1180. Le duché retourna alors à la famille de Luitpold, représentée par Othon V le grand, qui descendait de ce prince à la dixième génération. Il en reçut l'investiture de l'empereur Frédéric, en 1180. Son fils et successeur Louis (m. 1231), reçut en outre le Palatinat du Rhin, également une dépouille de Henri le Lion.

De l'arrière petit-fils du duc Louis, Louis le Sévère (3), naquirent deux fils, Rodolphe, l'aîné, et Louis, le cadet. Le premier reçut en partage le

(1) Ils ont pris ces noms de leurs châteaux de Wittelsbach et de Scheiern.

(2) Les Palatins étaient les représentants de l'autorité de l'Empereur dans les provinces, administraient les domaines de la Couronne, surveillaient la conduite des ducs, et jugeaient les cas royaux. En général, ils habitaient un des palais impériaux situés dans le duché où ils avaient été envoyés et en tiraient leurs noms ; nous voyons celui de Bavière s'appeler palatin de Scheiern de Wittelsbach ; celui de Souabe s'appelait palatin de Tubingue ; celui de Saxe, palatin de Wettin ; celui de Lorraine, palatin de Metz, et, par extension, palatin du Rhin. Au XIe siècle, leur office devint héréditaire ; au XIIIe, ils disparurent peu à peu, excepté celui du Rhin, qui devint plus tard électeur.

(3) Il continuait la ligne directe, appelée Haute-Ligne de Bavière ; son frère cadet avait formé une ligne collatérale, dite Basse-Ligne de Bavière, mais qui s'était éteinte déjà en 1340.

Palatinat du Rhin, qu'il laissa à sa lignée, appelée de son nom la branche Rodolphine, et, des possessions qu'elle occupait, la Maison palatine. Le second obtint le duché de Bavière et fonda la branche Ludovicienne, dite aussi la Maison de Bavière. Les deux frères vécurent dans une inimitié constante, et leurs descendants continuèrent leurs querelles pendant près de quatre cents ans (1724). La branche bavaroise s'éteignit en 1777, et ses possessions passèrent à la ligne palatine.

Maison de Bavière. Son fondateur, Louis V, fut élu empereur en 1314, dignité qu'il eut à défendre contre son compétiteur Frédéric le Beau, duc d'Autriche. Il acquit la Marche de Brandebourg, et, par sa femme Marguerite d'Avesne, la Frise, la Zélande, la Hollande et le Hainaut. Mais ces possessions ne restèrent pas longtemps dans sa famille. C'est de son fils Albert, comte de Hollande (m. 1404), que descend Jacqueline de Bavière, si fameuse dans l'histoire des Pays-Bas.

Les fils et petits-fils de Louis formèrent jusqu'à cinq rameaux. Ils s'éteignirent successivement, à l'exception de celui de Munich, qui réunit, en la personne d'Albert IV le Sage (m. 1504), toute la Bavière. Pendant les guerres de religion de l'Allemagne, les ducs de Bavière furent à la tête du parti catholique. En récompense de ses services, le duc Maximilien Ier reçut, 1623, de l'empereur Ferdinand II, la dignité d'Électeur, qui resta dans sa famille jusqu'à son extinction, en 1777.

La **Maison Palatine**, elle aussi, forma un grand nombre de branches. La descendance directe, dite rameau de Heidelberg, s'éteignit en 1559, et la branche cadette de Simmern recueillit l'héritage. De cette branche de Simmern sortit celle de Deux-Ponts, féconde en rameaux. A l'extinction de Simmern, l'électorat passa à Deux-Ponts, dans la branche aînée ou de Neubourg ; de celle-ci, il passa à celle de Sulzbach, en 1742, qui hérita également du duché de Bavière à l'extinction de la ligne Ludovicienne, 1777, et réunit ainsi toutes les possessions de la famille. Seulement, le prince Charles-Théodore, qui avait fait ces héritages, mourut sans enfants, 1799, et la dignité électorale, ainsi que les pays du Palatinat et la Bavière, échurent au chef de la troisième branche de la ligne de Deux-Ponts, c'est-à-dire la branche de Birkenfeld (Bischweiler). Ce chef était Maximilien Joseph, qui, après la paix de Presbourg, 1805, laissa le titre d'électeur palatin de Bavière pour prendre celui de roi. Son père avait abjuré le luthéranisme et s'était fait catholique.

Il existe une branche cadette de Birkenfeld, issue de l'aînée en 1654, c'est celle de Deux-Ponts-Birkenfeld-Gelnhausen. En 1803, le chef de cette ligne, le duc Guillaume, obtint le duché de Berg (qui était à Neubourg depuis 1624) sous la souveraineté de la ligne principale ; en 1806, il le céda à Napoléon Ier, qui l'érigea en grand-duché, en faveur de Joachim Murat, plus tard roi de Naples ; par le traité de Vienne, 1815,

Tableau généalogique de la BRANCHE AÎNÉE DE

Rodolphe I

Adolphe le Simple, m. 1327.

Robert II le Petit, m. 1398.

Robert III ou Rupert, Emp. 1400.

Louis III le Barbu, m. 1436. (Heidelberg), — Jean, m. 1443. (Haut Palatinat.) — Étienne, m. 1459. (Simmern.)

Louis IV le Débonnaire, m. 1449. — Frédéric Ier le Victorieux, m. 1476. — Christophe, (R. de Danemark, en 1430), m. 1448. — Frédéric, m. 1480. (Simmern.)

Philippe le Juste, m. 1508. — Jean Ier l'Aîné, m. 1509.

Louis V le Pacifique, m. 1544. — Robert le Vertueux, m. 1504. — Frédéric II le Sage, m. 1556. — Jean II le Jeune, m. 1557.

Othon Henri, m. 1559. Philippe, m. 1558. (L'Electorat passe à Simmern) (Heidelberg reste à la Bavière jusqu'en 1803; passe à Bade en 1806.) — Frédéric III le Pieux, m. 1576.

Louis VI, m. 1583. — Jean Casimir, m. 1592. — Philippe Louis, (Neubourg

Frédéric IV le Juste, m. 1610. — Wolfgang Guill., Catholique, m. 1614. — (Z

Frédéric V, (R. de Bohême), m. 1632. — Louis Philippe, m. 1655. — Philip. Guill., m. 1690.

Charles Louis, m. 1680. — Louis-Henri, m. 1673. — Jn Guill. m. 1716. — Charles Phil. m. 1742. (L'Elect. à Sulzbach.)

Charles, m. 1685. (L'Elect. à Neubourg.)

Charl
Hérite

(L'Elec. à D.-Po

…TTELSBACH, ou MAISON PALATINE DE BAVIÈRE.

…**Bègue**, m. 1319.

…**Rodolphe II** l'Aveugle, m. 1353. **Robert Ier** le Roux, m. 1390.

…470.

Othon. (Mosbach.)

Louis le Noir, m. 1489. **(Deux-Ponts.)** — Othon II, m. 1490.

…par. — Alexandre, m. 1514.

Louis le Jeune, m. 1532. — Robert (Veldenz), m. 1544.

Wolfgang, m. 1569. — Georges Jean, m. 1592.

…14. — Jean, m. 1604. **(Deux-Ponts.)** — Charles, m. 1600. **(Birkenfeld.)** — Georges Gustave.

…ste, …2. …ch.) — Jean II, m. 1635. — Fréd. Casimir, (Landsbourg.) m. 1645. — Jn Casimir, (Clebourg.) m. 1652. — Georges, (Birkenfeld), m. 1661. — Christian Ier, m. 1654. **(Bischweiler.)**

…an …h.), … — Frédéric, m. **1661**. — Fréd.-Louis, (D.-Ponts, 1661.) m. **1681**. — Charles X, (**R. de Suède**.) m. 1660. — Adolphe, m. 1689. — Charles, m. **1671**. — Christian II, (Birkf.-Bisch). m. 1717. — Jn Charles, m. 1704. **(Gelnhausen).**

…lore, …32. — Ch. XI (**R. de S.**), (Hérite D.-P., 1681.) m. 1697. — Gustave, (H. D.-P., 1718.) m. **1731**. — Christian III, (Birkf, 1731.) m. 1735. — Jean, m. 1780.

…stian, …33. — Charles XII, (**R. de Suède.**) tué 1718. — Hedwige, m. 1708. *D. de Holstein-Gottorp.* — Ulrique-Éléon., (**Reine de Suède.**) m. 1742. — Christian IV, Cath., m. 1775. — Frédéric, Cath., m. 1767. — Guillaume, m. 1837.

…éodore, …ière 1777, …99. …kenfeld-Bischweiler.) — **Maximilien Ier, R. de Bavière,** 1805, m. 1825. — Pie Auguste m. 1837.

Louis Ier, abd. 1848, m. 1868. — Max-Joseph.

Maximilien II, m. 1864.

Louis II.

ce duché passa à la Prusse. Aujourd'hui, les princes de cette ligne portent le titre de ducs en Bavière.

Famille royale.

Catholique.

Résid. : *Munich.*

Roi.

Louis II Othon Frédéric Guillaume, n. 25 août 1845, roi de Bavière, comte palatin du Rhin, duc de Bavière, de Franconie et Souabe, succ. 10 mars 1864, à son père, feu le roi *Maximilien II* Joseph (n. 28 nov. 1811, fils de Louis Ier, auquel il succ. le 21 mars 1848, par suite de l'abdication de celui-ci).

Frère du Roi,

Othon Guillaume Luitpold Adalbart Woldemar, n. 27 av. 1848.

Mère,

veuve de Maximilien II Joseph,

Reine douairière : Frédérique Françoise Auguste **Marie** Hedwige, fille de feu le prince Guillaume de Prusse, frère de l'emp. Guillaume, née 15 oct. 1825 ; mariée à Maximilien II, 12 oct. 1842 ; abjure le luthéranisme et devient catholique, 12 oct. 1874 (1).

(1) A propos de cette conversion, on a rappelé que, depuis 1632, six cas de conversion au catholicisme se sont produits dans la famille de Prusse.

1o C'est d'abord le margrave Christian Guillaume de Brandebourg, fils de l'électeur Joachim Frédéric (1632) ;

2o La princesse Sophie-Christine de Brandebourg, mariée au prince de Thurn et Taxis (1773);

3o La princesse Joséphine-Louise de Hohenzollern-Sigmaringen, née margravine de Bade (1834) ;

4o La veuve du margrave Georges-Guillaume de Brandebourg-Bayreuth, née duchesse de Saxe (1836);

5o La comtesse Julie de Brandebourg, sœur de Frédéric-Guillaume III, convertie en 1848, avec son mari, le duc d'Anhalt-Cœthen ;

6o Le comte de Jugenheim, fils naturel de Frédéric Guillaume II, mort en 1855 chambellan et conseiller intime.

A ces noms, il faudrait ajouter celui de la princesse Thérèse de Mecklembourg-Strélitz, sœur de la fameuse reine Louise, mère de l'empereur Guillaume.

Oncles et tantes,

enfants de feu le roi Louis Ier *Charles Auguste, grand-père du roi régnant* (*n.* 25 *août* 1786, *m.* 29 *fév.* 1868); *marié,* 12 *oct.* 1810, *à* Thérèse *Charlotte* (*n.* 8 *juill.* 1792, *m.* 26 *oct.* 1854), *fille de feu Frédéric, duc de Saxe-Altenbourg.*

1. Feue Mathilde Caroline, n. 30 août 1813; mariée, 26 déc. 1833, à Louis, pr. héréd., aujourd'hui grand-duc régnant de Hesse; m. 25 mai 1862.

2. Feu Othon Frédéric Louis, n. 1er juin 1815; roi de la Grèce, 5 oct. 1832; quitte la Grèce le 24 oct. 1862 à la suite de l'insurrection survenue le 19 du même mois; marié, 22 nov. 1836, à Marie *Amélie*, fille de feu Paul Frédéric *Auguste*, grand-duc d'Oldenbourg (n. 21 déc. 1818; m. 20 mai 1875); m. 26 juill. 1867.

3. Luitpold Charles Joseph, n. 12 mars 1821; marié, 15 av. 1844, à *Auguste* Ferdinande, n. 1er av. 1825, fille de Léopold II, grand-duc de Toscane; veuf 26 av. 1864.

   Enfants: 1. *Louis* Léopold, n. 7 janv. 1845; marié, 20 fév. 1868, à *Marie-Thérèse*, n. 2 juill. 1849, fille de feu l'archiduc Ferdinand d'Autriche-Este.

   Enfants: 1. *Ruprecht* Marie Luitpold, n. 18 mai 1869.
   2. *Aldegonde* Marie, n. 17 oct. 1870.
   3. *Marie* Ludwige, n. 6 juill. 1872.
   4. *Charles* Marie, n. 1er av. 1874.

   2. *Léopold* Maximilien Joseph, n. 9 fév. 1846; marié, 20 av. 1873, à l'archiduchesse *Gisèle* Louise, n. 12 juill. 1856, fille de l'empereur François-Joseph Ier d'Autriche.

   Fille: *Élisabeth* Marie, n. 8 janv. 1874.

   3. *Thérèse* Charlotte, n. 12 nov. 1850.
   4. François Joseph *Arnolphe*, n. 6 juill. 1852.

4. Aldegonde Auguste, n. 19 mars 1823; mariée, 30 mars 1842, à François V, prince héréd., depuis duc de Modène.

5. Feue Hildegarde Louise, n. 19 mars 1839; mariée à l'archiduc Albert d'Autriche; m. 20 av. 1864.

6. Feue Alexandrine Amélie, n. 26 août 1826; m. 10 mai 1875.

2

7. Feu Adalbert Guillaume, n. 19 juill. 1828; marié, 25 août 1856, à *Amélie* Philippine, infante d'Espagne, n. 12 oct. 1834, fille de feu François-de-Paul, infant d'Espagne; veuve, 21 sept. 1875.

Enfants : 1. *Louis-Ferdinand*, etc., n. 22 oct. 1859.
2. *Alphonse* Marie. etc., n. 24 janv. 1862.
3. Marie *Isabelle*, etc., n. 31 août 1863.
4. *Elvire* Alexandrine, etc., n. 22 nov. 1868.

Grands-oncles et grand'tantes, *frères et sœurs du roi Louis Ier*.

a.) Du 1er mariage de Maximilien Ier avec Wilhelmine *Auguste* (n 14 av. 1765, m. 30 mars 1796), fille de Georges, prince de Hesse-Darmstadt :

1. Feue Auguste Amélie, n. 11 juin 1788; mariée, 13 janv. 1806, au prince Eugène de Beauharnais, alors vice-roi d'Italie, depuis duc de Leuchtenberg; veuve 21 fév. 1824; m. 13 mai 1851.
2. Feue Charlotte (*Caroline*) Auguste, n. 8 fév. 1792; mariée, 10 nov. 1816, à l'empereur François Ier; veuve 2 mars 1825; m. 9 fév. 1873.
3. Feu Charles Théodore Maximilien, grand prieur de l'Ordre de Malte, n. 7 juill. 1795; marié morganatiquement 1° à la comtesse Bayrstorff; 2° à la baronne Frankenbourg; tué d'une chute de cheval au Tegernsée, 16 août 1875.

b.) Du second mariage du père avec Caroline (n. 13 juill. 1776, m. 13 nov. 1841), fille de feu Charles Louis, prince héréditaire de Bade :

4. Feue Élisabeth Louise, mariée, 29 nov. 1823, à *Frédéric-Guillaume IV*, roi de Prusse; embrasse le protestantisme, 1830; veuve 2 janv. 1861; m. 14 déc. 1873. } nées 13 nov. 1801.
5. Amélie Auguste, reine douairière de Saxe; mariée, 13 nov. 1822, à Jean, roi de Saxe; veuve, 29 oct. 1873. } nées 13 nov. 1801.
6. Feue Sophie Dorothée; mariée, 4 nov. 1824, à *François-Charles*, archid. d'Autriche, père de l'empereur régnant; m. 28 mai 1872. } nées 27 janv. 1805.
7. Marie Léopoldine Anne; mariée, 24 av. 1835, à Frédéric Auguste. roi de Saxe; veuve 9 août 1854. } nées 27 janv. 1805.
8. Louise Wilhelmine, n. 30 août 1808; mariée, à *Maximilien* Joseph, duc en Bavière.

Branche ducale, autrefois palatine, de

Deux-Ponts-Birkenfeld.

Maximilien Joseph, duc en Bavière, n. 4 déc. 1808, fils du duc Pie (né 1er août 1786, m. 3 août 1837) (1), et d'*Amélie* Louise Julie d'Arenberg (n. 10 av. 1789, m. 4 av. 1823); marié, 9 sept. 1828, à **Louise** Wilhelmine, fille de feu Maximilien Ier, roi de Bavière.

Enfants.

1. Pr. *Louis* Guillaume, n. 21 juin 1831 ; a renoncé à son droit de succession dans le majorat en faveur de son frère Charles Théodore; marié morganatiquement.
2. Caroline Thérèse *Hélène*, n. 4 avril 1834; mariée, 24 août 1858, à Maximilien, prince héréd. de la Tour et Taxis; veuve 26 juin 1867.
3. *Élisabeth* Amélie, mariée à l'empereur d'Autriche.
4. *Charles-Théodore*, n. 9 août 1839; marié: 1° à Dresde, 11 fév. 1865, à *Sophie* Marie (n. 15 mars 1845, m. 9 mars 1867), fille de feu Jean, roi de Saxe; 2° à Klein-Heubach, 29 avr. 1874, à *Marie-Josèphe*, infante de Portugal, n. 19 mars 1857.

   Fille du 1er lit: *Amélie* Marie, n. 24 déc. 1865.
5. *Marie* Sophie, n. 4 oct. 1841; mariée à François II, roi des Deux-Siciles.
6. *Mathilde* Ludovique, n. 30 sept. 1843; mariée à *Louis* Marie, comte de Trani, frère de François II.
7. *Sophie* Charlotte Auguste, n. 22 fév. 1847; mariée à Ferdinand d'Orléans, duc d'Alençon.
8. *Maximilien* Emmanuel, n. 7 déc. 1849; marié, au château d'Ébenthal, 20 sept. 1875, à Marie Louise Françoise *Amélie*, fille d'Auguste, prince de Saxe-Cobourg-et-Gotha, n. 23 oct. 1848.

(1) Sœur du duc Pie et tante de Maximilien: Feue Marie *Élisabeth* Amélie, n. 5 mai 1784; mariée, 9 mars 1808, à Alexandre Pie de Wagram (Berthier); veuve 1er juin 1815, m. 1er juin 1849.

LES BONAPARTE

OU

La dynastie NAPOLÉONIENNE.

Il a suffi d'un homme pour entourer d'un impérissable éclat cette jeune dynastie, la dernière venue parmi les familles souveraines.

Doué, à un degré extraordinaire, du génie de la guerre, Napoléon Bonaparte, pendant vingt ans, conduisit les armées françaises à la victoire sur tous les champs de batailles de l'Europe. Appuyé sur ses soldats, dont il était l'idole, il s'imposa à la France fascinée par la gloire du jeune général, et fit porter son joug à la nation qui venait de faire la plus épouvantable des révolutions pour conquérir, disait-elle, sa liberté. Il fit trembler l'Europe et la mit à ses pieds. Son empire s'étendit de la Baltique jusqu'aux frontières de Naples, et ses frères et parents régnèrent en Hollande, en Espagne, en Westphalie, à Naples et en Suède.

Cependant, aveuglé par le succès, Napoléon ne connut pas la modération; il crut que rien ne pouvait lui résister, et porta atteinte aux droits de la conscience et à ceux des peuples. Mais il ne put faire plier un vieillard; l'Espagne osa lutter contre le colosse; et, après le désastre de la Russie, l'Europe entière se coalisa pour l'abattre. Sa chute fut plus prompte que n'avait été son élévation. Brisé à Waterloo, Napoléon alla se confier « aux plus généreux de ses vainqueurs »: les Anglais reléguèrent le grand homme sur le rocher de Sainte-Hélène perdu au milieu de l'Océan.

Le 5 mai 1821, à six heures du soir, l'homme extraordinaire qui pendant si longtemps avait dominé l'Europe, et émerveillé le monde par ses exploits, s'éteignait dans les bras de Bertrand et de Montholon, fidèles à l'infortune, après s'être réconcilié avec la Religion qu'il avait persécutée dans son chef. Vingt ans après, ses cendres furent ramenées « au milieu de ce peuple français qu'il avait tant aimé », et déposées sous le dôme des Invalides, 15 déc. 1841.

De Joséphine, Napoléon n'avait pas eu d'enfants. Le désir de laisser un héritier lui avait fait rompre son mariage avec elle (16 déc. 1809), pour épouser (1er-2 av. 1810) Marie-Louise d'Autriche. Il en eut un fils, Napoléon François Charles Joseph, appelé dès sa naissance roi de Rome, titre que le Congrès de Vienne remplaça par celui de duc de Reischstadt; dans la dynastie Napoléonienne il est Napoléon II. Ce prince mourut à Schœnbrünn, le 22 juill. 1832.

En vertu des sénatus-consultes du 28 floréal an XII (18 mai 1804) et du 1er brumaire an XIII (23 oct. 1804), à défaut d'enfants mâles de Joseph Bonaparte, et à l'exclusion de ceux de Lucien, après la mort du duc de Reichstadt, l'héritage politique de Napoléon Ier revenait à la postérité de Louis, son troisième frère, en la personne de Charles L o u i s - N a p o l é o n, second fils de ce prince, âgé alors de 24 ans.

Ce prince ne tarda pas à prétendre à la succession de son oncle. Deux fois il essaya de renverser le gouvernement de Louis-Philippe et de ramener les Napoléons en France; mais il échoua dans ses tentatives. A Strasbourg, 1836, il fut fait prisonnier et envoyé en Amérique; à Boulogne, 1840, il fut arrêté, traduit devant la cour des pairs, et condamné à un emprisonnement perpétuel. Enfermé au château de Ham, il y demeura jusqu'en 1846, s'évada alors et passa en Angleterre.

Rentré en France à la révolution de 1848, il dut au prestige du nom de Napoléon de se voir élire par quatre départements à l'Assemblée nationale constituante. Le 10 déc. de cette année, il fut nommé, par 5.774.020 suffrages, Président de la République française pour quatre ans. Le 2 déc. 1851, le Président de la République fit son coup d'État par lequel il dissolvait l'Assemblée législative et s'arrogeait un pouvoir dictatorial; le peuple réuni dans ses comices approuva les actes du 2 déc. par 7.500.000 suffrages, et Louis-Napoléon devint Président de la République pour dix ans. Le 7 nov. 1852, le Sénat vota le rétablissement de l'Empire, vote que le peuple ratifia par 7.157.752 voix contre 254.501.

La prospérité matérielle de la France prit sous le règne de Napoléon III un grand degré de développement, comme aussi le luxe et la corruption. La guerre de Crimée, 1854-55, fut glorieuse pour les armes françaises, ainsi que celle d'Italie, 1859; mais avec cette dernière commencèrent les fautes politiques de Napoléon. La guerre contre la Prusse, entreprise avec une inconcevable légèreté, ne pouvait aboutir qu'à des désastres; jamais l'histoire n'en constata de pareils. Napoléon III, prisonnier du roi de Prusse à Sedan (2 sept. 1870), fut conduit au château de Wilhelmshöhe, près de Cassel, où il resta jusqu'au 19 mars 1871; il se retira alors à Chislehurst en Angleterre, et y mourut le 9 janv. 1873.

Le 28 fév. 1871, la famille Bonaparte fut déclarée déchue du trône par l'Assemblée nationale, déclaration contre laquelle Napoléon III protesta le 6 mars suivant.

L a f a m i l l e d e s B o n a p a r t e, o u B u o n a p a r t e, comme on écrivait indifféremment avant que Napoléon Ier eût fixé l'orthographe, est originaire de l'Italie où elle a joué un rôle distingué au moyen âge. Elle est inscrite à Venise sur le *Livre d'Or*. Les Bonaparte remontent avec certitude jusqu'au XIIe siècle. Au XIIIe siècle on en connaît trois branches : 1° la branche de Trévise, qui fournit plusieurs podestats à Vérone et s'éteignit en 1347 avec Servadius Bonaparte, prieur des chevaliers Gaudenti; 2° la branche de Florence qui finit en 1570; 3° la branche de Sarzane, dans le territoire de Gênes, la plus illustre et la seule survivante, et dont un membre, Louis Marie Fortuné Bonaparte, se fixa à Ajaccio en 1612. C'est du petit-fils de celui-ci qu'est né Napoléon Ier.

La ligne impériale de France ne se compose que du fils de Napoléon III et des descendants de son oncle Jérôme.

Famille Bonaparte.

Catholique.

Charles Marie Bonaparte, n. 29 mars 1746 ; député par la noblesse de Corse auprès du roi de France ; marié à Létitia de Ramolino ; m. à Montpellier en 1785.

Enfants.

1. Joseph Bonaparte, n. à Corte, 7 janv. 1768 ; roi de Naples du 30 mars 1806 à 1808 ; roi d'Espagne du 6 juin 1808 à 1813 ; comte de Survilliers ; marié, 1er août 1794, à Marie Julie Clary (n. 26 déc. 1777 ; m. 7 av. 1845), sœur de la reine de Suède, épouse du roi Charles Jean Bernadotte ; m. à Florence, 28 juill. 1844.

Filles.

1. *Zénaïde* Charlotte Julie, n. à Paris, 8 juill. 1801 ; mariée à son cousin germain Charles Lucien Bonaparte, fils de Lucien frère de l'empereur ; m. à Rome, 8 août 1854.
2. *Charlotte*, n. à Paris, 31 oct. 1802, mariée à son cousin le prince Napoléon Louis Bonaparte, fils du roi Louis ; veuve 17 mars 1831 ; m. à Sarzane, 2 mars 1839.

2. Napoléon Bonaparte (**Napoléon Ier**), n. à Ajaccio, 15 août 1769 ; empereur des Français, 18 mars 1804, sacré et couronné le 2 déc. de la même année ; roi d'Italie, 26 mars 1805 ; protecteur de la Confédération du Rhin ; médiateur de la Confédération suisse. Marié, 1° 8 mars 1796, à Marie Rose *Joséphine* Tascher de la Pagerie (n. à la Martinique, 24 juin 1763 ; m. à la Malmaison, 29 mai 1814), veuve d'Alexandre, vicomte de Beauharnais ; divorcée depuis le 16 déc. 1809 (1) ;

(1) L'impératrice Joséphine eut de son premier mariage deux enfants qui furent adoptés par l'Empereur ; il adopta aussi une cousine de l'Impératrice, la princesse Stéphanie, ce qui forma la famille adoptive de l'Empereur, savoir :

Le prince Eugène de Beauharnais, n. 13 janv. 1780, m. à Munich, 21 fév. 1824. En 1805 il fut nommé vice-roi d'Italie, et se distingua comme administrateur et comme homme de guerre. En 1806, il épousa Auguste Amélie, fille de Maximilien Joseph, roi de Bavière, dont il eut six enfants alliés aux premières familles de l'Europe. Après les désastres de Napoléon, il se retira en Bavière, et y obtint la principauté d'Eichstadt, le titre de duc de Leuchtenberg et la pairie.

La reine Hortense, mariée à Louis Bonaparte, roi de Hollande.

La princesse Stéphanie, n. 1789 ; mariée, 1806, à Charles Louis Frédéric, grand-duc de Bade, dont elle eut cinq enfants.

2° 2 av. 1810, à *Marie Louise* Léopoldine Françoise Thérèse Joséphine Lucie, archiduchesse d'Autriche (n. 12 déc. 1791 ; m. 18 déc. 1847), déclarée, par le traité de Paris du 30 mai 1814, duchesse de Parme, Plaisance et Guastella. Napoléon mourut en captivité à l'île Sainte-Hélène, 5 mai 1821.

Fils du 2d mariage.

Napoléon François Charles Joseph (**Napoléon II**), n. à Paris, 20 mars 1811, prince impérial des Français, roi de Rome, duc de Reichstadt ; m. à Vienne, 20 juill. 1832.

3. Lucien Bonaparte, n. à Ajaccio, 3 juill. 1775 ; créé prince de Canino par le S. P. Pie VII, 18 août 1814 ; marié 1° en 1795, à Christine Boyer (m. en 1801) ; 2° en 1802, à *Alexandrine* Laurence de Bleschamp (n. à Calais 1778 ; m. à Sinigaglia, 12 juill. 1855) ; m. à Rome, 29 juin 1840.

Enfants.

a) Du 1er mariage.

1. *Charlotte*, n. 13 mai 1796 ; mariée, 27 déc. 1815, au prince Marius Gabrielli (dont elle eut un fils et trois filles) ; veuve en 1841 ; m. à Rome, 6 mai 1865.
2. *Christine* Égypta, n. 19 oct. 1798 ; mariée d'abord au comte Posse, suédois, puis divorcée ; remariée ensuite, en 1824, à lord Dudley-Stuart ; m. à Rome, 19 mai 1847.

b) Du 2d mariage :

3. *Charles Lucien* Jules Laurent, n. à Paris, 24 juin 1803, prince de Canino et de Musignano ; marié, 29 juin 1822, à sa cousine germaine Zénaïde Bonaparte, fille unique de feu le roi Joseph ; président de l'Assemblée constituante romaine en 1848 ; naturaliste distingué ; fondateur des congrès scientifiques en Italie ; m. à Paris, 29 juillet 1857.

Enfants : 1. Feu *Joseph* Lucien Charles Napoléon Bonaparte, n. à Philadelphie, 13 fev. 1824 ; m. à Rome, 2 sept. 1865.

2. *Lucien* Louis Joseph Napoléon, n. à Rome 15 nov. 1828, prince de Canino, de Musignagno, du S. Siége, de la famille de l'empereur des Français ; depuis le 13 mars 1868 cardinal prêtre de l'Église Romaine.

3. *Julie* Charlotte, n. 6 juin 1830 ; mariée 30 août 1847, à Alexandre del Gallo, marquis de Roccagiovine.

4. *Charlotte* Honorée, n. 4 mars 1832; mariée, 4 oct. 1848, à Pierre, comte Primoli.

5. *Marie* Désirée Eugénie, n. 18 mars 1835; mariée, 2 mars 1851, à Paul, comte de Campello.

6. *Auguste* Amélie, n. 9 nov. 1836; mariée, 2 fév. 1856 au prince Placide Gabrielli, son cousin.

7. *Napoléon Charles* Grégoire, n. 5 fév. 1839; marié, 26 nov. 1859, à Marie *Christine*, n. 25 juillet 1842, fille de *Jean* Népomucène, prince de Ruspoli et de Cervatori, et de Barbe, princesse Massimo d'Arsole (dont il a eu trois filles.)

8. Feue *Bathilde* Aloïse Léonie, n. à Rome, 26 nov. 1840; mariée, 14 oct. 1856, au comte Louis de Cambacérès; m. à Paris, 8 juin 1861.

9. Feue *Albertine* Marie Thérèse, n. à Florence, 12 mars 1842; m. 3 juin de la même année.

10. Feu *Charles* Albert, n. 22 mars 1843.

4. Feue Létitia, n. à Milan, 1er déc. 1804; mariée, 1824, à l'Irlandais Thomas Wyse, membre catholique du parlement d'Angleterre, envoyé extraord. et ministre plénipot. de la Gr. Bret. en Grèce; séparée; veuve 15 av. 1862; m. mars 1871.

5. Feue *Jeanne*, n. à Rome, 1806; mariée au marquis Honorati d'une grande famille italienne; m. en 1828, laissant une fille, Clélie.

6. Feu *Paul*, m., 1827, à Spezzia, d'un accident sur le vaisseau de l'amiral Cochrane.

7. Louis *Lucien*, n. à Torngrow (Worcester), 4 janv. 1813; élu à l'Assemblée nationale législative, 8 juill. 1849; sénateur.

8. *Pierre* Napoléon, n. à Rome, 12 sept. 1815; élu en 1848, par le départ. de la Corse, représ. du peuple à l'Assemblée nationale.

9. *Antoine*, n. à Frascati, 31 oct. 1816; marié 19 juill. 1839, à *Marie Anne*, n. 24 fév. 1823, fille de l'avocat Cardinali de Lucques.

10. Feue Alexandrine *Marie*, n. à Rome 12 oct. 1818; mariée au comte Vincent Valentini de Canino: veuve en juill. 1858; m. à Florence, 22 août 1874.

11. *Constance*, n. à Bologne, 30 janv. 1823, religieuse au couvent du Sacré Cœur à Rome.

5. Marie Anne Élisa Bonaparte, n. à Ajaccio, 3 janv. 1777, princesse de Lucques et de Piombino, grande-duchesse de Toscane; mariée, 5 mars 1797, au prince Félix Bacciochi; m. 7 août 1820, à Santo Andrea près Trieste. Elle eut deux enfants : 1. *Napoléone* Élisa, n. 3 juin 1806, mariée au comte Comerata; 2. Frédéric, n. 3 juill. 1813; m. à Rome d'une chute de cheval, 21 mars 1830.

6. Louis Bonaparte, n. à Ajaccio, 4 sept. 1778; roi de Hollande du 24 mai 1805 au 1er juill. 1810; marié, 13 janv. 1802, à *Hortense* Eugénie de Beauharnais (n. 10 av. 1783; m. à Arenenberg, 3 oct. 1837) fille de l'impératrice Joséphine, connue sous le nom de reine Hortense et de duchesse de Saint-Leu; m. à Livourne, 25 juill. 1846.

Fils.

1. Napoléon Charles, n. à Paris, 10 oct. 1802, prince royal de Hollande, 5 juin 1806; m. à La Haye, 5 mai 1807.
2. Napoléon Louis, grand duc de Berg et de Clèves, n. à Paris, 11 oct. 1804; marié à sa cousine Charlotte, fille du roi Joseph; m. à Forli, 17 mars 1831, sans postérité.
3. Charles Louis Napoléon (**Napoléon III**), n. à Paris, 20 av. 1808; élu, en 1848, par quatre départements, à l'Assemblée nationale; nommé Président de la République française, 10 déc. 1848; Président pour dix ans, 20-21 déc. 1851; élu Empereur des Français, 2 déc. 1852; forcé par la capitulation de Sedan à quitter le territoire français, 2 sept. 1870; m. à Chislehurst en Angleterre, 9 janv. 1873. Sa veuve :

L'Impératrice Marie **Eugénie** de Guzman, Porto-Carrero et Palafay, 14e comtesse de Téba, comtesse de Ablitas, de Banos, de Mora, de Santa-Cruz de la Sierra, vicomtesse de la Calzada, marquise de Noya, Ardalès, Osera, dame de la grand'croix de l'ordre de Malte, n. 5 mai 1826, du comte Cyprien de Montijo et de Miranda, duc de Penaranda, six fois grand d'Espagne de 1re classe, et de Marie Manuele Kirck-Patrick de Glasburn; mariée à Napoléon, 29 janv. 1853.

Prince impérial.

Napoléon (IV) Eugène Louis Jean Joseph, n. aux Tuileries, 16 mars 1856.

7. Marie *Pauline* Bonaparte, n. à Ajaccio, 20 oct. 1780, grande-duchesse de Guastalla, 30 mars 1806; mariée 1° au général Leclerc dont elle eut un fils, Napoléon, mort au berceau, 1804; 2° 6 nov. 1803, au prince Camille Borghèse; m. à Florence, 9 juin 1825, sans enfants.

8. Marie Annonciade *Caroline* Bonaparte, n. à Ajaccio, 25 mars 1782; mariée, 28 janv. 1800, à Murat, roi de Naples, dont elle eut quatre enfants (1); m. à Florence sous le nom de comtesse de Lipona, 18 mai 1839.

9. *Jérôme*, n. à Ajaccio, 15 nov. 1784; roi de Westphalie, du 1er déc. 1807 au 26 oct. 1813; prince de Montfort, prince de la famille impériale; marié 1° 27 déc. 1803, à Élisabeth Patterson (2); 2° par proc. à Stuttgard 12, en pers. à Paris 22-23 août 1807, à Frédérique *Catherine* Sophie Dorothée, fille de feu Frédéric, roi de Wurtemberg (n. 21 fév. 1783, m. 28 nov. 1835); m. 24 juin 1860.

Enfants.

1. Feu *Jérôme* Napoléon, *prince de Montfort*, n. à Trieste, 24 août 1814; m. à Florence 12 mai 1847.

2. *Mathilde* Létitia Wilhelmine, n. 27 mai 1820; mariée 21 oct. 1841, à Anatole Demidoff, prince de San-Donato; veuve 18 mai 1870.

3. *Napoléon* Joseph Charles Paul, n. à Trieste, 9 sept. 1822; élu par la Corse à l'Assemblée nationale en 1848; marié, 30 janv. 1859, à Marie *Clotilde* Thérèse Louise, princesse de Savoie, n. 2 mars 1843, fille de Victor-Emmanuel II.

Enfants: 1. Napoléon *Victor* Jérôme Frédéric, n. à Paris 18 juill. 1864.

2. Napoléon *Louis* Joseph Jérôme, n. au château de Meudon, 16 juill. 1865.

3. *Marie* Létitia Eugénie, n. à Paris, 20 déc. 1866.

(1) 1° Napoléon *Achille* Charles Louis, pr. royal des Deux-Siciles, n. 21 janv. 1801 m. 15 av. 1847; 2° Létitia Josephe, n. 25 av. 1802; mariée au prince de Pepoli; 3° *Lucien* Charles Joseph, n. 16 mai 1803, élu en 1848 représentant du peuple à l'Assemblée nationale de France; marié, en 1827, à Caroline Georgina Fraser, dont il a cinq enfants; 4° *Louise* Julie Caroline, n. 22 mars 1805; mariée, 15 oct. 1825, au comte Rasponi de Ravenne.

(2) Il en eut un fils appelé Jérôme; mais le mariage du père n'ayant pas été approuvé, le fils n'a pas été admis dans la famille impériale.

LES BOURBONS.

Deux fois la famille royale des Bourbons a occupé, par ses différentes branches, les trônes de France, d'Espagne, des Deux-Siciles et de Parme; deux fois elle a été renversée de tous : une première fois à la fin du siècle dernier, une seconde fois à partir de 1848. Nous avons vu tous ses membres exilés des pays où ils avaient régné, et c'est à peine si elle est parvenue aujourd'hui à remonter sur un trône. Ce sont là les vicissitudes de la fortune des rois depuis un siècle.

La Révolution a été particulièrement funeste aux Bourbons. Leurs malheurs ont commencé à la grande Révolution française; ils ont été aussi grands que leur gloire et leurs succès avaient été éclatants. Car, parmi les familles illustres de l'Europe, la maison de Bourbon tenait un des tout premiers rangs par son antiquité, par sa puissance, par son extension, par la valeur personnelle de ses princes ou la splendeur de leur règne.

La maison de Bourbon forme la troisième branche de la troisième race des rois de France, la race capétienne, qui gouverna le royaume depuis 987, année où Hugues Capet parvint à la couronne. De la lignée de Capet sortirent également la maison royale de Portugal, aujourdhui encore régnante; celle de Courtenai, qui donna des empereurs à Constantinople; celle d'Anjou qui donna des rois à la Sicile, à la Hongrie et à la Pologne.

La branche directe des Capétiens s'éteignit dans les mâles avec Charles IV, en 1328; celle de Valois hérita alors du trône par Philippe VI, fils de Charles de Valois, qui était frère de Philippe IV, le Bel, père de Charles IV. Quand cette seconde branche s'éteignit avec Henri III, assassiné en 1589, il fallait remonter à St. Louis pour trouver le rameau royal auquel revenait la couronne de France. C'était celui de Bourbon, sorti du sixième fils de St. Louis, de Robert, comte de Clermont en Beauvaisis (m. 1318). Sa femme, Béatrix de Bourgogne, lui avait apporté comme héritage la terre de Bourbon qui devint le chef-lieu et le titre de sa race. Son fils Louis fut créé duc de Bourbon en 1326.

A la mort de Henri III, le chef de la famille de Bourbon était Henri roi de Navarre (comme successeur de son père Antoine, qui avait épousé Jeanne d'Albret, reine de Navarre). Il parvint au trône en 1589, et régna sous le nom de Henri IV. Il releva la prospérité et la puissance du royaume. Tombé sous le poignard de Ravaillac, 1610, son fils, Louis XIII, âgé de neuf ans, lui succéda sous la régence de Marie de Médicis, sa mère. Son règne ne fut guère heureux jusqu'à ce que l'administration eût été remise aux mains de Richelieu.

Henri IV laissa un second fils, Gaston, duc d'Orléans, qui mourut sans

Tableau généalogique

He
n. 13
1589-1
1° Marg
2° M. de

Louis XIII,
n. 1601, m. 1643.
Anne d'Autriche,
Fille de Philippe III d'Esp.

Isabelle
n. 1602, m.
Philippe
R. Espag

Louis XIV,
n. 5 sept. 1638,
m. 1er sept. 1713,
M.-Th., fille de Philippe IV
m. 1683.

Louis, gr. Dauphin,
n. 1661, m. 14 avril 1711.
M. Anne de Bavière,
m. 1690.

Louis, Dauphin,
D. de Bourgogne,
n. 6 août 1682, m. 18 fév. 1712.
M. Adélaïde de Savoie,
m. 1712.

Philippe,
D. d'Anjou,
n. 1683,
R. d'Espagne en 1700.

Charles,
D. de Berry,
n. 3 août 16
m. 4 mai 1714
Marie d'Orléa

Louis,
D. de Bretagne,
n. 1704, m. 1705.

Louis,
D. de Bretagne,
n. 1707,
m. 8 mars 1712.

Louis XV,
n. 15 fév. 1710,
m. 10 mai 1774.
Marie Leczinska, m. 1768.

Prin-
cesse,
m. 1711.

D. d'A
çon
m. 17

L. Élis.
n. 1727,
m. 1759.
Philippe,
D. de Parme.

An. Henriette,
n. 1727,
m. 1752.

Louis Dauphin,
n. 4 sept. 1729,
m. 20 déc. 1765.
1° *M. Th. d'Esp., m.* 1746,
s. p.,
2° *Mar. de Saxe, m.* 1767.

L. Marie,
n. 1728,
m. 1733.

Philippe,
D. d'Anjou,
n. 1730,
m. 1733.

M. Adél.
n. 1732,
m. 1800.

Victoire,
L. M. Th.
n. 1733,
m. 1799.

Sop
n. 1
m. 1

M. Th.,
n. 1746,
m. 1748.

M. Zéph.
n. 1750.
m. 1759.

L. J. Xav.
n. 1751,
m. 1761.

Xav. M. Jos.
n. 1753,
m. 1754.

Louis XVI,
n. 23 août 1754,
détr. 21 sept. 1792.
m. 21 janv. 1793.
M. Ant. d'Autr.
m. 1793.

Louis XVIII,
n. 17 nov. 1755,
1814-1824, 16 sept.
M. de Sard.
m. 1810.

Charles X
(Comte d'Art
n. 9 oct. 175
(abd. 1830)
m. 6 nov. 18
M. Th. de Sa
m. 1805.

M. Th. Charl. (Mme),
n. 17 déc. 1778,
m. 19 oct. 1851.
L. Ant. D. d'Angoulême.

L. J. Xav. Fr.
1er Dauphin,
n. 1781, m. 1789.

Louis XVII,
2e Dauphin,
n. 27 mars 1785,
m. 8 juin 1795.

M. Sophie
Hél. Béatrix,
n. 1786,
m. 1787.

L. Antoine,
D. d'Angoul.
n. 6 août 1775,
m. 3 juin 1844.
Mme M. Thérèse.

Prince
n. 17
m 17

L. Élis.,
n. 13 et m.
14 juill. 1816.

Princess
n. et m.
13 sept. 18

AISON de BOURBON.

rép. 1599;
1642.

Christine, n. 1606, m. 1663. *Victor-Améd, Ier D. de Savoie*

Nicolas, D. d'Orléans, n. 1607, m. 1611.

Henriette, n. 1609, m. 1669. *Charles Ier d'Angleterre*

Gaston, D. d'Orléans, n. 1608, m. 1660, s. p. mâle.

Philippe Ier, **D. d'Orléans**, n. 1640, m. 1701. 1° *Henriette Anne d'Anglet.*, *m.* 1670. 2° *Char. Elis. de Bav.*, *m.* 1722.

il. Charl. le Valois, 64, m. 1666.

1. M. Louise, n. 1662, m. 1689. *Charles II, R. d'Esp.*

1. Anne, n. 1669, m. 1728. *V. Amédée II, R. de Sard.*

2. Alex. Louis, D. de Valois, n. 1673, m. 1676.

2. Philippe II, n. 1674, m. 1723, Régent, 1715-1723. *Marie Fr. de Bourbon (Mlle de Blois.)*

2. Élis. Charlotte, n. 1676, m. 1698. *Léopold Jos. D. de Lorraine.*

Marie L., n. 1695, m. 1710. *Charles D. de Berry.*

L. Adél., n. 1698, m. 1743. *Ab. de Chelles.*

Charlotte, n. 1700, m. 1761. *Pr. de Modène.*

Louis, n. 1703, m. 1752. *Auguste de Bade.*

Louise El., n. 1709, m. 1742. *Louis Ier, R. d'Espagne.*

Élisab. n. 1714, m. 1736. *F. Pr. de Conti.*

Mlle de Beaujolais n. 1616, m. 1734.

rin-
sse,
1714.

Louis Philippe Ier, n. 12 mai 1725, m. 17 nov. 1785. *Louise Hen. de Conti*, m. 1759.

cesse,
1736,
1744.

Louise, Carmélite, n. 1737, m. 1787.

Louis Philippe Joseph (Philippe Egalité), n. 13 av. 1747, m. 18 nov. 1793. *L. M. Adélaïde de Bourbon-Penthièvre*, m. 23 juin 1821.

Louise Marie, m. 1822. *Le D. de Bourbon*, m. 1823.

délaïde, 1759, 1802. *Em. IV rdalyne.*

Mme Élisabeth, n. 1764, m. 10 mai 1794.

Louis-Philippe Ier, n. 6 oct. 1773. R. des Français, 1830-1848, m. 26 août 1850. *Marie Amélie des Deux-Siciles.*

Ant. Philipp. D. de Montpensier, n. 1775, m. 1807.

Alph. Léodgard, Cte de Beaujolais, n. 9 oct. 1779, m. 1808.

Mme Adélaïde, n. 23 août 1777. m. 31 déc. 1847.

Ferdin. le Berri, janv. 1778, fév. 1820. *des D.-Sic.*,

Mlle d'Angoulême, m. 1783.

Ferdinand, D. d'Orléans, m. 1842. *Hélène de Mecklb. Schw*

h. Mlle d'Art. 1 sept. 1819, 1er fév. 1864. *D. de Parme.*

Henri V, Comte de Chambord.

Louis-Philippe Comte de Paris.

descendance mâle. Mais deux des frères de son père fondèrent des maisons : Louis, celle de Condé, si célèbre dans l'histoire de la France, et qui ne finit qu'en 1830 ; François, celle de Montpensier, éteinte dans les mâles en 1606, et dans les femmes en 1693.

Louis XIII eut deux fils, dont l'aîné, Louis (XIV), continua la ligne directe des Bourbons, et le cadet Philippe, duc d'Orléans, devint la tige de la ligne cadette ou d'Orléans.

Branche aînée des Bourbons de France. Louis XIV n'avait que cinq ans à la mort de son père, 1643. Sa mère, Anne d'Autriche, fut régente et eut le fameux Mazarin pour ministre. Louis XIV laissa son nom à son siècle, c'est assez dire combien son règne fut remarquable. Il agrandit la France de l'Alsace et du Sundgau, 1648 ; de l'Artois et autres parties de la Belgique, 1659 ; de la Franche-Comté, Dunkerque, Strasbourg, 1670 et 1697. En 1700, il fit monter sur le trône d'Espagne son petit-fils, Philippe d'Anjou, et sut l'y maintenir. Philippe d'Anjou régna sous le nom de Philippe V et fut la tige des Bourbons d'Espagne.

Louis XIV vit mourir avant lui, 1711 et 1712, son fils Louis, dit Monseigneur ou grand Dauphin, et son petit-fils, Louis, duc de Bourgogne, Dauphin après la mort de son père. A sa mort, la couronne passa à son arrière-petit-fils, Louis XV, âgé de dix ans. La régence du royaume fut confiée à Philippe II, duc d'Orléans, neveu de Louis XIV, qui contribua beaucoup à la corruption des mœurs. Sous lui, la Lorraine fut conquise, pendant la guerre de succession de Pologne, et cédée à la France par la paix de Vienne qui la termina, 1735. Louis XV laissa à son successeur un royaume affaibli et troublé.

Louis XV eut un fils, Louis, Dauphin, qui mourut avant son père, 1765, laissant trois fils, Louis, duc de Berry, plus tard Dauphin ; Louis Stanislas Xavier, comte de Provence, et Charles-Philippe, comte d'Artois. Le duc de Berry, monta sur le trône, à la mort de son grand-père, 1774, sous le nom de Louis XVI. En 1789, il convoqua les États généraux qui n'avaient plus été réunis depuis 1614. Ils se constituèrent en Assemblée nationale. Ce fut le premier pas vers l'épouvantable révolution qui bouleversa et couvrit de ruines et de sang la France et l'Europe entière. Louis XVI périt sur l'échafaud, le 21 janvier 1793 ; sa femme, la reine Marie-Antoinette, fille de François Ier, empereur d'Allemagne et de Marie-Thérèse, y monta le 16 octobre suivant ; leur infortuné fils, Louis, d'abord duc de Normandie, puis Dauphin, qui avait été reconnu par les puissances sous le nom de Louis XVII, à la mort de son père, mourut dans la prison du Temple, à l'âge de 10 ans et deux mois, le 9 juin 1795.

Le 21 septembre 1792, la royauté ayant été abolie, la France eut la République, puis l'Empire ; la couronne semblait à jamais perdue pour la race de Capet. Mais en 1814 se fit la Restauration. Les Bourbons furent rappelés de l'exil, où ils vivaient depuis vingt-trois ans, et le 4 mai,

Monsieur, comte de Provence, frère de Louis XVI, montait sur le trône de ses pères, sous le nom de Louis XVIII. Il donna au royaume une « Charte » ou Constitution modelée sur celle d'Angleterre.

Louis XVIII ne laissant pas d'héritier, son frère, le comte d'Artois, lui succéda sous le nom de Charles X, 16 septembre 1824. Son règne ne fut pas long. La Révolution de juillet 1830 le renversa ; la couronne passa à la branche cadette des Bourbons, ou d'Orléans, en la personne de Louis-Philippe.

Charles X avait eu deux fils : *Louis* Antoine, duc d'Angoulême, dauphin pendant le règne de son père, et Charles, duc de Berry. Ce dernier fut tué par Louvel (14 février 1820), laissant une fille, Louise-Marie-Thérèse (*Mademoiselle*), morte duchesse douairière de Parme, (1er février 1864), et un fils *Henri* Charles Ferdinand Dieudonné d'Artois, duc de Bordeaux, né après la mort de son père, 29 septembre 1820. Le 2 août 1830, Charles X, retiré à Rambouillet, abdiqua, et son fils aîné, dauphin Louis, renonça à ses droits à la couronne en faveur de son neveu le duc de Bordeaux, qui devait être proclamé roi sous le nom de Henri V

Charles X quitta la France le 16 août, et se rendit avec sa famille en Angleterre, où il s'établit d'abord au château de Lullworth, propriété du cardinal Weld ; puis en Écosse, au château d'Holyrood, à Édimbourg. A la fin de 1832, la famille royale quitta l'Angleterre pour aller habiter en Bohême le château de Hardschin, à Prague ; après un séjour de près de quatre ans, elle se fixa à Goritz, en Styrie. C'est là que mourut Charles X, 6 novembre 1836. Son fils aîné, Louis-Antoine, duc d'Angoulême, y est mort également (3 juin 1844), et repose auprès de son père. A côté d'eux ont encore été déposés la veuve du duc d'Angoulême, Marie-Thérèse de France, fille de Louis XVI, tante de Henri V ; Louise-Marie, duchesse de Parme, sœur de ce prince, et Marie-Caroline, duchesse de Berry, sa mère.

Henri V, qui porte depuis son exil le titre de « Comte de Chambord » (1) est donc aujourd'hui le dernier survivant de la branche aînée des Bourbons de France, et le successeur légitime de Charles X au trône.

Branche cadette ou d'Orléans. Les d'Orléans, nous l'avons vu plus haut, descendent de Philippe, duc d'Orléans (m. 1701), fils de Louis XIII et frère de Louis XIV. Son fils Philipppe II, fut régent de France, sous la minorité de Louis XV. L'arrière-petit-fils de celui-ci, Louis Philippe Joseph, dit *Philippe Égalité*, vota la mort de Louis XVI et fut lui-même décapité, le 6 novembre 1793. De son mariage avec Louise Marie Adélaïde de Bourbon-Penthièvre (branche légitimée descendant de Louis XIV) étaient nés Louis-Philippe, duc d'Orléans, An-

(1) Nom de son château, près de Blois, qui lui fut offert par les souscriptions des Français, immédiatement après sa naissance.

toine Philippe, duc de Montpensier (m. 1807), Alphonse-Léodgard, comte de Beaujolais (m. 1808) et *Madame* Adélaïde (m. 31 décembre 1847).

Louis-Philippe, quand la Révolution de juillet eut triomphé dans Paris, fut nommé, le 31 de ce mois, lieutenant-général du royaume par la Commission municipale de Paris ; il fut reconnu comme tel par Charles X, présenté par La Fayette au peuple de l'hôtel-de-ville comme la *meilleure des républiques* et accepté à ce titre. La Chambre des députés lui offrit le trône avec le titre de *roi des Français*, 6/7 août ; le 9, il prêta serment de fidélité à la Charte, acceptée par lui, et prit le nom de *Louis-Philippe Ier, roi des Français*. C'était une rupture dans la succession des anciens *rois de France*.

Louis-Philippe régna jusqu'en 1848. La Révolution de février lui fit reprendre la route de l'exil. Avant de quitter la France, il avait abdiqué (24 février 1848), en faveur de son petit-fils, le comte de Paris. Le royal exilé alla habiter Claremont, en Angleterre, et y mourut le 26 août 1850. La reine Marie-Amélie lui survécut jusqu'au 24 mars 1866, jour où elle décéda à Claremont. De leur mariage sont nés neuf enfants dont on trouvera plus loin les notices généalogiques.

Pendant la République et le second Empire, le séjour de la France a été interdit à tous les membres de la famille des Bourbons ; les portes de la patrie ne leur ont été ouvertes que le 8 juin 1871.

Le 5 août 1873, s'est faite la fusion entre les deux branches de la maison royale de France. Le comte de Paris, chef de la branche cadette, a reconnu les droits du comte de Chambord.

Seconde ligne principale des Bourbons ou d'Espagne. Cette branche de la famille royale de Bourbon descend de Philippe d'Anjou, deuxième fils de Louis, grand dauphin de France. Appelé au trône d'Espagne par le testament de Charles II, dernier descendant mâle de la branche aînée d'Autriche (2 octobre 1700), il fut déclaré roi à Fontainebleau (16 nov.), puis à Madrid (24 nov.), et fit son entrée dans cette capitale le 14 avril 1701. Il régna sous le nom de Philippe V. Alors éclata la guerre de succession d'Espagne qui dura quatorze ans. La paix d'Utrecht, 28 av. 1713, suivie de celle de Radstadt et de Bade, y mit fin. Philippe conserva l'Espagne, le Nouveau-Monde, et les colonies hors de l'Europe ; mais il dut céder la Sicile au duc de Savoie ; Naples, les Pays-Bas espagnols, le Milanais et la Sardaigne à l'Autriche. Par le traité d'Utrecht, Philippe V renonça pour lu et ses descendants à la succession du trône de France.

A la suite de la guerre de succession de Pologne, 1733-1735, à laquelle le roi d'Espagne prit une part active, il obtint par les préliminaires, 1735, et le traité de Vienne, 1738, pour son fils don Carlos (après Charles VII de Naples et Charles III d'Espagne) le royaume de Naples et de Sicile.

Philippe V mourut en 1746, au milieu de la guerre de succession d'Au triche, qui donna les duchés de Parme, Plaisance et Guastella à son troisième fils don Philippe (traité d'Aix-la-Chapelle, 18, 20, 23 octobre 1748).

Le 15 janv. 1724, Philippe avait abdiqué en faveur de son fils aîné, Louis Ier; mais ce prince étant mort le 31 août suivant, il avait repris la couronne. Son second fils, Ferdinand VI, lui succéda ; il mourut sans enfants, en 1759, et son frère Charles (VII), roi de Naples, ceignit la couronne d'Espagne sous le nom de Charles III. Il eut pour successeur son fils aîné, Charles IV. Celui-ci abdiqua, le 19 mars 1808, en faveur de son fils ; puis, le 5 mai suivant, en faveur de Napoléon, qui, le 16 juin, donna la couronne à son frère Joseph. La nomination d'un étranger au trône d'Espagne, souleva toute la Péninsule et provoqua la terrible guerre d'indépendance, 1808-1813. Les colonies espagnoles, profitant des embarras de la métropole, commencèrent dès lors à conquérir leur indépendance.

Le 3 mars 1814, le fils de Charles IV, Ferdinand VII, put partir pour l'Espagne, de Valençay dans l'Indre où Napoléon l'avait relégué. Le règne de ce prince fut peu prospère, et il posa un acte qui devint pour l'Espagne une cause de grands malheurs et de luttes fratricides. Je veux parler de sa *pragmatique sanction.*

En 1713, Philippe V avait introduit en Espagne l'ordre de succession adopté depuis longtemps en France sous le nom de *loi salique* (1). En vertu de ce principe la couronne d'Espagne doit toujours passer de mâle en mâle, par ordre de primogéniture, et les femmes sont exclues de la succession au trône, tant que la maison régnante a un descendant mâle quelconque. Cette loi, acceptée par les Cortès en 1717, s'appelait l'*auto-acordado*. Avant cette loi déjà, les femmes avaient toujours été exclues du trône en Arragon ; en Castille, elles étaient admises à défaut de mâles. Si Ferdinand VII venait à mourir sans héritier mâle, la couronne passait de droit à son frère Don Carlos. En 1830, Ferdinand restait sans enfant de ses trois premières femmes ; voyant enceinte sa quatrième femme, *Marie-Christine* de Naples, il fit promulguer (29 mars 1830), six mois avant la naissance de la princesse, depuis reine, Isabelle, une loi des Cortès de 1789, qui n'avait jamais vu le jour, par laquelle cette assemblée, abolissant l'*auto-acordado* de Philippe V, reconnaissait les filles capables d'hériter de la couronne (2). Don Carlos fut exilé en Portugal, et le roi fit jurer aux Cortès fidélité à la reine Isabelle II, 1833.

A la mort de Ferdinand VII (29 septembre 1833), la reine-mère, Marie-Christine, prit le gouvernement et régna avec l'appui des libéraux.

Don Carlos (depuis la mort de Ferdinand, Charles V) avait protesté

(1) Il y a cependant cette différence que la loi salique ne permet pas que le trône de France tombe jamais en quenouille, tandis que l'*auto-acordado* admet les femmes à défaut de descendant mâle.

(2) Étrange abus du despotisme, qui fait et défait tant de fois, dans un siècle, une loi aussi importante que celle qui règle l'hérédité royale ! (*César Cantu*).

contre tous les actes qui l'avaient exclu du trône ; après la mort de son frère, il prit les armes pour le conquérir. Cette première guerre carliste se termina, en 1839, par l'expulsion de Charles V. Ce prince fut retenu prisonnier en France jusqu'en 1845, année où il renonça (18 mai), à ses prétentions en faveur de son fils aîné, le prince des Asturies, don Carlos (Charles VI) comte de Montemolin ; il prit, lui, le titre de comte de Molina. Charles V mourut à Trieste, le 10 mars 1855; et son fils aîné (Charles VI), le 13 janvier 1861. Leurs droits à la couronne d'Espagne passèrent au second fils de Charles V, à l'Infant don Juan, qui y renonça, le 3 octobre 1868, en faveur de son fils aîné don Carlos (Charles VII). Celui-ci a recommencé la guerre carliste en 1870.

Le règne d'Isabelle II est célèbre par les luttes des partis et les *pronunciamentos*. Renversée par la révolution Prim-Serrano-Topete, Isabelle quitta l'Espagne le 30 septembre 1868. Ce même jour, elle et sa dynastie furent déclarées déchues du trône par le gouvernement provisoire ; elle protesta, à Pau, contre le nouvel ordre de choses. Le 25 juin 1870, elle renonça à ses prétentions au trône en faveur de son fils unique don Alphonse, prince des Asturies.

Le 30 décembre 1874, un *pronunciamento*, excité par le général Martinez Campos, a proclamé le fils d'Isabelle roi d'Espagne, sous le nom d'Alphonse XII.

Branche des Deux-Siciles. Nous avons vu plus haut que la paix de Vienne (1735/38), qui termina la guerre de succession de Pologne, donna Naples et la Sicile à la maison de Bourbon d'Espagne, en la personne de don Carlos, second fils de Philippe V. Il régna sous le nom de Charles VII. Ayant succédé au trône d'Espagne à son frère Ferdinand VI, 1759, il laissa la couronne de Naples et de Sicile à son troisième fils, Ferdinand IV, en stipulant que ces royaumes ne seraient jamais réunis à l'Espagne. Naples fut occupé par les Français, en 1799, et le roi s'enfuit en Sicile ; il revint en 1801, sous la protection des armées russes et autrichiennes ; en 1805, il dut de nouveau se réfugier en Sicile, et Napoléon créa Joseph Bonaparte, son frère, roi de Naples, 1806. Celui-ci eut pour successeur (1er août 1806), Joachim Murat, beau-frère de Napoléon, sous le nom de Joachim Bonaparte. En janvier 1814, Joachim, pour conserver son trône, s'unit aux alliés ; mais au retour de Napoléon de l'île d'Elbe, se tournant contre eux, il attaqua les Autrichiens. Complétement battu à Tolentino (2 mai 1815), il dut s'enfuir en Corse, et Ferdinand recouvra son trône. Joachim ayant tenté de rentrer dans le royaume, fut pris, condamné à mort et fusillé, 13 octobre 1815.

Le 8 décembre 1816, le roi, après avoir décrété que le royaume de Naples et celui de Sicile ne formeraient plus qu'une seule et même monarchie, prit le nom de Ferdinand Ier. Les troupes autrichiennes occupèrent le royaume de 1821 à 1827 pour y maintenir la tranquillité.

L'arrière-petit-fils de Ferdinand II, François Ier, a vu son royaume envahi par les révolutionnaires de Garibaldi, et annexé à la Sardaigne par Victor-Emmanuel. Par sa proclamation du 7 novembre, celui-ci accepta la souveraineté des Deux-Siciles, et réunit le royaume, ainsi que les enclaves pontificales de Bénévent et de Ponte-Corvo, à la Sardaigne. François II quitta Naples le 6 septembre 1860, et protesta, le même jour, contre la prise de possession illégale de ses États. Après la capitulation de Gaëte, le 13 février 1861, il se retira à Rome (15 de ce mois). Le 5 avril suivant, il protesta contre le titre de « roi d'Italie » adopté par Victor-Emmanuel.

Branche de Parme. Parme et Plaisance vinrent au Saint-Siége en 1511, et définitivement en 1530. Paul III les érigea en duchés (26 août 1545), et les donna en fief à Pierre-Louis Farnèse. La lignée masculine des Farnèse s'étant éteinte en 1731, Élisabeth Farnèse, femme de Philippe V d'Espagne, parvint à faire donner les duchés à son fils don Carlos ou Charles Ier. Ce prince ayant été élevé aux trônes de Naples et de Sicile, Parme et Plaisance, en vertu des préliminaires de paix fixés à Vienne, le 3 octobre 1735, entre la France et l'empereur, et acceptés par l'Espagne, le 15 avril 1736, furent incorporés à l'Autriche. La paix d'Aix-la-Chapelle, 1748, les donna au second fils d'Élisabeth Farnèse, don Philippe. Ferdinand, fils de Philippe, régna de 1765 à 1802. En vertu de la paix de Lunéville et des conventions faites entre la France et l'Espagne, les duchés furent réunis à la France, et formèrent le département du Taro, la maison ducale reçut en compensation le duché de Toscane, érigé en royaume d'Étrurie. Guastella fut détaché et donné au prince Borghèse, mari de Pauline Bonaparte, sœur de Napoléon, comme fief de la France. Louis, fils de Ferdinand, fut proclamé roi d'Étrurie.

Nous avons dit, en parlant de la famille de Habsbourg-Lorraine, comment les duchés de Parme, de Plaisance et de Guastella furent donnés par le Congrès de Vienne à l'impératrice Marie-Louise, épouse de Napoléon, qui les conserva jusqu'en 1847.

La veuve de Louis, roi d'Etrurie (m. 1803), l'Infante Marie-Louise d'Espagne, reçut, également par une disposition du Congrès de Vienne, la principauté de Lucques avec l'expectative, pour elle et ses descendants, du duché de Parme. A la mort de l'impératrice Marie-Louise, Charles II, fils de Louis, prince de Lucques depuis la mort de sa mère en 1824, prit possession des duchés, à l'exception de Guastella qui alla à Modène ; il transmit en même temps Lucques au duché de Toscane. Forcé de s'éloigner par l'insurrection du mois d'avril 1848, il renonça au gouvernement, le 4 mars 1849, en faveur de son fils, Charles III. Ce prince, né en 1823, marié, en 1845, à Louise-Marie-Thérèse, fille du duc de Berry et sœur du comte de Chambord, périt sous le couteau d'un assassin, le 27 mars 1854. Son fils Robert lui succéda sous la régence de sa mère. La

Révolution de juin 1859 l'obligea à quitter le duché, qui fut annexé aux États-Sardes, en vertu d'un décret de Victor-Emmanuel II, en date du 18 mars 1860. La duchesse-douairière et Régente publia à Zurich, le 28 mars 1860, une protestation contre l'annexion des états de son fils mineur et une autre, le 10 avril 1861, contre le titre de « roi d'Italie » que s'attribua le roi de Sardaigne. Marie-Louise est morte en exil, le 1er février 1863, et a été inhumée à Goritz.

I. Ligne aînée ou ligne Française.

Maison royale de France.

Catholique.

Branche aînée ou de Bourbon.

Henri (V) Charles Ferdinand Marie Dieudonné d'Artois, duc de Bordeaux, *Comte de Chambord*, n. 29 sept. 1820, fils du prince Charles *Ferdinand* d'Artois, duc de Berry (n. 24 janv. 1778, m. 14 févr. 1820), et de la princesse Marie *Caroline* (n. 5 nov. 1798, m. av. 1870), fille de feu François Ier, roi des Deux-Siciles ; marié par proc. 7 nov., à Modène, et en pers. 16 nov. 1846, à Bruck-sur-Mer (Styrie), à *Marie Thérèse* Béatrice Gaëtane, née 14 juill. 1817, fille aînée de feu François IV, duc de Modène. (Résid. : *Venise* et *Frohsdorf*, en Basse-Autriche.)

Branche cadette de Bourbon ou d'Orléans.

Descendants de Louis-Philippe Ier et de Marie-Amélie.

1. Feu Ferdinand Philippe Louis Charles Henri Joseph d'Orléans, *duc d'Orléans*, prince royal (n. 3 sept. 1810, tué par un accident de voiture, 13 juill. 1842) ; marié, 30 mai 1837, à *Hélène* Louise Élisabeth (n. 24 janv. 1814, m. 18 mai 1858), fille de feu Frédéric Louis, prince héréd. de Mecklembourg-Schwérin.

Fils.

1. **Louis Philippe** Albert d'Orléans, *comte de Paris*, n. à Paris, 24 août 1838 ; marié, à Kingston-sur-la-Tamise, 30 mai 1864, à *Marie Isabelle*, fille du duc de Montpensier.

Enfants: 1. Marie *Amélie* Louise, n. à Twickenham, 28 sept. 1865.

2. *Louis-Philippe* Robert, n. à York House, près Twickenham, 6 fév. 1869.

3. *Hélène* Louise Henriette, n. 16 juin 1871.

4. Feu Charles, n. 21 janv., m. 7 mai 1875.

2. *Robert* Philippe Louis Eugène Ferdinand d'Orléans, *duc de Chartres*, n. à Paris, 9 nov. 1840; marié, 11 juin 1863, à Kingston-sur-la-Tamise, à *Françoise* Marie Amélie d'Orléans, n. 14 août 1844, fille du prince de Joinville.

Enfants: 1. *Marie* Amélie, n. à Ham près Richmond, 13 janv. 1865.

2. *Robert* François, n. à Ham, 11 janv. 1866.

3. *Henri*, n. à Ham, 16 oct. 1867.

4. *Marguerite*, n. 25 janv. 1869.

5. Un prince, n. 4 sept. 1874.

2. Feue Louise Marie Thérèse Charlotte Isabelle, n. 3 av. 1812; mariée, 9 août 1832, à Léopold Ier, roi des Belges ; m. 11 oct. 1850.

3. Feue Marie Christine Caroline Adélaïde, n. 12 av. 1813; mariée, 17 oct. 1837, au duc *Alexandre* de Wurtemberg ; m. 2 janv. 1839.

4. Louis Charles Philippe Raphaël d'Orléans, *duc de Nemours*, n. à Paris, 25 oct. 1814 ; marié, 27 avril 1840, à *Victoire* Auguste Antoinette, n. 11 fév. 1822, fille de feu Ferdinand, prince de Saxe-Cobourg-et-Gotha; veuf 10 nov., 1857.

Enfants.

1. *Louis* Philippe Marie, *comte d'Eu*, n. à Neuilly, 29 avril 1842; marié, à Rio-Janeiro, 15 oct. 1864, à *Isabelle* Christine, n. 29 juill. 1846, fille de Pedro II, empereur du Brésil.

2. *Ferdinand* Philippe Marie d'Orléans, *duc d'Alençon*, n. à Neuilly, 12 juill. 1844, marié, 28 sept. 1866, à *Sophie* Charlotte, n. 22 fév. 1847, fille de Maximilien, duc en Bavière.

Enfants: 1. *Louise* Victoire. n. 9 juill. 1869.

2. Philippe *Emmanuel* Maximilien, n. 18 janv. 1872.

3. *Marguerite* Adélaïde Marie, n. à Paris, 16 fév. 1848 ; mariée, à Chantilly, 15 janv. 1872, à Ladislas prince Czartoryski, n. 3 juill. 1828.

4. *Blanche* Marie Amélie, n. à Claremont, 28 oct. 1857.

5. Marie Clémentine Caroline Léopoldine Clotilde, n. à Paris, 3 juin 1817 ; mariée, 20 avril 1843, à *Auguste* Louis Victor, prince de Saxe-Cobourg-et-Gotha, duc de Saxe.

6. François Ferdinand Philippe Louis Marie d'Orléans, *prince de Joinville,* n. à Neuilly, 4 août 1818 ; marié, 1er mai 1843, à *Françoise* Caroline Jeanne, n. 2 août 1824, fille de feu Pedro Ier, empereur du Brésil.

Enfants.

1. *Françoise* Marie Amélie, n. à Neuilly, 4 août 1844, mariée à Robert, duc de Chartres.

2. *Pierre* Philippe Jean Marie, *duc de Penthièvre*, n. à St-Cloud, 4 nov. 1845.

7. Henri Eugène Philippe Louis d'Orléans, *duc d'Aumale*, n. à Paris 16 janv. 1822 ; marié, 25 nov. 1844, à Marie *Caroline* Auguste de Bourbon, n. 26 avril 1822, fille de feu Léopold des Deux-Siciles, prince de Salerne ; veuf 6 déc. 1869.

Fils : 1. Feu *Louis-Philippe* Marie d'Orléans, *prince de Condé*, n. 15 nov. 1845, m. à Sydney (Australie), 24 mai 1866.

2. Feu *Henri* Léopold, *duc de Guise*, n. 11 sept. et m. 10 oct. 1847.

3. Feu *François* Louis d'Orléans, *duc de Guise*, n. 5 av. 1854, m. 25 juill. 1872.

8. Antoine Marie Philippe Louis d'Orléans, *duc de Montpensier*, n. à Neuilly, 30 juill. 1824, infant d'Espagne (depuis le 10 oct. 1859) ; marié, 10 oct. 1846, à Marie *Louise* infante d'Espagne, n. 30 janv. 1832, sœur d'Isabelle II.

Enfants.

1. Marie *Isabelle* Françoise. n. à Séville, 20 sept. 1848, mariée au comte de Paris.

2. Feue Marie Amélie, n. 28 août 1851 ; m. nov. 1870.

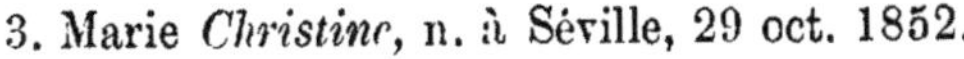

3. Marie *Christine*, n. à Séville, 29 oct. 1852.
4. Feue *Maria-de-Regia* Françoise, n. 8 oct. 1856; m. 25 juill. 1861.
5. *Ferdinand* Marie, n. 29 mai 1859.
6. *Marie-de-las-Mercedes*, n. à Madrid, 24 juin 1860.
7. Feu *Philippe* Ramon Marie, n. 12 mai 1862; m. 1864.
8. *Antoine* Louis Philippe, n. à Séville, 23 fév. 1866.
9. Feu *Louis* Marie Philippe, n. 30 av. 1867; m. 21 mai 1874.

II. Ligne cadette ou ligne d'Espagne.

Branche royale d'Espagne.

Catholique.

a). Lignes masculines.

1° Descendants des frères de Ferdinand VII.

I. De feu Don Carlos (Charles V) Marie Joseph Isidore, comte de Molina (n. 29 mars 1788, m. à Trieste, 10 mars 1855); marié 1° à Françoise de Bourbon et Bragance (n. 22 av. 1800, m. 4 sept. 1834) fille de Jean VI, roi de Portugal; 2° à Thérèse, sœur de sa première femme et veuve de Pierre, infant d'Espagne (n. 29 av. 1793, m. 17 janv. 1874)

Du 1er mariage : 1. Feu Don Carlos (Charles VI) Louis-Marie-Ferdinand, comte de Montemolin (n. 31 janv. 1818, m. à Trieste 13 janv. 1861); marié 10 juill. 1850 à Marie *Caroline* Ferdinande (n. 29 fév. 1820, m. à Trieste, 13 janv. 1861), fille de feu François Ier des Deux-Siciles.

2. Don Juan Charles Marie Isidore, n. 15 mai 1822; infant d'Espagne; marié, 6 fév. 1847, à *Marie-Béatrice* Anne Françoise, n. 13 fév. 1824, fille de François IV, duc de Modène.

Fils: 1. Don **Carlos** (Charles VII), Marie-de-las-Dolores Jean Isidore Joseph. etc., n. 30 mars 1848; marié à Frohsdorf, 4 fév. 1867, à *Marguerite* Marie Thérèse, n. 1er janv. 1847, fille de *Charles III*, duc de Parme.

En ants : 1. *Blanche*-de-Castille Marie-de-la-Conception Thérèse, etc., n. à Gratz, 7 sept. 1868.

2. *Jaime* Jean Charles, n. 27 juin 1870.

3. *Elvira* Marie Thérèse, n. à Genève, 28 juill. 1871.

4. Une princesse, n. à Pau, 21 mars 1874.

2. Don *Alphonse* Charles Ferdinand, n. 12 sept. 1849 ; marié au château de Heubach (Bavière), 16 av. 1871, à *Maria-des-Neves* Isabelle Eulalie, etc., n. à Heubach, 5 août 1852 ; fille de feu Miguel, régent de Portugal.

3. Feu Ferdinand Marie Joseph, n. 19 oct. 1824, m. 2 janv. 1831.

II. De feu François-de-Paule Antoine-Marie, duc de Cadix (n. à Aranjuez, 10 mars 1794, m. à Madrid, 13 août 1865) ; marié 1° par proc. à Naples, 15 av., et en pers. à Madrid, 11 juin 1819, à *Louise* Charlotte (n. à Portici, 24 oct. 1804. m. 29 janv. 1844), fille de feu François Ier, roi des Deux-Siciles ; 2° en 1851, à Thérèse Arredondo (m. 29 déc. 1868).

1. *Isabelle* Ferdinande Françoise Joséphine, n. 18 mai 1821 ; mariée 25 juin 1831, à Ignace, comte de Gurowsky.

2. *François d'Assise*, époux de la reine Isabelle II.

3. Feu Henri Marie Ferdinand, duc de Séville (n. à Séville, 17 av. 1828, tué en duel à Madrid par le duc de Montpensier, 12 mars 1870) ; marié 6 mai 1847, à Rome, à Hélène de Castelvi y Schelly Fernandez de Cordova (m. 29 déc. 1865). Quatre enfants.

4. *Louise* Thérèse Françoise, n. à Aranjuez, 11 juin 1824, mariée à Madrid, 10 fév. 1847, à don José Osorio de Muscaso y Carvajal, duc de Sessa et de Montemar, comte d'Altamira, grand d'Espagne de 1re classe.

5. Feu Édouard Philippe, n. 4 av. 1823 ; m. 22 oct. 1830.

6. *Joséphine* Ferdinande Louise, n. 25 mai 1827 ; mariée à Valladolid, 4 juin 1748, à don José Guell y Renté.

7. Marie *Christine* Isabelle, n. 5 juin 1833 ; veuve de l'infant Sébastien.

8. *Amélie* Philippine Pelar, n. 12 oct. 1834 ; mariée 25 août 1856, à Adalbret, prince de Bavière.

2° Descendants de Gabriel (n. 1752, m. 1788) oncle de Ferdinand VII.

Feu l'Infant Pierre (n. 18 juin 1786, m. 4 juillet 1812). Sa veuve, Marie Thérèse Françoise-d'Assise, etc., princesse de Beïra, se marie, en secondes noces, à don Carlos.

Fils: Feu Sébastien Gabriel Marie de Bourbon et Bragance (n. 4 nov. 1811, m. 15 fév. 1875, à la villa Labordette, près Pau), infant d'Espagne, grand prieur de Castille de l'ordre de St-Jean de Jérusalem; marié 1° par proc. 7 av. et en pers. 25 mai 1832, à Marie *Amélie* (n. 25 fév. 1818, m. 6 nov. 1857) fille de feu Francois Ier, roi des Deux-Siciles; 2° 19 nov. 1860, à

Marie *Christine*, n. 5 juin 1833, fille de François-de-Paule.

Fils du 2[d] lit: 1. *François* Marie Isabel, etc., de Bourbon et Bourbon, n. à Madrid, 20 août 1861.

2. *Pierre*-d'Alcantara, etc., n. à Madrid, 12 déc. 1862.

3. *Louis* Jésus Marie, etc., n. à Madrid, 17 janv. 1864.

4. *Alphonse* Marie Isabel, etc., n. à Madrid, 15 nov. 1866.

5. Jésus *Gabriel*, etc., n. 26 mars 1869.

b). **Ligne féminine.**

Marie **Isabelle II** Louise, n. 10 oct. 1830; succ. sous tutelle, 29 sept. 1833, à son père Ferdinand VII (n. 14 oct. 1781); proclamée reine à Madrid, 2 oct. 1833; déclarée majeure par les Cortès, 8 nov. 1843; quitte l'Espagne, 30 sept. 1868, par suite de la révolution; est déclarée déchue du trône, elle et sa dynastie, le même jour, par le gouvernement provisoire; renonce, 25 juin 1870, à ses prétentions au trône en faveur de son fils Alphonse, prince des Asturies; mariée, 10 oct. 1846, à son cousin germain **François-d'Assise** Marie Ferdinand, n. 13 mai 1832, fils aîné de feu François-de-Paule.

Enfants.

1. Marie *Isabelle* Françoise d'Assise, etc., n. 20 déc. 1851; mariée à Madrid, 13 mai 1868, au comte de Gergenti, des Deux-Siciles; veuve 26 nov. 1871.
2. **Alphonse XII** François d'Assise Ferdinand Pie Jean Marie-de-la-Conception Grégoire Pélage, n. 28 nov. 1857; proclamé roi à Madrid par l'armée, 30 déc. 1874; quitte la France où il vivait avec sa mère, à Paris; arrive à Barcelonne, 9 janv., fait son entrée à Madrid, 14 janv. 1875.

3. Feue Marie-*de-la-Conception*, etc., n. 26 déc. 1859 ; m. 21 oct. 1861.
4. *Marie-del-Pilar* Berenguela, etc., n. 4 juin 1861.
5. *Marie della-Paz* Jeanne Amélie, etc., n. 23 juin 1862.
6. Marie *Eulalie* Françoise-d'Assise, etc., n. à Madrid 12 fév. 1864.
7. Feu *François* d'Assise Léopold, n. 24 janv., m. 14 fév. 1866.

Sœur d'Isabelle II.

Infante Marie Louise Ferdinande, n. 30 janv. 1832 ; mariée au duc de Montpensier.

Mère.

Reine Marie Christine Ferdinande, n. 27 av. 1806, fille de feu François Ier, roi des Deux-Siciles ; mariée, 11 déc. 1830, à Ferdinand VII, roi d'Espagne (veuf 1° 21 mai 1806, de Marie *Antoinette* Thérèse, fille de Ferdinand IV des Deux-Siciles, 2° 26 déc. 1818, d'Isabelle *Marie*, fille de Jean VI de Portugal ; 3° 17 mai 1829 de Marie *Josèphe* Amélie de Saxe); veuve 29 sept. 1833 ; régente pendant la minorité d'Isabelle II, en vertu du testament de Ferdinand VII du 12 juin 1830 ; se démet de la régence par manifeste du 12 oct. 1842 ; remariée à Ferdinand Munoz, duc de Rianzarès (m. 12 sept. 1873). Ce mariage fut consacré publiquement le 13 oct. 1844, en vertu du décret royal du 11 oct. de la même année.

Branches collatérales ci-devant régnantes.

1. Famille royale des Deux-Siciles (Naples).

Catholique.

François II d'Assise Marie Léopold, roi des Deux Siciles et de Jérusalem, duc de Parme, Plaisance, Castro, grand-duc héréditaire de Toscane, n. 16 janv. 1836, fils du roi *Ferdinand II* Charles (n. 12 janv. 1810) et de sa 1re femme Marie *Christine* Caroline (n. 14 nov. 1812, m. 31 janv. 1836), fille de feu Victor-Emmanuel Ier, roi de Sardaigne ; succ. à son père,

22 mai 1859 ; marié, par proc. à Munich 8 janv., et en pers. 3 fév. 1859, à

Marie Sophie Amélie, n. 4 oct. 1841, duchesse en Bavière, fille de *Maximilien* Joseph, duc en Bavière.

Frères et sœurs consanguins,

issus du 2^d mariage du père avec Thérèse *Isabelle, fille de feu l'archiduc Charles d'Autriche.*

1. Louis Marie, *comte de Trani*, n. 1er août 1838; marié, 5 juin 1861, à *Mathilde* Ludovique, sœur de la Reine.
   Fille : *Marie-Thérèse* Madeleine, n. à Zurich, 15 janv. 1857.
2. Feu Albert-Marie, *Comte de Gastro Giovanni*, n. 17 sept. 1839 ; m. 12 juillet 1844.
3. Alphonse Marie Joseph Albert, *comte de Caserte*, n. 28 mars 1841; marié à Rome, 8 juin 1868, à sa cousine germaine Marie *Antoinette* Joséphine Léopoldine, n. 16 mars 1851, fille de François-de-Paule, comte de Trapani.
   Fils : 1. *Ferdinand* Pie Marie, n. à Rome, 2 juill. 1869.
   2. *Charles* Marie François-d'Assise, etc., n. 10 nov. 1870.
   3. François-de-Paul, n. 14 juill. 1873.
4. Feue Marie Annonciade n. 24 mars 1843, mariée à Charles Louis, archid. d'Autriche; m. 4 m. 1871.
5. Marie-Immaculée Clémentine, mariée à *Charles* Salvator, archiduc de Toscane.
6. Feu Gaëtan Marie Frédéric, *comte de Girgenti* infant d'Espagne, (n. 12 janv. 1846, m. 26 nov. 1871). Sa veuve :
   Isabelle, infante d'Espagne, fille d'Isabelle II.
7. Marie Pie des Grâces, mariée à Robert, duc de Parme.
8. Pascal Marie, *comte de Bari*, n. 15 sept. 1852.
9. Feue Marie-Immaculée Louise, n. 21 janv. 1855 ; mariée à Henri Charles, comte de Bardi (v. Parme) ; m. à Pau, août 1874.
10. Feu Janvier Marie-Immaculée, *comte de Caltagirone*, n. 28 fév. 1857, m. 14 août 1867.

Oncles et tantes,

a) Du Ier mariage de François Ier (m. 8 nov. 1830), avec Marie Clémentine *(m. 15 nov. 1801), fille de l'empereur Léopold II.*

1. Feue Caroline Ferdinande Louise, n. 5 nov. 1798 ; mariée à Charles *Ferdinand* d'Artois, duc de Berry (père du comte de Chambord), par proc. 16 av., et en pers. 17 juin 1816; veuve 14 fév. 1820 ; m. av. 1870.

b) Du 2d mariage de François Ier avec Marie Isabelle, *fille de Charles IV, roi d'Espagne (m. 13 sept. 1848.)*

2. Feue Louise Caroline, n. 24 oct. 1804; mariée à François-de-Paul, oncle d'Isabelle II d'Espagne; m. 29 janv. 1844.
3. Marie Christine Ferdinande, n. 27 av. 1806, reine douairière d'Espagne.
4. Feu Charles Ferdinand, *prince de Capoue*, n. 10 oct. 1811; marié, 1836, à Pénelope Smith, Irlandaise (Ce mariage ne fut pas reconnu par le roi).
5. Feu Léopold Benjamin Joseph, *comte de Syracuse* (n. 22 mai 1813; m. 4 déc. 1860), marié, 16 juin 1837, à *Marie* Victoire de Savoie Carignan (n. 29 sept. 1814, m. 21 janv. 1874).
6. Marie Antoinette Anne, n. 19 déc. 1814, mariée, 7 juin 1833, au grand duc Léopold II de Toscane; veuve 29 janv. 1870.
7. Feu Antoine Pascal, n. 22 sept. 1816, *comte de Lecce;* m. 12 janv. 1843.
8. Feue Amélie Marie, n. 25 fév. 1818; mariee à Don Sébastien, infant d'Espagne; m. 6 nov. 1857.
9. Feue Caroline Ferdinande, n. 29 fév. 1820; mariée à don Carlos (Charles VI); m. 13 janv. 1861.
10. Thérèse Marie Christine, n. 14 mars 1822; mariée à dom Pedro II, empereur du Brésil.
11. Louis Charles Marie Joseph, *comte d'Aquila*, n. 19 juill. 1824; marié, 28 av. 1844, à Marie *Januaria*, etc., n. 11 mars, 1822, fille de Pedro Ier d'Alcantara, empereur du Brésil.

Fils : 1. *Louis-Marie* Ferdinand, n. à Bruxelles, 28 juill. 1845, marié.

2. Feue *Marie* Isabelle, n. 22 juill. 1846 ; m. 14 fév. 1859.

3. *Philippe* Louis Marie, n. 12 août 1847.

12. François-de-Paule Emmanuel, *comte de Trapani*, n. 13 août 1827 ; marié 10 av. 1850, à *Marie-Isabelle*, n. 21 mai 1834, fille de Léopold II, grand duc de Toscane.

Filles : 1. Marie *Antoinette*, n. 16 mars 1851 mariée à Rome, 8 juin 1868, au prince Alphonse, comte de Caserte.

2. Feue *Marie-Thérèse*, n. 7 janv. 1855 ; m. 1er sept. 1856.

3. Marie *Caroline*, n. à Naples, 28 mars 1856.

4. Feue Marie *Annonciade*, n. 21 sept. 1858 ; m. à Paris, 20 mars 1873.

Frère du grand-père.

Feu Léopold Jean Joseph, prince de Salerne, n. 2 juill. 1790, marié, 28 juill. 1866, à

Marie-Clémentine Franç. Jos., n. 1er mars 1798, fille de feu François Ier, empereur d'Autriche ; veuve 10 mars 1851.

2. Famille ducale de Parme.

Robert Charles Louis Marie de Bourbon, infant d'Espagne, n. 9 juill. 1848, duc de Parme, Plaisance, etc., succ. à son père, le duc Ferdinand *Charles III*, (n. 14 janv. 1823), 27 mars 1854, sous la tutelle de sa mère la duchesse *Louise* Marie Thérèse de Bourbon, régente (n. 21 sept. 1819, m. 1er fév. 1864), fille de feu le duc de Berry et sœur du comte de Chambord ; marié à Rome, 5 av. 1869, à Marie-**Pie**-des-Grâces, n. 2 août 1849, fille de feu Ferdinand II, roi des Deux-Siciles.

Enfants.

1. *Marie-Louise* Pie, etc., n. à Rome, 17 janv. 1870.
2. Feu *Ferdinand* Marie, etc., n. 5 mars 1871 ; m. 14 av. 1872.
3. Louise Marie Annonciade, etc., n. à Cannes, 24 mars 1872.

4. *Henri* Marie Albert, etc., prince héréditaire, n. 13 juin 1873.
5. *Marie-Immaculée* Louise, etc., n. 2 juill. 1874.

Frère et sœurs.

1. Marguerite Marie n. 1er janv. 1847 ; épouse de *Don Carlos* (Charles VII) d'Espagne.
2. Alice Marie Caroline, n. 27 déc. 1849; épouse de Ferdinand IV, grand-duc de Toscane.
3. Henri Charles Louis, *comte de Bardi*, n. 12 fév. 1851; marié, 25 nov. 1873, à Marie-Immaculée *Louise* (n. 20 janv. 1855), fille de feu Ferdinand II, roi des Deux-Siciles; veuf, août 1874.

Grand père et grand'mère.

Duc **Charles II** Louis de Bourbon, infant d'Espagne, n. 22 déc. 1799; succ. à sa mère Marie-Louise (n. 6 juill. 1782 ,fille de Charles IV, roi d'Espagne, veuve de Louis, roi d'Etrurie, depuis le 27 mai 1803) comme duc de Lucques, 13 mars 1824, cède le duché de Lucques à la Toscane, 5 oct. 1847; succ. à l'Impératrice Marie-Louise, 17 déc. 1847, comme duc de Parme, Plaisance et États annexés (manifeste du 26 déc. 1847); établit, 20 mars 1848, une régence, remplacée par un gouvernement provisoire, 9 av. 1848; quitte le pays 19 av. 1848, et abdique par un manifeste daté de Weisstrop (royaume de Saxe), 14 mars 1849, en faveur de son fils feu le duc Ferdinand *Charles III* (réside dans ses terres de Toscane, près de Viareggio et à Nice); marié, 15 août par proc. et en pers. 5 sept. 1820, à Marie **Thérèse** Ferdinande, n. 19 sept 1803, fille de feu Victor-Emmanuel Ier, roi de Sardaigne.

EMPIRE DU BRESIL.

La dynastie de BRAGANCE.

La famille impériale du Brésil est une branche récemment détachée de celle qui occupe le trône de Portugal. Lorsqu'en 1807, les Français envahirent le Portugal et vinrent mettre le siége devant Lisbonne, dom Juan, régent du royaume à la place de sa mère, la reine Marie Ire, depuis le 10 juillet 1799, s'enfuit au Brésil avec la cour. Il continua d'être regardé comme le chef du gouvernement portugais par toutes les puissances étrangères, qui envoyèrent leurs ambassadeurs à Rio-Janeiro, devenue la seconde capitale de la monarchie.

Les Portugais, aidés par les Anglais sous les ordres de Wellington, expulsèrent les Français de leur pays ; cependant à la chute de Napoléon dom Juan refusa de revenir et laissa les Anglais maîtres dans le Portugal. Le 10 septembre 1815, il érigea le Brésil en royaume, et à la mort de la reine (20 mars 1816), il prit le titre de : Roi du Royaume-Uni du Portugal, du Brésil et des Algarves, sous le nom de Jean VI.

Le roi Jean décréta de sages mesures pour la prospérité du Brésil ; mais le nouveau royaume aspirait à l'indépendance. A l'annonce de la révolution faite dans la métropole, et de la constitution qu'elle s'était donnée, 1820, le Brésil s'ébranla et la nouvelle constitution y fut proclamée à Bahia, et acceptée par le roi. Le pays était agité, des troubles éclatèrent, le roi, ne se sentant pas à l'aise, retourna en Europe, 1821, laissant à son fils dom Pedro une régence difficile.

Les mesures impolitiques des Cortès révolutionnaires de Lisbonne qui voulaient rétablir l'ancien régime colonial, firent éclater la révolution, et la colonie proclama son indépendance. Dom Pedro, nommé d'abord protecteur, fut bientôt proclamé et couronné Empereur du Brésil, sous le nom de Pedro Ier, 1822. Le 25 août 1825, le Portugal reconnut l'indépendance de son ancienne colonie.

Le règne de Pedro Ier fut agité par les luttes des partis et l'on méconnut ce qu'il avait fait pour le bonheur de son nouvel empire. Rien n'ayant été fixé quant à la réunion des deux couronnes de Portugal et de Brésil, à la mort de Jean VI, 10 mars 1826, dom Pedro prit le titre de roi de Portugal, mais renonça à ce royaume en faveur de sa fille dona Maria da Gloria. Des émeutes ayant éclaté au Brésil, et dom Miguel, frère de Pedro, ayant élevé des prétentions à la couronne du Portugal, celui-ci abdiqua, le 7 avril 1831, en faveur de son fils dom Pedro II, et, après avoir établi une régence partit pour l'Europe, afin d'y soutenir sa fille.

Pedro II fut proclamé majeur le 23 juillet 1840, et couronné solennellement le 18 juin 1841. Des troubles intérieurs et des guerres extérieures n'ont pas manqué à ce règne. Cependant l'empire a prospéré; en ces derniers temps, de malheureux conflits sont venus de nouveau y jeter le trouble, et il a même été vaguement question d'une abdication possible de dom Pedro.

Famille Impériale.

Catholique.

Résid. : *Rio-Janeiro.*

Empereur.

Dom **Pedro II** d'Alcantara Jean Charles Léopold Salvador Bibiano François Xavier-de-Paula Léocadio Michel Gabriel Raphaël Gonzague, empereur du Brésil, n. 2 déc. 1825; succ. à son père dom Pedro Ier, en vertu de l'acte d'abdication de celui-ci, daté de Badvista, 7 av. 1831; marié par proc. 30 mai, et en pers. 4 sept. 1843, à

Impératrice.

Dona **Thérèse** Christine Marie, n. 14 mars 1822, fille de feu François Ier, roi des Deux-Siciles.

Enfants.

1. Feu *Alphonse* Pierre, etc., prince impérial, n. 23 fév. 1845; mort 12 juin 1847.
2. *Isabelle* Christine, etc., princesse impériale, n. 29 juill. 1846; mariée à *Louis* Philippe d'Orléans, comte d'Eu, maréchal brésilien.
3. Feue *Léopoldine* Thérèse, etc., n. 13 juill. 1847; mariée au prince Auguste de Saxe-Cobourg-et-Gotha; m. 7 fév. 1871.

Sœurs de l'Empereur.

a) *Du 1er mariage de dom Pedro Ier (n. 12 oct. 1798, m. 24 sept. 1834), avec* Léopoldine *Caroline, fille de François Ier, empereur d'Autriche.*

1. Feue Maria-da-Gloria Jeanne Charlotte, Léopoldine, etc., n. le 4 av. 1819; reine de Portugal 2 m. 1826 m. 15 nov. 1853. (V. Portugal).
2. Januaria Marie Jeanne etc., n. 11 mars 1822; mariée à Louis, comte d'Aquila, prince des Deux-Siciles.

3. Françoise Caroline Jeanne etc., n. 2 août 1824 ; mariée au prince de Joinville.

b) *Du 2d mariage de dom Pedro Ier avec* Amélie *Auguste Eugénie Napoléone (n. 31 juill. 1802; m. à Lisbonne, 26 janv. 1873), fille de feu le princ. Eugène de Leuchtenberg.*

4. Feue Marie-Amélie, etc., n. 1er déc. 1831 ; m. 4 fév. 1853.

DUCHÉ DE BRUNSWICK.

La dynastie des GUELFES ou de BRUNSWICK.

La famille de Brunswick, dont une branche règne en Angleterre, descend de l'ancienne et puissante maison des Welfs, ou Guelfes, ducs de Bavière et de Saxe, célèbre par la chute de Henri-le-Lion. Ce prince, mis au ban de l'empire par Frédéric Barberousse, perdit en un instant tous ses fiefs, pour ne sauver à peine que les biens allodiaux de Saxe, de Brunswick et Lunebourg qu'il tenait de son père Henri-le-Superbe (m. 1139), à qui les avait apportés sa femme Gertrude, fille et héritière de l'empereur Lothaire II.

Les Guelfes tiraient leur origine d'Azon Ier, margrave d'Este, seigneur puissant de la Lombardie, dans lequel les princes de Liechtenstein prétendent également trouver la souche de leur famille. Azon II, troisième descendant d'Azon Ier, épousa, en 1050, Cunégonde, héritière de la maison des Guelfes en Bavière, dont il réunit les domaines aux siens. Le fils issu de ce mariage, Welf ou Guelf (m. 1101), alla s'établir en Allemagne, reçut en fief la Bavière de l'empereur Henri IV, et devint la tige d'une nouvelle maison des Guelfes; son frère consanguin, Foulque, fonda celle des comtes de Ferrare et de Modène qui se perpétua jusqu'au commencement de ce siècle. Henri-le-Lion était l'arrière-petit-fils de Guelf; de lui naquit Guillaume, son fils cadet (m. 1213), qui fut la tige de toute la maison de Brunswick.

Le fils de Guillaume, Othon l'Enfant, vit ses biens érigés en duché de l'Empire, et les accrut de Hanovre, Gœthingue et Minden. Ses deux fils fondèrent les deux rameaux de Brunswick et de Lunebourg (1), appelées anciennes maisons de Brunswick et de Lunebourg, par distinction d'avec les suivantes. En 1369, Lunebourg s'éteignit déjà, et Magnus du surnom de Torquatus (au collier, parce qu'il portait un collier d'argent), chef de Brunswick, en hérita après une longue guerre avec Lauenbourg.

Ce Magnus Torquatus fut le fondateur de deux nouvelles maisons de Lunebourg et de Brunswick, appelées les moyennes; l'aîné de ses fils obtint Lunebourg, et le cadet Brunswick avec Wolfenbuttel. Cette dernière branche finit en 1634, et l'héritage fut recueilli par la branche aînée de Lunebourg.

En 1546, Ernest de Lunebourg-Cell, cinquième descendant de Tor-

(1) Nous croyons inutile de mentionner les autres branches nombreuses de cette maison.

quatus — il introduisit le protestantisme — commença par ses fils les nouvelles maisons de Brunswick et de Lunebourg-Hanovre.

Maison de Brunswick-Wolfenbuttel. De l'aîné de ses fils, Henri (m. 1598), descendent les ducs de Brunswick. Dans le partage des biens paternels, Henri avait abandonné presque tout à son frère cadet, se contentant de Danneberg et de quelques autres parties; ses descendants arrondirent leurs possessions, surtout son petit-fils, Auguste, qui hérita en 1634, à l'extinction de la maison moyenne de Brunswick-(Wolfenbuttel), de la principauté de Wolfenbuttel et du comté de Blankenbourg; son fils Rodolph-Auguste obtint, 1671, la possession indivisible de la ville de Brunswick. Cette branche a donné différents rameaux. La ligne directe s'est éteinte en 1735, et la ligne collatérale de Bevern, commencée en 1666, lui succéda.

Le duc régnant est le dernier représentant de la ligne de Brunswick. Il a succédé à son frère Charles, dont la mauvaise administration et le refus de reconnaître la constitution amenèrent une révolution (7 sept. 1830) qui l'obligea à s'enfuir. La Diète germanique, à la suite d'arrangements conclus par les agnats, le déclara incapable de régner. Charles se retira en Angleterre, vécut longtemps à Paris, et mourut à Genève (18-19 août 1873), laissant, par testament, sa fortune à cette dernière ville.

Le père de ces princes, le duc Guillaume Frédéric fut tué à la bataille de Quatre-Bras (16 juin 1815), et leur aïeul Guillaume Ferdinand, qui avait pris une grande part aux guerres contre les Français, avait également perdu la vie en combattant pour sa patrie. Blessé mortellement à la bataille d'Auerstæd (14 oct.), il fut transporté à Brunswick, puis à Altona, où il expira le 10 nov. 1806.

En 1807, le duché de Brunswick fut incorporé au royaume de Westphalie, et ne recouvra son indépendance qu'en 1813.

Maison de Lunebourg-Hanovre. Le fils cadet d'Ernest fonda la maison de Celle-Lunebourg-Hanovre, dite aussi simplement de Hanovre, qui occupe aujourd'hui le trône d'Angleterre, et perdit récemment celui de Hanovre.

Duc de Brunswick.

Auguste Louis **Guillaume** Maximilien Frédéric, duc de Brunswick et Lunebourg, n. 25 avril 1806, second fils du duc *Guillaume* Frédéric (n. 9 oct. 1771, m. 16 juin 1815) et de la duchesse *Marie* Élisabeth Wilhelmine (m. 20 av. 1808), fille de feu Charles Louis, prince héréditaire de Bade; propriétaire, par une convention avec son frère du 13 janv. 1848, du duché d'Oels, en Silésie; gouverne d'abord provisoirement du consentement de son frère, plus tard, avec l'adhésion de son oncle, feu le roi Guillaume IV de la Grande-Bretagne et sur la demande de la Diète germanique (décision fédérale du 2 déc. 1830), définitivement le 20 av. 1831, par suite des arrangements conclus par les agnats de la maison de Brunswick.

ROYAUME DE DANEMARK.

La dynastie de HOLSTEIN.

La dynastie de Holstein, dite d'abord d'Oldenbourg, fut appelée au trône de Danemark en 1448, en la personne de Christiern ou Christian Ier, duc d'Oldenbourg. En 1450, ce prince fut aussi élu roi de Norwége, et, en 1457, roi de Suède. A la mort de son oncle Adolphe VIII, duc de Schleswig et comte de Holstein — dernier descendant de la maison de Schauembourg (branche de Rendsbourg) qui régnait dans le Holstein depuis 1113 — Christian fut élu pour son successeur par les États de ces pays (1). L'empereur Frédéric III érigea le Holstein en duché, 1474.

Le petit-fils de Christian Ier, Christian II, tyran sans mœurs, perdit, en 1552, par ses massacres de Stockholm, la Suède, où la famille de Wasa parvint au trône, et, l'année suivante, il fut déposé par les Danois, qui donnèrent la couronne à son oncle Frédéric Ier, duc de Holstein. Christian mourut en 1559, après dix-sept années de captivité ; avec lui finit la branche directe d'Oldenbourg, son fils, Jean, étant mort longtemps avant lui, 1532. Frédéric Ier, violant le serment qu'il avait prêté à son avénement, introduisit le luthéranisme dans ses États.

Son fils aîné, Christian III, continua la ligne directe, appelée ligne royale ou de Holstein-Danemark, et partagea avec ses frères, Jean et Adolphe-Frédéric, les pays du Schleswig-Holstein. Le dernier de ces princes devint la souche de la ligne ducale dite aussi de Holstein-Gottorp, devenue si importante dans la suite.

Ces deux lignes vécurent, pendant des siècles, dans des difficultés et des luttes interminables. Jean, frère de Christian III et d'Adolphe-Frédéric, étant mort sans postérité en 1580, son frère de Gottorp et son neveu Frédéric de Danemark se disputèrent, et à la fin partagèrent son héritage. Les ducs de Gottorp étaient feudataires du roi de Danemark ; mais par la paix de Rœskilde, 1660, que la Suède imposa au Danemark, ils se firent reconnaître souverains, en retour des secours prêtés par eux à la Suède contre le Danemark. Les rois de Danemark tenaient l'œil ouvert sur les ducs de Holstein, et en 1720, après la mort de Charles XII, roi de Suède, avec lequel les Gottorp s'étaient de nouveau ligués, le Schleswig leur fut enlevé, sans que leur élévation aux trônes de Suède et de Russie modifiât cet état de choses. En 1773, la Russie céda sa partie du Holstein au Danemark en échange des comtés

(1) Il fut stipulé que le Schleswig ne serait jamais réuni au Danemark, que le Schleswig et le Holstein auraient une administration commune, et que les rois de Danemark régneraient dans le Schleswig-Holstein seulement à titre de ducs de ce pays.

d'Oldenbourg et de Delmenhorst qu'elle donna à la branche cadette de Gottorp, à celle d'Eutin. Ainsi se terminèrent une première fois les difficultés que le Schleswig-Holstein avait occasionnées u Danemark; nous verrons à l'instant comment il en surgit de nouveau.

Des deux fils de Christian III (m. 1559), l'aîné, Frédéric II, lui succéda, tandis que le cadet fonda la branche de Sonderbourg, qui jeta un grand nombre de rameaux, dont deux se continuent encore, celui d'Augustenbourg et celui de Glucksbourg.

Christian IV, son fils, par sa participation à la guerre de trente ans vit décroître l'influence de son royaume. Son fils, Frédéric III, ne fut élu roi qu'après avoir accepté une *capitulation* onéreuse, imposée par la noblesse. Dans sa guerre malheureuse avec la Suède, le Danemark perdit plusieurs possessions, outre la suzeraineté sur Gottorp. Ces désastres amenèrent le renversement de la constitution aristocratique; le clergé et la bourgeoisie, fatigués des prétentions de la noblesse, conférèrent au roi l'autorité absolue, et l'hérédité de la couronne, 1660, ce que firent également les États de Norwége l'année suivante. En 1665, Frédéric publia *la loi royale* qui régla la succession dans sa maison et devint la loi fondamentale de la monarchie. Frédéric, premier roi héréditaire de sa race, mourut en 1670. La monarchie absolue subsista en Danemark jusqu'à nos jours.

En 1676, le duché d'Oldenbourg vint au Danemark.

Les règnes des successeurs de Frédéric furent signalés par les guerres avec la Suède qui ne prirent fin qu'avec les revers de Charles XII. A partir de Christian VI, 1730, la paix fleurit et fit sentir ses bienfaits au royaume. Sous son petit-fils, Christian VII, se terminèrent les démêlés avec la branche ducale de Holstein. Ce prince, depuis longtemps sujet à des accès de folie, ne mourut qu'en 1808, mais depuis 1774 son fils Frédéric exerçait la régence, sous laquelle se firent de sages réformes. En 1807, les Anglais enlevèrent dans le port de Copenhague, bombardé par eux, la flotte militaire du Danemark, l'une des plus belles du monde; et pour punir ce pays de l'appui donné à Napoléon, la Sainte-Alliance lui enleva la Norwége qu'elle donna à la Suède, en échange de la Poméranie suédoise, 1814, que le Danemark céda, l'année suivante, à la Prusse pour le duché de Lauenbourg et une somme de dix millions de francs. Comme duc de Holstein et de Lauenbourg, le roi de Danemark faisait partie de la Confédération germanique depuis 1815.

Le mouvement des esprits obligea Frédéric VI à donner à ses pays des chambres représentatives, mais qui n'étaient que provinciales; une constitution fut donnée en 1848 par Frédéric VII.

Le Schleswig-Holstein était depuis longtemps une cause de trouble; les conflits étaient nombreux soit entre le roi et les États des duchés, soit entre les populations allemande et danoise qui se divisent ce pays. En 1846 surtout, quand Christian VII manifesta l'intention de réunir étroitement le Schleswig au royaume, il s'éleva force protestations.

La ligne royale de Danemark étant près de s'éteindre et un morcellement de la monarchie étant à craindre, Frédéric VII (qui avait succédé à son père en 1848), pour assurer l'intégrité de la monarchie, convoqua une assemblée constituante, à laquelle étaient appelés les représentants des duchés. C'était détruire les espérances du duc Frédéric de Sonderbourg-Augustenbourg, dont les prétentions au Schleswig-Holstein étaient appuyées par la Prusse. Les duchés se levèrent en armes en protestant et en réclamant l'intervention du parlement allemand qui venait de s'assembler. Cette première guerre du Schleswig-Holstein, grâce à l'intervention de la Prusse, traina pendant trois ans, 1848-1850, et se termina par la soumission des duchés qui gardèrent cependant une constitution séparée. Le 8 mai 1852, les grandes puissances signèrent le traité de Londres qui proclamait l'intégrité de la monarchie danoise et réglait la succession de Frédéric VII.

Frédéric et son oncle Ferdinand étaient les derniers représentants de la ligne directe de Danemark. Leur succession n'était pas soumise aux mêmes règles en Danemark et dans les duchés. Dans le royaume la descendance féminine étant admise, la couronne revenait à Frédéric de Hesse-Cassel, issu d'une sœur de Christian VII ; dans les duchés existait le privilége des mâles, mais on n'était pas d'accord sur la manière de l'interpréter. La maison impériale de Russie attachait une grande importance à une acquisition qui lui aurait donné entrée dans la diète germanique, aussi prétendait-elle exclure les Holstein-Sonderbourg. On s'entendit toutefois, et la conférence de Londres, excluant Frédéric de Sonderbourg-Augustenbourg, à cause de sa participation à l'insurrection de 1848, désigna comme successeur au trône, après Frédéric et Ferdinand, Christian de Holstein-Sonderbourg-Glucksbourg, marié à Louise de Hesse-Cassel, dont la mère était une sœur de Christian VIII.

Frédéric VII décéda le 15 novembre 1863. La veille de sa mort, les représentants du Schleswig et du Danemark avaient adopté une constitution commune par laquelle le Schleswig était incorporé au Danemark. Christian poussé par le parti danois, signa, le 18, la nouvelle constitution, et la maintint malgré les protestations de la Prusse et de l'Autriche, et contrairement à toutes les conventions qui reconnaissaient la séparation des duchés. Ce fut l'occasion de la seconde guerre du Schleswig-Holstein, par laquelle le Danemark perdit ces duchés ainsi que celui de Lauenbourg. Mais l'étincelle avait mis le feu aux poudres, la rivalité entre la Prusse et l'Autriche éclata au grand jour, et peu de temps après les deux puissances allemandes se livraient le grand duel qui devait laisser, en Allemagne, le champ libre à la Prusse.

Famille royale.

Conf. Luth.

Résid. : *Copenhague.*

Roi.

Christian IX, roi de Danemark, des Wendes et des Goths, duc de Schleswig-Holstein, Stornmarn, des Dithmarschen, de Lauenbourg et Oldenbourg, n. 8 av. 1818, fils de feu Frédéric *Guillaume*, duc de Schleswig-Holstein-Sonderbourg-Glucksbourg ; prince hérédit. en vertu de la loi de succession du 31 juill. 1853 ; monte sur le trône à la mort du roi Frédéric VII, 15 nov. 1863; marié 26 mai 1842 à

Reine.

Louise Wilhelmine Frédérique Caroline Auguste Julie, n. 7 sept. 1817, fille de Guillaume, landgr. de Hesse-Cassel, et de *Louise-Charlotte*, fille de Frédéric, prince hérédit. de Danemark.

Enfants.

1. Christian *Frédéric* Guillaume Charles, prince hérédit., n. 3 juin 1843; marié à Stockholm, 28 juill. 1868, à *Louise* Joséphine Eugénie, fille de feu Charles XV, roi de Suède et de Norwége

   Fils : 1. *Christian* Charles, n. 26 sept. 1870.

   2. *Charles* Christian, n. 3 août 1872.

2. *Alexandra* Caroline, n. 1er déc. 1844 ; mariée au prince de Galles d'Angleterre.
3. Christian *Guillaume* Georges, roi de Grèce sous le nom de **Georges Ier**.
4. Marie Sophie *Dagmar* (*Maria* Feodorowna), n. 26 nov. 1847, (rel. grecque) ; mariée au grand-duc hérédit. de Russie.
5. *Thyra* Amélie, n. 29 sept. 1853.
6. *Waldemar*, n. 27 oct. 1858.

ROYAUME D'ESPAGNE.

Nous avons suffisamment fait connaître plus haut (v. les Bourbons) la famille royale d'Espagne dans ses différentes branches. Nous en donnons ici le tableau généalogique comme complément de ces notices. On aura, de cette manière, la généalogie complète des Bourbons à partir de Henri IV.

Ce tableau nous l'avons fait précéder de celui de la ligne espagnole de la maison d'Autriche, avec les personnages les plus marquants. On peut y voir de quel droit les différents compétiteurs prétendaient à la succession de Charles II.

Marie Thérèse, sœur aînée de Charles II, avait épousé Louis XIV, mais en renonçant à la couronne d'Espagne; sa sœur cadette, Marguerite Thérèse, avait épousé l'empereur Léopold Ier. Du mariage de Léopold et de Marguerite était née une fille unique : Marie Antoinette; or les lois espagnoles admettant les femmes à succéder, la couronne d'Espagne revenait de droit à cette princesse, et après elle, à son fils Joseph Ferdinand, né de son mariage avec Maximilien Emmanuel, électeur de Bavière. Aussi Charles II désigna-t-il pour son successeur le prince bavarois. Mais celui-ci mourut avant lui, en 1699.

Si la renonciation de Marie Thérèse pouvait être déclarée nulle, Louis XIV pouvait prétendre au trône d'Espagne pour le second fils du Dauphin. C'est ce qui arriva; la renonciation fut invalidée, déclarée non obligatoire en conscience, et Philippe d'Anjou, second fils du Dauphin Louis, que Charles II, après la mort de Joseph Ferdinand de Bavière, avait institué, par testament, son héritier et successeur, fut reconnu roi d'Espagne.

Cependant l'empereur Léopold Ier, chef des Habsbourg, réclamait la succession de la branche espagnole de sa maison, parce que, aux termes du pacte de famille, à défaut de mâles, une branche remplace l'autre dans la maison d'Autriche. De plus Léopold se fondait sur les droits de sa mère, Marie-Anne, sœur de Philippe IV, et tante de Charles II, à qui la succession éventuelle d'Espagne avait été promise, lors de son mariage avec l'empereur Ferdinand III, à l'exclusion des enfants qui naîtraient en France de sa sœur cadette Anne, mère de Louis XIV.

Tableau généalogique des BRANCHES ESPAGNOL

Philippe le
(en C

Cha
R. d'Esp
n. 24 fév.
Isab

Marie,
n. 1528, m. 1603.
Maximilien II, Emp.

Phili
n. 152
1° *Marie de Port,. m.*
3° *Elis. de France, m*

1° Don Carlos,
n. 1545,
m. 24 juill. 1568.

3° Isabelle Cl. Eug.,
Souv. des P. B.,
n. 1566, m. 1634.
Albert d'Autriche, m. 1621.

3° Catherin
n. 1567, m. 1
*Ch. Emm. I*er *d*

Anne,
n. 1601 m. 1666.
Louis XIII.

Phil
n. 160
1° *Élisab.,*
2° *Marie*

Louis XIV épouse 1° Marie-Thérèse.
m. 1715. n. 1638, m. 1683.

2° **Cha**
n. 16
1° *M. d'Orléans*
2° *M.-An*

Louis, Dauphin de France,
n. 1661, m. 1711.

Louis Dauphin,
D. de Bourgogne,
m. 1712.

Philippe V, Duc d'Anjou,
abd. 15 janv., reprend 6 sept. 1724, m. 9 juill. 1
1° *Louise M. Gabr. de Savoie, m.* 1714.
2° *Élisab. Farnèse, hér. de Parme et de Tos*
m. 1766.

1° **Louis I**er**,**
R. 15 janv.,
m. 31 août 1724.
Louise d'Orléans.

1° **Ferdinand VI,**
n. 1713, m. 10 août 59.
Marie de Portugal, m. 1758.

2° **Charles III,**
n. 1716, D. de Parme, 31-37, R. de Naples,
R. d'Espagne, 1759-1788.
Marie-Amélie de Saxe, m. 1760 (13 enf.)

Marie Louise,
n. 1745, m. 1792.
l'Emp. Léopold II.

Charles IV,
n. 1748, abd. 1808, m. 19 janv.
Louise de Parme, m. 1818 (12

Charlotte,
n. 1774, m. 1830.
Jean VI de Port.

Marie L.,
n. 1782, m. 1824.
Louis,
R. d'Etrurie.

Ferdinand VII,
n. 1784, R. 1808/14,
m. 29 sept. 1833
4° ép. : *Mar. Christ. de Napl.*

D. Carlos
(**Charles V**),
n. 1788, m. 1855.

M. Isabelle,
n. 1789, m. 1848.
*Fr. I*er *des D.-Sic.*

Fr. de P
n. 179
m. 18

Isabelle II,
détr. 1868.

M. Louise,
D. de Montpensier.

D. Carlos
(**Charles VI**),
m. 1861.

D. Juan.

Fr. d'As
Isabelle

Alphonse XII.

D. Carlos
(**Charles VII**)

D. Alphonse.

MAISONS d'AUTRICHE et de BOURBON.

...nne la Folle,
...06.)

...mp V).
...bd. 55.
...ept. 1558.
...al, m. 1539.

... 98.
...ie d'Anglet., m. 1558, s. p.;
...e d'Autriche, m. 1580.

Jeanne,
n. 1537, m. 1578.
Jean II de Port.

4° **Philippe III,**
... 1578, m. 31 mars 1621.
Marg. d'Autr.-Styrie,
m. 1611.

... 65.
...*IV, m.* 1644.
..., *m.* 1690.

Ferdinand, Arch. de Tolède,
(Card. Infant,)
Gouv. des P.-B.
m. 9 nov. 1641.

Marie
n. 1606, m. 1646.
Ferdinand III (Emp).

... 1700.
...*is XIV, m.* 1689;
...*urg, m.* 1740.

2° Marguerite-Th., mariée à Léopold Ier, Emp.,
n. 1651, m. 1673.
marié 2° à *M. Madeleine du Palatinat-Neubourg.*

Marie-Antoinette, m. 1694,
Max.-Emm. El. de Bav., m. 1726.

Joseph-Ferdinand,
Hérit. prés. d'Esp.,
m. 1699.

Joseph Ier,
Emp., 1705-11.

Charles VI,
Emp., 1711-40
(Prétendant).

M. An. Vict.,
... 1718, m. 1780.
...e à Louis XV, et renv.
...*ph Ier, R. de Port.*

2° Philippe,
D de Parme,
1748, m. 18 juin 65.
Louise de Fr.

2° M. Thérèse,
n. 1726, m. 46.
Dauph. Louis, fils de Louis XV.

Louis,
n. 1727, m. 85.
M. Th. Villabriga.

M. Ant. Ferd.
n. 1729, m. 1785.
Vict. Em. III de Savoie.

...DINAND Ier (IV),
...Napl., 1759-1825.
...*r. d'Autr., m.* 1814.

Gabriel,
n. 1752, m. 88.
M. de Port..

Ferdinand,
m. 9 oct. 1802.
M. d'Autr., m. 1805.

Louis,
Arch. de Tolède.
m. 1823.

Caroline,
m. 1828.
Manuel Godoy, Pr. de la Paix.

M. Louise.
m. 1846.

...ANÇOIS Ier,
...777, m. 1830.

Pierre,
m. 1812.

Louis Ier,
R. d'Étrurie, 1801-3.
M. Louise d'Esp., m. 1824.

...RDINAND II,
...1830, m. 1859.

Sébastien,
m. 1874.

Charles II,
P. de Lucques, 1815-47;
D. de Parme, 1847-49 (abd.).

...ANÇOIS II,
détr. 1860.

François.

Charles III.

ROYAUME DE GRANDE-BRETAGNE.

La dynastie de HANOVRE.

On a vu plus haut (v. Brunswick) que la famille qui occupe le trône d'Angleterre est la branche cadette de l'antique famille de Brunswick, et qu'elle a pour fondateur Guillaume-le-Jeune (m. 1592), fils du duc Ernest. Dans le partage des domaines paternels, Guillaume avait obtenu de loin la plus grosse part, entre autres Celle, Luneboarg et Hanovre, possessions qui s'accrurent encore beaucoup dans la suite.

Il laissa quinze enfants, dont sept fils. Ceux-ci, pour empêcher le partage des pays et l'affaiblissement de leur maison, convinrent qu'un seul d'entre eux se marierait; le sort désigna le sixième, Georges (m. 1641), qui continua la famille. A sa mort, se formèrent les deux branches de Celle et de Hanovre ou Calenbourg; mais la première s'éteignit en 1705. Ernest-Auguste, fondateur de la dernière, fut élevé à la dignité d'Électeur, en 1692, en récompense des secours qu'il avait prêtés à l'empereur Léopold Ier contre les Français et les Turcs.

Ernest-Auguste avait épousé Sophie, princesse palatine, fille du malheureux Frédéric V, Électeur-Palatin (1) et de la princesse Élisabeth, fille de Jacques Ier, roi de la Grande-Bretagne. A la mort de la reine Anne, fille de Jacques II, la dernière des Stuarts qui régna en Angleterre, le fils d'Ernest-Auguste, en vertu d'un acte du Parlement de l'année 1701, lui succéda, sous le nom de Georges Ier, 31 oct. 1714. Depuis 1698 il était Électeur de Hanovre.

Sous la maison de Hanovre, l'influence du parlement devient prépondérante, la responsabilité des ministres couvre le roi, reconnu inviolable; l'Angleterre s'intéresse davantage aux affaires continentales, le commerce et la richesse nationale prennent un immense développement, sa marine tient le sceptre des mers.

Les wighs, auxquels la maison de Brunswick devait le trône de la Grande-Bretagne, gardèrent le pouvoir sous Georges Ier, 1714-1727, et sous son fils Georges II, 1727-1760. L'Angleterre fut engagée dans la guerre de la succession d'Autriche, puis dans celle de sept ans; en même temps elle enlevait à la France le Canada et ses colonies des Indes. Les tories, venus au pouvoir avec Georges III, conclurent la paix de Paris, 1763, qui sanctionna ces conquêtes. La guerre avait accru la dette publique; l'établissement des impôts dans les colonies américaines amena la guerre avec elles, guerre terminée par le traité de Versailles, 1783, qui reconnut l'indépendance des États-Unis d'Amérique. Cette perte fut

(1) Chef de l'union évangélique, accepte la couronne que lui offrent les Bohêmes révoltés, perd ses états et meurt proscrit en 1632.

compensée par l'extension de l'*Empire Indo-Britannique.* De 1793 à 1813, la guerre fut continuelle contre la France, république ou empire. L'Angleterre en sortit triomphante et glorieuse, mais à des frais énormes. La paix de Paris lui valut, outre l'agrandissement du Hanovre, Malte, Tabago, Ste-Lucie et l'Ile-de-France.

Le 2 juillet 1800, le parlement d'Irlande fut supprimé, et l'île unie à la Grande-Bretagne, qui prit le nom de Royaume-Uni de la Grande-Bretagne et d'Irlande.

Depuis 1811, Georges IV avait été nommé régent, son père étant atteint d'une maladie mentale ; après la mort de celui-ci (29 janv. 1820), il régna sous le nom de Georges IV ; son frère Guillaume IV lui succéda. A la mort de celui-ci, la couronne, conformément au droit de succession, fut recueillie par Victoria, fille de son frère Édouard, duc de Kent, mort depuis le 23 janv. 1820.

Il faut citer ici quelques dates mémorables de l'histoire intérieure de l'Angleterre pendant ces derniers temps : 1828, émancipation des non-conformistes ou sectes dissidentes ; 1829, émancipation des catholiques ; 7 juin 1832, réforme parlementaire ; juin 1846, proclamation de la liberté commerciale ; 3 mars 1861, réforme électorale ; 23 juill. 1869, réforme de l'église anglicane d'Irlande ; 1er août 1870, lois sur la propriété en Irlande.

Rappelons en quelques mots les destinées du Hanovre, le pays originaire de la famille royale d'Angleterre.

C'est par suite des possessions continentales de ses souverains que l'Angleterre s'était vue mêlée à la guerre de Trente Ans, dans laquelle Georges II fut l'allié fidèle de Marie Thérèse, et à celle de Sept Ans, où il prit parti pour la Prusse. Sous Georges III, des régiments hanovriens à la solde de l'Angleterre, combattirent en Amérique, 1776, défendirent Gibraltar, 1782, et servirent la Compagnie des Indes, 1783.

En 1803, le Hanovre fut occupé par les Français ; en 1806, Napoléon le céda à la Prusse en échange d'Ansbach, de Clèves et de Neuchâtel ; mais en 1807 il s'en empara de nouveau et l'incorpora au royaume de Westphalie, dont il formait une grande partie, 1807 et 1810. Après la bataille de Leipzig, 1813, le prince régent — plus tard Georges IV — recouvra les états héréditaires, qui furent beaucoup agrandis par le congrès de Vienne. En 1814, il érigea le Hanovre en royaume et prit pour titre : Roi du Royaume-uni de la Grande-Bretagne et d'Irlande, Roi de Hanovre.

A la mort de Guillaume IV, frère et successeur de Georges IV, (20 juin 1837), le royaume de Hanovre fut séparé de celui de la grande-Bretagne et d'Irlande. Tandis que sa nièce Victoria lui succéda sur le trône de la Grande-Bretagne, son frère, le duc de Cumberland, vice-roi depuis

Tableau généalogique d[...]

Jacques [...]
R. d'[...]
R. de la G[...]

Élisabeth,
m. 1622.
Frédéric V, El. Palatin,
R. de Bohême, m. 1632.

Ch. Louis,
Él. Palatin,
1648-1680.
Charl. de H. Cassel.

Édouard,
Cte Palat. (Cath.),
m. 1663.
Anne de Gonzague-Nevers.

Sophie,
(Prot.), m. 1714.
Ernest-Auguste,
1er Él. de Hanovre, m. 169[...]

Élis. Charlotte,
m. 1722.
Philippe Ier d'Orléans
(2e mariage.)

Louise,
m. 1679.
Pr. de Salm.

Aug. Henriette,
m. 1723.
H. Jules,
Pr. de Condé.

Bénédictine,
H., m. 1730.
J. Frédéric,
D. de Hanovre.

Georges Ier,
Él. de Han, 1705-1727.
R. de la Gr.-Br.,
1714-1727.
Sophie de Brunswick.

Descendants cath. d'Élisabeth
Stuart, exclus du trône.

Georges II,
R. de la Gr.-Bret.,
et Él. de Han. 1727-1760.
Caroline Wilhelm.
d'Ansbach.

Sophie Dorothée,
m. 1557.
Fréd. Guill Ier,
R. de Prusse,
m. 1740.

Louis,
Pr. de Galles,
n. 1707, m. 1751.
Augusta de Saxe-
Gotha, m. 1772.

Anne,
n. 1709,
m. 1759.
Guillaume IV
de Nassau-Dietz.

Amélie,
n. 1711,
m. 1786.

Charlotte,
n. 1713,
m. 1757.

Guillaume,
D. de Cumberland,
n. 1721, m. 1765.

Augusta,
n. 1737, m. 1818.
Chr. Guill. II, D. de
Brunswick, m. 1806.

Georges III,
n. 4 juin 1738,
m. 29 janv. 1820.
Sophie de Mecklemb.
Strélitz, m. 1814.

Édouard,
D. d'York,
n. 1739, m. 1767.

Guillaume Henri,
D. de Glocester,
n. 1743, m. 1805,
Marie Walpole (2e n.)

Mathilde Sophie,
n. 28 mai 1773,
m. 29 nov. 1844.

Guill. Fréd.,
n. 15 août 1776,
m. 30 nov. 1834.
Marie, sa cousine.

Georges IV,
n. 12 août 1762,
Régent 10 janv. 1811,
m. 26 juin 1830.
Caroline de Brunsw.,
m. 1821.

Frédéric,
D. d'York,
n. 16 août 1763,
m. 5 janv. 1827.
Frédérique
de Prusse,
m. 1820.

Guillaume IV,
n. 21 août 1765,
m. 20 juin 1837.
Adélaïde de Saxe-
Meiningen, m. 1785.

Charlotte Aug.
n. 29 sept. 1766,
m. 6 oct. 1828.
Fréd., R. de
Wurtemberg,
m. 1816.

Édouard,
D. de Kent,
n. 2 nov. 1767,
m. 23 janv. 1820.
Vict. de Saxe-Saal-
feld-Cob. (2e n).
m. 1861.

August[...]
Sophie[...]
n. 8 nov. [...]
m. 22 se[...]
1840.

Charlotte,
n. 7 janv. 1796,
m. 6 nov. 1817.
Léopold de Saxe-
Cobourg.

Victoria.

SONS des STUARTS et de HANOVRE.

Écosse),
03,
ne, 1603-1625.

Charles Ier,
1625-1649 (décap.).
Henriette de France,
m. 1669.

Marie,
m. 1660.
uillaume II d'Orange.

Charles II,
1660-1685.
Cath. de Portugal.
s. p.

Jacques II,
1685-1688 (dép.),
m. 16 sept. 1701.
1° *Anne de Clarence* (*Prot.*).
2° *Marie de Modène* (*Cath.*).

Henriette Marie,
m. 1670.
Philippe Ier d'Orléans
(*1er mariage.*)

llaume III,
d'Orange,
1689-1702.
arie Stuart.

1° **Marie,**
m. 1695.
Guillaume III d'Orange.

2° **Anne,**
1702-1714.
Georges,
Pr. de Danemark.

2° Jacques III,
Chev. de St Georges,
1er prét., prend le titre de roi en 1701, m. 1766.
Marie Sobieski.

Anne Marie,
Catholique.
Vict. Amédée II,
D. de Savoie.
(Ses descendants exclus du trône comme cathol.)

Charles Édouard,
2e prétendant,
m. 1788,
Louise Stolberg.

Henri,
Cardinal d'York,
dernier de sa race,
m. 1806.

Marie,
1723, m. 1772.
d. II, Landgr.
e II Cassel.

Louise,
m. 1751.
R. de Danemark.

Henri Fréd.,
. de Cumberland,
. 1745, m. 1790.

Mathilde,
n. 1751, m. 1775.
Christian VII,
R. de Danem., m. 1808.

isabeth,
2 mai 1770,
9 janv. 1840.
édéric VI,
dg. de Hes.-
b., m. 1829.

ERNEST,
Auguste,
R. de Hanov.
m. 18 nov. 1851.

Aug. Fréd.,
D. de Sussex,
n. 27 janv. 1773,
m. 21 av. 1843.
2 mar. morg.

Adolp. Fréd.,
D. de Cambridge,
n. 24 fév. 1774,
m. 8 juill. 1850.
Aug. de H.-Cass.

Marie,
n. 25 av. 1776,
m. 30 av. 1857.
D. de Glocester, son cousin.

Sophie,
n. 5 nov. 1777,
m. 27 mai 1848.

Amélie,
n. 7 août 1783,
m. 2 oct. 1810

Georges V (Ier),
R. de Hanovre,
détr. 1866.

Georges. Augusta. Marie.

1831, devint roi de Hanovre, sous le nom d'Ernest-Auguste. Son fils aveugle, Georges V, Ier comme roi de Hanovre, lui succéda, 18 nov. 1851.

Au commencement de la guerre entre la Prusse et l'Autriche et leurs alliés, le royaume de Hanovre fut occupé par l'armée prussienne, juin 1866. Le roi Georges V était resté fidèle à l'Autriche. A la tête de ses troupes, il avait tâché de se joindre aux Bavarois campés près de Cobourg ; entouré à Langensalza par les Prussiens, il fut forcé de capituler. Son armée fut licenciée et lui se retira à Vienne avec son fils. C'est de cette ville qu'il protesta, le 23 sept. 1866, contre l'annexion de ses Etats à la Prusse qui y avaient été réunis pour toujours par décret du 20 sept. précédent. Il y eut un arrangement de biens avec la couronne de Prusse au moyen d'un traité ratifié le 18 oct. 1867, par le roi Georges, arrangement qui n'est pas arrivé à exécution.

Famille royale.

Rel. Anglicane.

Résid. : *Londres.*

Reine.

Victoria Ire Alexandrine, reine du royaume-uni de la Grande-Bretagne et d'Irlande, n. 24 mai 1819, fille du prince Édouard, duc de Kent et de Marie Louise *Victoire* (n. 17 août 1786, m. 16 mars 1861), fille de feu François, duc de Saxe-Saalfeld-Cobourg, veuve du prince Emich de Linange ; succ. à son oncle le roi Guillaume IV, 20 juin 1837 ; couronnée 28 juin 1838 ; mariée, 10 fév. 1840, à François *Albert*, duc de Saxe, prince de Saxe-Cobourg-et-Gotha (n. 26 août 1819, naturalisé en Grande-Bretagne par l'acte du 24 janv. 1840, *prince-consort*, 25 juin 1857) ; veuve 14 déc. 1861.

Enfants.

1. *Victoria* Marie Louise Adélaïde, princesse royale, duch. de Saxe, n. 21 nov. 1840 ; mariée, 25 janv. 1858, à Frédéric-Guillaume, prince royal de Prusse et de l'Empire d'Allemagne.
2. *Albert-Édouard*, n. 9 nov. 1841, *prince de Galles*, duc de Saxe, grand Steward d'Ecosse, duc de Cornwall de Rothesay, comte de Chester, comte de Carrick et de Dublin, baron de Renfrew, lord des îles ; marié, 10 mars 1863, à

Alexandra Caroline, n. 1er déc. 1844, fille de Christian IX, roi de Danemark.

Enfants: 1. Pr. *Albert-Victor*, n. 8 janv. 1864.

2. *Georges* Frédéric, n. 3 juin 1865.

3. *Louise* Victoria, n. 20 février 1867.

4. *Victoria* Alexandra, n. 6 juillet 1868.

5. *Maud* Charlotte, n. 26 nov. 1869.

6 Feu Alexandre, n. 6 et m. 7 avr. 1871.

3. *Alice* Mathilde, n. 25 av. 1843, mariée à Frédéric Guillaume *Louis*, prince de Hesse-Darmstadt.

4. *Alfred* Ernest, *duc d'Édimbourg*, n. 6 août 1844; marié, 23 janv. 1874, à la grande-duchesse Marie, fille de l'empereur de Russie.

Enfants: 1. *Albert* Alexandre, n. 15 oct. 1874.

2. *Princesse*, n. 29 oct. 1875.

5. *Hélène*, Auguste, n. 25 mai 1846; mariée au pr. Frédéric *Christian* de Schlesw.-Holst.-Sonderb.-Augustenbourg.

6. *Louise* Caroline Alberte, n. 18 mars 1848; mariée, 21 mars 1871, à *John-Douglas-Sutherland*, marquis de Lorne, fils aîné du duc d'Argyle.

7. *Arthur* Guillaume Patrick Albert, *duc de Connaught* (Irlande), n. 1er mai 1850.

8. *Léopold* Georges Duncan Albert, n. 7 av. 1853.

9. *Béatrix* Marie Victoria Féodore, n. 14 av. 1857.

Descendants des oncles de la Reine.

I. De feu Ernest-Auguste, duc de Cumberland (n. 5 juin 1771, m. 18 nov. 1851), succ., 20 juin 1837, à son frère feu le roi Guillaume IV, dans le royaume de Hanovre; marié, 29 mai 1815, à *Frédérique* Louise (n. 2 mars 1778, fille de feu Charles, grand-duc de Mecklembourg-Strélitz; veuve 1° de Louis, prince de Prusse; 2° de Frédéric-Guillaume, prince de Solms-Braunfelds; m. 29 juin 1841):

Georges Frédéric Alexandre Charles Ernest Auguste, duc de Cumberland, roi de Hanovre (V. ci-après).

II. De feu Adolphe Frédéric, né 24 fév. 1774, duc de Cambridge; marié, 7 mai 1818, à

Auguste Wilhelmine Louise, n. 25 juillet 1797, fille de feu Frédéric, landgrave de Hesse-Cassel; veuve, 8 juill. 1859.

1. Pr. *Georges* Frédéric, *duc de Cambridge*, n. 26 mars 1819.
2. *Auguste* Caroline, n. 19 juill. 1822, mariée au grand-duc de Mecklembourg-Strélitz.
3. *Marie* Adélaïde Wilhelmine, n. 27 nov. 1833; mariée, 12 juin 1866 à *François* Paul, *duc de Teck*, cousin du roi de Wurtemberg.

Branche cadette, ci-devant régnante.

Famille royale de Hanovre.

Conf. luth.

Résid. : *Vienne.*

Georges V Frédéric-Alexandre, roi de Hanovre, prince royal de Grande-Bretagne et d'Irlande, duc de Cumberland, duc de Brunswick-Lunebourg, n. 27 mai 1814 ; succède à son père le roi Ernest-Auguste, 18 nov. 1851; marié, 18 fév. 1843, à **Marie** Wilhelmine, etc., fille de feu Joseph, duc de Saxe-Altenbourg, née 14 avril 1818.

Enfants.

1. *Ernest-Auguste* Guillaume, prince héréditaire, n. 21 sept. 1845.
2. *Frédérique* Sophie, n. 9 janv. 1848.
3. *Marie* Ernestine, n. 3 déc. 1849.

ROYAUME DE GRÈCE.

C'est par une lutte de six années, 1821-1827, que la Grèce conquit son indépendance. Tout l'Europe fut en admiration devant ce peuple de héros se levant au nom de sa religion, de sa liberté, de sa civilisation, et triomphant des cruautés inouïes de la barbarie et du fanatisme musulman. Les sympathies des peuples forcèrent les puissances à intervenir en sa faveur. La Porte fut obligée de consentir à son indépendance par le traité d'Andrinople (14 sept. 1829), et les puissances protectrices, la France, l'Angleterre et la Russie se réservèrent d'en régler les conditions dans une conférence qui devait siéger à Londres.

Celle-ci décida que la Grèce formerait un État libre, avec une forme monarchique; mais elle ne comprit pas dans le nouveau royaume les provinces les plus populeuses, l'Épire, la Thessalie, la Macédoine; c'était un acte de complaisance pour la Turquie, mais un acte d'injustice envers le petit royaume naissant, et qui devait occasionner bien des troubles. La Porte reconnut l'Indépendance de la Grèce, le 30 av. 1830.

La couronne de la Grèce fut offerte à Léopold de Saxe-Cobourg; ce prince déclina l'offre devant les difficultés qu'il prévoyait, se réservant ainsi pour celle de la Belgique. Jean Capo d'Istria, de Corfou, était président du gouvernement depuis le 27 mars 1827; soupçonné de vouloir se faire le chef du Péloponèse, avec l'aide de la Russie, et ses actes arbitraires ayant excité des mécontentements, il fut assassiné (9 oct. 1831). Son frère Augustin lui fut cependant donné pour successeur; mais sur ces entrefaites la conférence de Londres appelait au trône de la Grèce Othon, fils du roi de Bavière (7 mai 1832). Ce prince accepta le 15 oct. 1832, et monta sur le trône le 25 janv. (16 fév.) 1833. Le nouveau roi n'ayant pas même dix-huit ans accomplis, on lui adjoignit un conseil de régence jusqu'à l'époque de sa majorité, c'est-à-dire jusqu'au 1er juin 1835.

La forme du gouvernement fut d'abord absolue, et l'administration fut aux mains des Bavarois, au grand mécontentement des nationaux. En 1843, le roi dut renvoyer ses employés et ses soldats venus de Bavière, et accepter une constitution (13 sept.). Cependant les luttes des partis étaient vives, les ministères se remplaçaient continuellement, et la famille royale ne parvenait pas à se faire aimer de ses sujets. Le 19 octobre 1862, une révolution éclata, l'armée pactisa avec le peuple; le 24, Othon put partir pour Munich. Il mourut à Bamberg, le 26 juillet 1867; sa femme, Amélie, princesse d'Oldenbourg, le suivit dans la tombe le 20 mai 1875.

La Grèce tomba dans un grand embarras : personne ne voulut de la couronne qu'elle offrait successivement à la France et à l'Angleterre. L'anarchie menaçait de tout désorganiser. Enfin la diplomatie trouva un prince cadet de la maison de Danemark encore mineur, auquel son père permit de devenir roi sous le nom de Georges Ier. Il n'est pas parvenu jusqu'ici à donner la tranquillité au royaume, où la discorde est permanente, et l'on craint bien qu'il ne se dégoûte des honneurs du trône.

Le 14 nov. 1863, l'Angleterre signa un traité par lequel elle céda à la Grèce les îles Ioniennes, qui étaient sous sa tutelle depuis 1810, moyennant la neutralité de ces îles et la démolition préalable des fortifications de Corfou. Le roi Georges Ier accepta la couronne sous la condition de l'annexion pure et simple de ces îles à la Grèce.

Famille royale.

Conf. luth.

Résid. : *Athènes.*

Roi.

Georges Ier Christian Guillaume Ferdinand Adolphe, roi des Hellènes, second fils du roi de Danemark, n. 24 déc. 1845; élu roi par l'assemblée nationale grecque, mars 1863 ; accepte la couronne le 6 juin 1863, à Copenhague ; déclaré majeur, 27 juin 1863, par l'assemblée nationale grecque ; commence à régner 31 oct. ; marié 15 (27) oct. 1867 à

Reine.

Olga Constantinowna, n. 3 sept. (22 août) 1851, fille du grand-duc Constantin-Nicolaïéwitch de Russie.

Enfants.

1. *Constantin, duc de Sparte*, prince hérédit., n. (21 juill.) 2 août 1868.
2. *Georges*, n. (13) 25 juin 1869.
3. *Alexandra*, n. (18) 30 août 1870.
4. *Nicolas*, n. (9) 21 janvier 1872.

GRAND DUCHÉ DE HESSE.

La maison de HESSE.

L'ancien pays des Cattes, paraît avoir reçu le nom de Hesse, vers le huitième siècle, époque où il fut évangélisé par saint Boniface, apôtre de l'Allemagne.

Sous les empereurs saxons et franconiens, la Hesse était divisée entre plusieurs comtes dépendant du Landgrave de Thuringe. Vers le milieu du onzième siècle, Louis-le-Barbu, de la maison de Lorraine, était comte de Thuringe. Il hérita, par sa femme, du principal comté de la Hesse, celui de Goudensberg. Sa famille y acquit d'autres possessions encore, et son petit-fils, Louis III, fut nommé par l'empereur Lothaire de Saxe, dont il avait favorisé l'élection, Landgrave de Hesse et de Thuringe. Les descendants de Louis conservèrent le Landgraviat jusqu'à l'extinction de la race, dans les mâles, avec Henri Raspon, en 1247.

A la mort de celui-ci, de longues luttes éclatèrent pour son héritage entre Sophie de Brabant, épouse du duc Henri II, issue du frère de Raspon, Louis VI, dit le pieux ou le saint, et de sainte Elisabeth de Hongrie, et Henri l'Illustre, margrave de Misnie, qui prétendait hériter du droit de sa mère Jutta, sœur de Henri Raspon. Par un accord conclu entre les prétendants, 1263, la Thuringe alla aux Margraves de Misnie et Lusace; la Hesse fut laissée à Sophie. Son fils Henri, surnommé l'Enfant, parce qu'il n'avait que trois ans quand sa mère l'apporta dans la Hesse, gouverna et prit le titre de Landgrave. Il bâtit pour sa résidence, le château de Cassel, où il mourut le 21 décembre 1308. Il est la souche de toutes les branches de Hesse.

Les descendants de Henri formèrent plusieurs lignes, sans que cependant il y en eut rarement plus de deux. Elles ne tardèrent pas à s'éteindre, et en 1509 toute la Hesse était réunie sous Philippe-le-Magnanime (m. 1567), prince bien connu par l'appui qu'il donna à Luther, par sa lutte avec l'empereur Charles-Quint, et par sa bigamie, autorisée par Luther.

Philippe partagea les biens de sa maison entre ses quatre fils : Guillaume IV, le Sage, l'aîné en eut la moitié et fonda la ligne de Cassel, le deuxième, Philippe II, eut le quart et s'établit à Marbourg ; le troisième et le quatrième eurent chacun un huitième, et fondèrent les maisons de Rheinsfeld et de Darmstadt. Les branches de Marbourg et de Rheinsfeld cessèrent avec leurs fondateurs, 1583 et 1607, et leurs biens furent acquis, non sans beaucoup de querelles, par les deux branches survivantes. De cette manière, il n'y eut plus, jusqu'à nos jours, par suite du droit de primogéniture, établi dans les temps, que deux branches régnantes, l'aînée, celle de Cassel, et la cadette, celle de Darmstadt.

Ligne aînée ou Électorale (*Cassel*).

Guillaume IV (m. 1592), fils aîné de Philippe-le-Magnanime, fondateur de la ligne de Cassel, agrandit considérablement ses domaines, qui s'accrurent encore dans la suite, surtout du comté de Schaumbourg, de l'abbaye de Hersfeld et d'une partie du comté de Hanau. Son fils Maurice établit violemment le calvinisme, 1632. Des deux fils de celui-ci, l'aîné, Guillaume V (m. 1697), continua la ligne principale ; le cadet, Ernest (m. 1692), issu d'un second mariage, fonda la *ligne de Rheinsfelds-Rothenbourg*. Ernest était revenu au catholicisme en 1652. Cette ligne collatérale jeta plusieurs rameaux qui eurent une courte existence ; elle-même cessa en 1834, en la personne du landgrave Victor Amédée.

A la mort de Guillaume VI, 1663, fils et successeur de Guillaume V, son fils cadet, Philippe (m. 1721), fonda la *ligne collatérale de Philippsthal*, qui se divisa, à sa mort, en *Philippsthal* (par Charles, m. 1770), et *Philippsthal-Barchfeld* (par Guillaume, m. 1761) ; branches qui existent encore.

La ligne principale de Hesse-Cassel obtint, par recès du 1er mai 1803, la dignité électorale, en la personne de Guillaume IX, qui prit le nom de Guillaume Ier, comme premier prince Électeur de sa maison. En 1806, ce prince fut dépouillé d'une partie de ses États, qui fut réunie au royaume de Westphalie; il fut réintégré en 1813. N'ayant pu obtenir du Congrès de Vienne le titre de Roi, il garda, seul dans toute l'Allemagne, celui d'Électeur, devenu sans objet depuis la dissolution de l'Empire. Son petit-fils, Frédéric Guillaume Ier, ayant refusé de s'unir à la Prusse contre l'Autriche, la Hesse fut envahie par les Prussiens. Le 19 juin 1866, Cassel fut occupé et l'électeur arrêté; il fut envoyé à Stettin, où on le retint prisonnier jusqu'au 20 septembre. Un décret daté de ce jour, déclara la Hesse réunie pour toujours à la monarchie prussienne. Le 17, le prince électeur avait, en se réservant ses droits politiques, conclu avec la Prusse un arrangement de biens qui lui garantissait la jouissance de plusieurs châteaux et une rente de 350,000 thalers. Frédéric Guillaume ayant revendiqué bruyamment ses États par son mémorandum d'octobre 1868, ses biens furent séquestrés par la Prusse. Depuis cette époque il vécut à Horzowitz, non loin de Prague. Il y est mort subitement le 6 janvier 1875. Son corps a été transporté et enterré à Cassel le 12 janvier suivant. Les enfants issus de son mariage morganitique avec Gertrude de Schaumbourg n'étant pas aptes à lui succéder et son héritier présomptif, le landgrave Frédéric, ainsi que les agnats des lignes collatérales ayant d'ailleurs depuis longtemps renoncé à leurs droits en faveur de la Prusse, la Hesse est désormais légalement incorporée à la monarchie des Hohenzollern (1).

Le landgrave Frédéric a été autorisé par l'Empereur à porter le titre d'altesse royale, janv. 1875.

Ligne cadette ou Grand-ducale *(Darmstadt)*.

Le fils cadet de Philippe le Magnanime, Georges Ier, surnommé le Pieux, est le chef de cette ligne, dont les biens s'accrurent aussi considérablement dans le temps. Son fils aîné, Louis V (m. 1607), continua la ligne principale; son cadet, Frédéric (m. 1638), fonda la ligne collatérale de Hesse-Hombourg; celle-ci s'étant éteinte avec le landgrave Ferdinand (4 mars 1866), la ligne aînée hérita du duché de Hombourg; mais elle dut le céder à la Prusse, au mois d'août de la même année, à la paix qui suivit la guerre allemande.

De la ligne principale de Darmstadt sortirent encore plusieurs branches collatérales, qui ne subsistèrent que peu de temps. Son territoire subit plusieurs transformations lors des guerres de Napoléon contre l'Allemagne. Le 13 août 1806, le landgrave Louis II prit le titre de Grand-Duc de Hesse et sur le Rhin.

1. Ligne cadette.

Famille grand-ducale de Hesse.

Conf. Luth.

Résid. : *Darmstadt.*

Grand-duc.

Louis III, grand-duc de Hesse et du Rhin, n. 9 juin 1806, fils du grand-duc Louis II (n. 26 déc. 1777) et de *Wilhelmine* Louise (n. 10 sept. 1788, m. 27 janv. 1836), fille de feu Charles Louis, prince héréditaire de Bade; co-régent, en vertu de l'édit paternel du 5 mars 1848; succ. à son père, 16 juin 1848; marié 26 déc. 1833, à *Mathilde* Caroline Frédérique Wilhelmine (n. 30 août 1813, Cath.), fille de Louis, roi de Bavière; veuf 25 mai 1862.

Frères et sœur.

I. Charles Guillaume Louis, n. 23 av. 1809 ; marié, 22 oct.

(1) Dans son testament, Frédéric Guillaume a de nouveau protesté contre l'annexion de ses états à la Prusse, et, dans une déduction juridique, il s'attache à prouver que sa femme a été sa seule et unique épouse, choisie par amour, et qu'il ne peut pas être question ici d'un mariage morganatique.

1836, à Marie *Élisabeth* Caroline Victoire, n. 18 juin 1815, fille de feu Guillaume, oncle du roi de Prusse.

Enfants : 1. Pr. *Louis* Frédéric, n. 12 sept. 1837, marié, 1er juill. 1862, à *Alice* Maud (Mathilde) princesse de Grande-Bretagne et d'Irlande, n. 25 avril 1843, fille de la reine Victoria.

Enfants : 1. Pr. *Victoire* Élisabeth, n. 5 avril 1863.
2. *Élisabeth* Alexandra, n. 1er nov. 1864.
3. *Irène* Marie., n. 11 juillet 1866.
4. *Ernest-Louis* Charles, n. 25 nov. 1868.
†5. Feu *Frédéric* Guillaume, n. 7 oct. 1870, m. 29 mai 1873.
6. *Alice* Victoire, n. 6 juin 1872.
7. *Marie* Victoire, n. 24 mai 1874.

2. *Henri* Louis, n. 28 nov. 1838.
3. Feue Marie *Anne* Wilhelmine, n. 25 mai 1843 ; mariée au grand-duc de Mecklembourg-Schwérin ; m. 16 av. 1865.
4. *Guillaume* Louis, n. 16 nov. 1845.

2. Alexandre Louis, n. 15 juillet 1823; marié morg., 16 oct. 1851, à *Julie*, princesse de Battenberg.
3. Maximilienne Marie (actuell. *Marie* Alexandrowna), n. 8 août 1824, mariée à Alexandre II, empereur de Russie (cath. grecque).

2. Ligne aînée.

a) Branche principale, ci-devant régnante.

Famille de Hesse-Cassel.

Culte réformé.

Feu Frédéric-Guillaume Ier, électeur de Hesse, n. 20 av. 1802, fils de Guillaume II, (n. 28 juill. 1777), et de Frédérique *Auguste* (n. 1er mai 1780 ; marié 13 fév. 1797, m. 19 fév. 1841), fille de feu Fréd. Guillaume II, roi de Prusse); marié morganatiquement à :

Gertrude, princesse de Hanau et comtesse de Schaumbourg, née Falkenheiner, à Bonn, 18 mai 1806 ; mariée d'abord à l'officier prussien Lehman ; ensuite, après être divorcée, à Frédéric-Guillaume, alors prince héréditaire (probablement en 1831). Elle fut d'abord créée baronne, puis comtesse de Schaumbourg, ensuite princesse de Hanau et comtesse de Schaumbourg, veuve 6 janvier 1875.

Huit enfants, princes et princesses de Hanau et Horzowitz, comtes et comtesses de Schaumbourg.

Sœurs de feu l'électeur.

1. Feue Caroline Frédérique Wilhelmine, n. 19 juill. 1799; m. 28 nov. 1854.
2. Marie Frédérique, n. 6 sept. 1804 ; mariée à Bernard II, duc régnant de Saxe-Meiningen.

Descendants du grand-oncle,

le landgrave Frédéric, *frère cadet Guillaume Ier (grand-père de Frédéric-Guillaume Ier), n. 11 sept. 1747 ; marié, 2 décembre 1786, à Caroline de Nassau-Usingen (n. 4 avril 1762, m. 18 août 1823), m. 29 mai 1837.*

1. Feu le Landgrave Guillaume, n. 24 déc. 1787 ; marié, 10 nov. 1810, à Louise *Charlotte*, fille de feu Frédéric, prince héréditaire de Danemark (n. 30 oct. 1789, m. 28 mars 1864, à Copenhague) ; m. 5 sept. 1867.

Enfants : 1. Feue *Caroline* Frédérique, n. 15 août 1811, m. 10 mai 1829.

2. *Marie* Louise, n. 9 mai 1814 ; mariée, 11 sept. 1832, à *Frédéric* Auguste, prince d'Anhalt-Dessau ; veuve 4 déc. 1864.

3. *Louise* Wilhelmine, n. 7 sept. 1817 ; mariée, 26 mai 1842, à Christian IX, roi de Danemark.

4. *Frédéric* Guillaume, n. 26 nov. 1820 ; marié 1° 28 janv. 1844, à la grande duchesse *Alexandra* Nicolajewna (n. 12 (24) juin 1825 ; m. 10 août 1844), fille de feu l'empereur Nicolas de Russie ; 2° 26 mai 1853, à Marie *Anne*, n. 17 mai 1836, fille de Frédéric *Charles* de Prusse.

Enfants : du 1er lit : 1. Feu *Guillaume*, n. et m. 10 août 1844.

Du 2^d lit : 2. Pr. *Frédéric-Guillaume*, n. 15 août 1854.
3. *Élisabeth* Charlotte, n. 12 juin 1861.
4. *Alexandre* Frédéric, n. 25 janv. 1863.
5. *Frédéric* Charles, n. 1er mai 1868.
6. *Marie* Polyxène, n. 29 av. 1872.

5. *Auguste* Frédérique, n. 30 oct. 1823, mariée morg.
6. Feue *Sophie* Wilhelmine, n. 18 janv., m. 20 déc. 1827.

2. Feu Charles Frédéric, n. 8 mars 1789 ; m. 10 déc. 1802.
3. Frédéric-Guillaume, n. 24 avril 1790.
4. Feu Louis Charles, n. 12 nov. 1791, m. 12 mai 1800.
5. Georges Charles, n. 14 janv. 1793.
6. Louise Caroline, n. 9 av. 1794; veuve.
7. Marie Wilhelmine, n. 21 janv. 1796; mariée, 12 août 1817, à Georges Frédéric, grand-duc de Mecklembourg-Strélitz ; veuve 6 sept. 1860.
8. Auguste Wilhelmine, n. 25 juill. 1797; veuve, 8 juill. 1850, du duc de Cambridge (Grande-Bretagne.)

b) Branches collatérales, non-régnantes.

1° Hesse-Philippsthal.

Culte réformé.

Résid. : *Philippsthal.*

Ernest Eugène Charles, n. 20 déc. 1846; succ., 12 fév. 1868, comme chef de la maison de Hesse-Philippsthal, à son père, le landgrave Charles (né 22 mai 1803).

Frère.

Charles Alexandre, né 3 fév. 1853.

Mère.

Landgravine Marie Alexandrine. etc., duchesse de Wurtemberg, n. 25 mars 1818, fille de feu Eugène, duc de Wurtemberg; mariée au landgrave Charles, 9 oct. 1845; veuve 12 fév. 1868.

2° Hesse-Philippsthal-Barchfeld.

Culte réformé.

Landgrave **Alexis** Guillaume, n. 13 sept. 1829, succède, 17 juill. 1851, à son père, le landgrave *Charles* Auguste (n. 2 juin 1784); marié, 27 juin 1854, à Marie **Louise**, n. 1er mars 1829, fille de *Charles* prince de Prusse; divorcé, 6 mars 1861.

Frères et sœurs.

a) Du 1er mariage du père avec Auguste, fille de feu le prince Frédéric Louis de Hohenlohe-Ingelfingen (m. 8 juin 1821).

1. Berthe Marie, n. 26 oct. 1818; mariée.
2. Feue Émilie, n. 8 juin 1821 ; m. 2 déc. 1836.

b) Du 2d mariage du père avec Sophie, fille de feu Louis, prince de Bentheim (m. 6 mai 1873).

3. Feu Victor, n. déc. 1824; m. 10 av. 1846.
4. Feu Alexandre Nicolas, n. 1er nov. 1826 ; m. 19 nov. 1841.
5. Guillaume Frédéric, né 3 oct. 1831, marié.

La maison de HOLSTEIN.

On fait remonter la lignée des anciens comtes d'Oldenbourg, souche de la dynastie de Holstein, au redoutable chef des Saxons, Wittekind, l'ennemi de Charlemagne. Mais, quoiqu'il en soit de cette origine, l'illustration de cette famille n'en est pas moins grande pour avoir donné des rois au Danemark, à la Norwége, à la Suède, et des empereurs à la Russie (V. Oldenbourg).

Le grand-duché actuel d'Oldenbourg forma primitivement deux comtés, celui d'Oldenbourg et celui de Delmenhorst, jusqu'à ce que Théodoric ou Thierry le Fortuné (m. 1440) réunit tous les biens de sa famille en épousant Adélaïde, héritière de Delmenhorst. Après la mort d'Adélaïde, arrivée en 1432, il épousa en secondes noces Hedwige, fille de Gérard V et sœur d'Adolphe VIII, ducs de Schleswig et comtes de Holstein.

Comme nous l'avons vu plus haut en parlant du Danemark, le fils puîné de Thierry, comte Christian VIII (Ier comme roi de Danemark), fut élu roi de Danemark, 1448, de Norwége, 1450, et de Suède, 1457; puis duc de Schleswig-Holstein.

Le fils cadet de Thierry, Gérard-le-Belliqueux, obtint le comté d'Oldenbourg et hérita celui de Delmenhorst de son frère Maurice, mort en 1464. Mais sa descendance s'éteignit en 1667, et Oldenbourg passa au rameau de Holstein-Ploen, qui le céda au Danemark, en 1676.

Christian Ier (m. 1481) laissa deux fils : Jean (m. 1513), roi de Danemark, de Norwége et de Suède, et Frédéric, duc de Holstein. Le fils de Jean, Christian II, ayant été déposé, son oncle, Frédéric de Schleswig-Holstein, monta sur le trône de Danemark et de Norwége, sous le nom de Frédéric Ier. Il est, à proprement parler, la tige de toute la maison de Holstein, qui, par ses différentes branches, règne encore sur le Danemark, la Russie et Oldenbourg, et occupa le trône de Suède depuis 1751 jusqu'en 1818.

De Frédéric Ier sortirent deux lignes : la ligne royale, par son fils aîné et successeur sur le trône, Christian III; et la ligne ducale de Holstein-Gottorp, fondée par son fils cadet Adolphe-Frédéric.

Ligne royale de Holstein. — A la mort de Christian III, 1580, la ligne directe fut continuée par son fils aîné, Frédéric II (v. Danemark); son frère cadet Jean devint la tige de la

Ligne collatérale de Sonderbourg. A la mort de celui-ci, 1622, Alexandre, l'aîné de ses fils, continua Sonderbourg; trois autres de ses fils fondèrent les rameaux de Norbourg, de Glucksbourg et de Ploen, éteints respectivement en 1722, 1779 et 1761.

A la mort d'Alexandre, 1627, Sonderbourg se partagea en cinq bran-

ches : *Franzhagen* (1), *la Catholique, Augustenbourg, Beck* et *Wiesembourg*. La première, la seconde et la dernière se sont éteintes en 1707, 1727 et 1744. Les deux autres, Augustenbourg et Beck, subsistent encore. La première tire son nom du chateau d'Augustenbourg, bâti par le fondateur de cette branche, Ernest Gonthier, dans l'île d'Alsen ; la seconde emprunte le sien du château de ce nom que son fondateur, Auguste Philippe, possédait en Westphalie (principauté de Minden). Depuis le mois de juillet 1825, les ducs de Beck ont été autorisés par le roi de Danemark à prendre le titre de Glucksbourg.

La ligne directe de Danemark s'étant éteinte le 15 novembre 1863, Sonderbourg a été appelé au trône, en la personne de Christian de la branche cadette ou de Glucksbourg.

Ligne ducale ou de Holstein-Gottorp. — L'arrière-petit-fils d'Adolphe Frédéric, le prince Christian-Albert (m. 1694), laissa deux fils, Frédéric IV et Christian-Auguste, fondateurs de la branche aînée et de la branche cadette de cette maison.

Branche aînée ou de Russie. Charles Frédéric (m. 1730), fils de Frédéric, épousa Anna Petrowna, fille aînée de Pierre le Grand, et devint de cette manière la souche de la maison actuellement régnante en Russie (V. Russie).

Branche cadette ou d'Eutin. Elle forma le rameau de Suède et celui d'Oldenbourg.

Rameau de Suède. Adolphe-Frédéric, second fils de Christian-Auguste (2), fut élu, par l'influence de l'impératrice Élisabeth de Russie, héritier de la couronne de Suède, 3 juill. 1743 ; il régna le 5 avril 1751, et mourut le 12 fév. 1771. La couronne ne resta pas longtemps dans sa famille. Son fils, Gustave III, qui était parvenu à restreindre le pouvoir de la noblesse et à rétablir l'autorité royale, 1772, fut assassiné en 1792 ; son petit-fils, Gustave IV, s'étant jeté sans motifs dans la coalition contre Napoléon Ier, puis se faisant enlever la Finlande par la Russie, fut obligé d'abdiquer en 1809. Son oncle Charles XIII, qui lui succéda, mourut sans descendance en 1818, après avoir adopté, 1810, le maréchal Bernadotte (V. Suède).

Rameau d'Oldenbourg. Il eut pour chef le troisième fils de Christian-Auguste, Frédéric-Auguste, évêque de Lubeck ; c'est à cause de cette dignité que sa branche fut d'abord dite épiscopale (V. Oldenbourg).

(1) A la troisième génération, la branche principale prit le nom de Franzhagen. Le petit-fils d'Alexandre dut vendre Sonderbourg pour satisfaire les créanciers de son pere, dont le principal était le roi de Danemark. Il acquit par sa femme le château de Franzhagen, en Westphalie, et en prit son titre.

(2) Son fils aîné, Christian-Auguste, mourut en 1727, à St-Pétersbourg, où il devait épouser l'impératrice Élisabeth.

Tableau généalogique (

Thier
Comte d'Old
1° *Adélaïde*
2° *Hedwig*

Maurice, Cte de Delmenhorst, m. 1464. — Chr (R. de Dan m

Jean, m. 20 fév. 1513. — **Frédéric I** (R. de Dan m. 3

Christian II, déposé 1522, m. **1559**. *Isabelle, sœur de Ch.-Q.* — **Christian III,** m. 1er janv. 1559. *Dorothée de Saxe Lauenb.*

Frédéric II, m. 4 av. 1588. — Magnus, R. de Livonie, m. 1580. *Fille du Cz. J. Basilowitz.* — Je 23 enfa (Sond

Christian IV, m. 28 fév. 1648. — Alexandre, m. 1627. **(Sonderbourg.)** — Frédéri m. 1658 **(Norbour**

Christian, m. 1647. — **Frédér. III,** m. 9 fév. 1670. — Jean Christ., m. 1653. **(Sonderbourg.)** — Alex. Henri, m. 1667. **(Cathol.)** — Ernest, m. 1689. **(Augustenbourg.)** — Aug. Phil., m. 1675. **(Beck.)** — Philippe, m. 1689. **(Wiesembourg.)** — Rodolp m. 14 no 168

Christian V, m. 25 août 1699. — Georges, m. 1708. *Anne d'Angl.* — Christ. Adolp., m. 1702. **(Franzhagen.)** — Alexandre, chanoine d'Olmutz, m. **1727**. — Fr. Guill., m. 1714. — F. Louis, 2e fils, m. 1728. — Frédéric, m. 1724. — Ernest m. 172

Frédéric IV, m. 12 oct. 1730. — Louis Charl. m. 1708. — Chr. Aug., m. 20 janv. 1754. — Pier. Aug., 2e fils, m. 22 mars 1775. — Léopold, m. 14 mars **1744**.

Christian VI, m. 6 août 1746. — Christ. Ad. II, m. 2 av. **1707**. — Fréd. Christ, m. 13 nov. 1794. — Char. Ant., m. 12 sept. 1759.

Frédéric V, m. 14 janv. 1766. — Fréd. Christ., m. 14 juin 1814. — Fréd. Char., m. 25 mars 1816.

Christian VII, m. 13 mars 1808. *Car. Math. d'Anglet.* — Wilhelmine, m. 1820. *Guill. Ier, Él. de Hesse.* — Frédéric, Pr. héréd., m. 7 déc. 1805. — Christian, m. 11 mars 1869. — Fréd. Guill. **(Glucksbourg.)** m. 17 fév. 1831.

Frédéric VI, m. 3 déc. 1839. — **Christ. VIII,** m. 20 janv. 1848. — Charlotte, m. 1864. *Guill. ldg. de H.-Cass.* — Ferdinand, Pr. héréd., m. 1863. — Frédéric, — Charles, — **Christian IX** **(R. de Dan.)**. *Louise de H.-Cass.*

Caroline. — Wihelmine. — **Frédéric VII,** m. 15 nov. **1863**. — Louise. *Christian IX.*

…AISON de HOLSTEIN.

…tuné,
…m. 1440.
…horst;
…ig-Holstein.

…er,
… et Suède),
…31.

Gérard le Belliqueux,
Cte d'Oldenbourg,
m. 22 fév. 1500.

…hlesw.-Holst.,
…, 1523),

Jean XIV,
m. 10 fév.
1526.

Jean,
D. de Schl.-Holst., m. 1580
(Héritage disputé.)

Adolphe Frédéric,
m. 1er oct. 1586.
(Holstein-Gottorp.)

Jean XV,
m. 16 janv.
1548.

Antoine Ier,
m. 22 janv.
1573.

…322.
…mmes
…)

Frédéric II,
m. 1587.

Philippe,
m. 1590.

Jean Adolphe,
m. 31 mars 1616,
8 enf.

Jean XVI,
m. 12 nov.
1603.

Antoine.
(Delmenhorst)
m. 25 oct. 1619.

…ilippe,
…. 1663.
…ksbourg.)

Joachim, Ern.
m. 1671.
(Ploen.)

Frédéric III,
m. 10 août 1659,
16 enf.

Ant. Gonth.,
m. 19 juin
1667.

Christ. IX,
m. 23 mai
1647.

…ristian,
…. 17 nov.
1698.

Jean,
Adolp.,
m. 1704.

Auguste,
m. 1699.

Joach. Ern. II,
(cath.,) m. 1700.
(Rethewisch),
un fils m. 1729.

Christ. Albert,
m. 3 fév. 1694.

…hil. Ern.,
m. 1729.

Joachim,
m. 1722.

Chr. Ch.,
m. 1706.

Frédéric IV,
m. 1702.
Hedw. de Suède.

Christian Auguste,
m. 1726,
(Eutin.)

…rédéric,
…. 10 nov.
1766.

Fréd. Ch.
m. 1761.

Ch. Fréd.,
m. 1739.
Anne de Russie.

Adolphe Fréd.,
m. 12 fév. 1771.
R. de Suède.

Fréd. Aug.,
Ev. de Lubeck,
m. 6 juill. 1785.
(Oldenbourg.)

Georges L.,
m. 1763.

…l. Hen. Guill.
m. 13 mars
1779.

Pierre III,
Emp. de R.
m. 12 juill. 1762.
Catherine II,
m. 9 nov. 1796.

Gust. III,
assass.
m. 29 mars
1792.

Ch. XIII,
R. de S.
1809,
m. 5 fév. 1818.

Guill.,
Pierre F.
m. 1823.

Pierre Ier
Fréd. Louis,
Pr. de Lubeck,
m. 21 mars 1829.

Paul Ier,
m. 24 mars 1801.
2e *Soph. de Wurt.*

Gust. IV,
abd. 29 mars 1809,
m. 7 fév. 1837.

Auguste
Paul Fréd.,
m. 1853.

Georges,
Pierre F.,
m. 1812.

Alex. Ier,
m. 1er déc.
1825.

Nicol. Ier,
m. 2 mars
1855.

Gustave,
Pr. de Wasa.

Pierre II,
Nicolas Fréd.,

Pierre
Constantin Fr.,

Alexandre II.

1. Ligne royale ou de Holstein-Danemark.

Ligne directe,

éteinte dans les mâles, le 15 novembre 1863.

Filles de feu le roi Frédéric VI (*n. 28 janv. 1768, m. 3 déc. 1839*); *marié, 31 juill. 1790, à* Marie *Sophie Frédérique (n. 28 oct. 1767, m. 21 mars 1852), fille de feu Charles, landgr. de Hesse-Cassel.*

1. Caroline, n. 28 oct. 1793 ; mariée, 1er août 1829, à feu Ferdinand, pr. héréd. de Danemark ; veuve 29 juin 1863.
2. Wilhelmine Marie, n. 17 janv. 1808; mariée, 1er nov. 1828, à son cousin le roi Frédéric VII, alors pr. du Danemark ; divorcée 6 sept. 1837 ; remariée, 19 mai 1838, à Charles, duc de Schleswig-Holstein- Sonderbourg-Glucksbourg.

Veuve du roi Christian VIII (*n. 18 sept. 1786*).

Reine *Caroline* Amélie, n. 28 juin 1796, fille de feu Frédéric-Christian, duc de Schleswig-Holstein-Sonderbourg-Augustenbourg ; mariée, 22 mai 1815 ; veuve 20 janv. 1848.

Ligne collatérale ou de Holstein-Sonderbourg.

a). Branche aînée.

Schlesw.-Holst.-Sonderb.-Augustenbourg.

Conf. luth.

Résid. : Chât. de *Primkenau* et *Gotha.*

Frédéric Christian Auguste, héritier de Norwége, duc de Schleswig-Holstein, Stornmarn et des Dithmarschen, ainsi que d'Oldenbourg, n. 6 juill. 1829, fils du duc Christian (n. 19 juill. 1798, m. 11 mars 1869) et de *Louise* Sophie, née comtesse de Daneskiold-Samsœe (n. 22 sept. 1796, m. 11 mars 1867) ; chef de la branche par suite de la renonciation de son père ; marié à **Adélaïde** Victoire Amélie, etc., n. 20 juill. 1835, fille de feu Ernest, pr. de Hohenlohe-Langenbourg.

Enfants.

1. Feu *Frédéric*, n. 3 août; m. 29 oct. 1857.
2. *Auguste-Victoire*, n. 22 oct. 1858.
3. *Caroline-Mathilde*, n. 25 janv. 1860.
4. Feu Gérard, n. 20 janv.; m. 11 av. 1862.
5. *Ernest-Gonthier*, pr. hérédit., n. 11 août 1863.
6. *Louise-Sophie*, n. 8 av. 1866.
7. *Féodore* Adélaïde, n. 3 juill. 1874.

Frères et sœurs du Duc.

1. Feu Alexandre, n. 29 juill.; m. 3 mai 1821.
2. Feue Frédérique Louise, n. 28 août 1824 ; m. 1873.
3. Caroline Amélie, n. 15 janv. 1826.
4. Feue Wilhelmine, n. 24 mars 1828; m. 4 juill. 1829.
5. Frédéric Christian, n. 22 janv. 1831; marié, au château de Windsort, 5 juill. 1866, à *Hélène* Auguste Victoire d'Angleterre, n. 25 mai 1846.

   Enfants: 1. *Christian-Victor*, n. 14 av. 1867.
   2. *Albert* Jean, n. 25 fév. 1869.
   3. *Victoire-Louise*, n. 3 mai 1870.
   4. *Louise-Auguste*, n. 12 août 1872.
6. Caroline Henriette, n. 2 août 1833 ; mariée.

Oncle et tante.

Caroline Amélie, n. 28 juin 1796, veuve du roi Christian VIII de Danemark.

Feu Frédéric Émile, n. 23 août 1800; créé prince de Noër par patente de l'empereur d'Autriche, 6 oct. 1864 ; m. à Beirouth, Syrie, 2 juill. 1865.

Fils: *Frédéric* Christian, n. 16 nov. 1830; a reçu en 1870 du roi de Prusse, pour lui-même et ses descendants, le titre de „ Comte de Noër „; marié.

b) **Branche cadette.**

Schlesw.-Holst.-Sonderb.-Gluckshourg.

Conf. luth.

Résid. : *Luisenlund*, près Schleswig.

Charles, n. 30 sept. 1813, fils du duc Frédéric *Guillaume* (n. 4 janv. 1785) et de *Louise* Caroline (n. 28 sept. 1789, m. 13 mars 1867), fille de feu le landgr. Charles de Hesse-Cassel; succ. à son père, 17 févr. 1831 ; marié à **Wilhelmine** Marie, n. 17 janv. 1808, fille de feu le roi Frédéric VI de Danemark.

Frères et sœurs du Duc.

1. Feu Louise *Marie*, n. 23 oct. 1810; deux fois mariée; m. 11 mai 1869.
2. Frédérique Caroline, n. 9 oct. 1811, duchesse douairière d'Anhalt-Bernbourg.
3. Frédéric, n. 23 oct. 1814 ; marié, 16 oct. 1841, à *Adélaïde* Christine, n. 9 mars 1821, fille de feu Georges, prince de Schaumbourg-Lippe.

   Enfants: 1. Marie *Auguste*, n. 27 fév. 1844.
   2. *Frédéric* Ferdinand, n. 12 oct. 1855.
   3. *Louise* Caroline, n. 6 janv. 1858.
   4. *Marie* Wilhelmine, n. 31 août 1859.
   5. *Albert* Christian, n. 15 mars 1863.
4. Guillaume, n. 10 avril 1816.
5. **Christian**, roi de Danemark.
6. Louise, n. 18 nov. 1820, abbesse du couvent d'Itzehoë.
7. Jules, n. 14 oct. 1814.
8. Jean, n. 5 déc. 1825.
9. Feu Nicolas, n. 22 déc. 1828 ; m. 18 août 1866.

2. Ligne ducale ou de Holstein-Gottorp.

Ligne aînée

(Voir Russie.)

Ligne cadette.

a) Branche aînée.

Ancienne famille royale de Suède.

Gustave, prince de Wasa (depuis le 5 mai 1829), n. 9 nov. 1799 (luthérien), fils de *Gustave IV* Adolphe (n. 1er nov. 1778; succ., 29 mars 1792, à son père Gustave III; abdique, 27 mars 1809; m. 7 fév. 1837), et de *Fréderique* Dorothée Wilhelmine, fille de feu Charles-Louis, pr. héréd. de Bade (n. 12 mars 1781; mariée 31 oct. 1797; m. 25 sept. 1826); marié, 9 nov. 1830 à *Louise* Amélie Stéphanie (n. 5 juin 1811) fille de feu *Charles* Louis Frédéric, grand-duc de Bade; veuf 19 juill. 1854.

Fille.

Caroline Frédérique Françoise, n. 5 août 1833 (cath.); mariée à Frédéric Auguste Albert, alors prince royal, actuellement roi de Saxe.

b) Branche cadette

(V. Oldenbourg.)

ROYAUME D'ITALIE.

La dynastie de SAVOIE.

La maison de Savoie, dans ces derniers temps, a fait tache à son antique renommée en se mettant à la remorque de la Révolution et en patronant les actes les plus contraires au droit et à l'honneur. Elle compte parmi les plus anciennes familles souveraines de l'Europe, car elle règne sans interruption depuis près de neuf cents ans, et elle brille par ses alliances et par la gloire de plusieurs de ses princes.

Les départements français de Haute et Basse-Savoie sont le berceau de cette famille; sa souche historique est Humbert-aux-Blanches-mains (m. 1048), auquel on donne communément pour père Berold ou Berthold, d'une origine inconnue, qui jouissait d'une grande considération dans le royaume de Bourgogne, où il avait obtenu du roi Rodolphe (11 mai 1100) les comtés de Savoie et de Maurienne. Humbert s'attacha à la fortune de Conrad-le-Salique, et en obtint les droits de comte dans le Chablais, 1035. Son fils Amédée Ier, par son mariage avec Adélaïde, fille héritière de Manfred de Suse, acquit à sa famille le marquisat de Suse, avec Turin et Pignerol, c'est-à-dire le Piémont, les prérogatives de comte dans le val d'Aoste, et des possessions dans les montagnes de la Ligurie, qui furent données quelques temps après au marquis de Saluces à titre de fief. Ses successeurs y ajoutèrent de nouveaux domaines, et c'est ainsi que devint italienne cette famille qui devait avoir une si grande influence sur les destinées de la Péninsule.

Les comtes de Savoie devinrent Comtes de l'Empire en 1111; Princes de l'Empire le 24 nov. 1310; furent créés Ducs le 19 fév. 1416; s'intitulèrent Rois de Chypre (du droit de Charlotte de Lusignan) le 25 fév. 1485; furent nommés Rois de Sicile le 10 juin 1713, puis de Sardaigne le 2 août 1718; Victor Emmanuel prit le titre de Roi d'Italie le 17 mars 1861.

Thomas Ier (m. 1232), septième successeur d'Humbert Ier, fut nommé par Frédéric II vicaire général de l'empire en Piémont et en Lombardie, dignité qui resta presque héréditaire dans sa famille. Il eut quatorze enfants. Amédée IV, qui lui succéda en Savoie, reçut de Frédéric II le titre de duc pour le Chablais et Aoste. Boniface, son fils, étant mort sans enfants, 1263, son oncle Pierre, comte de Faucigny et de Vaud, lui succéda à l'exclusion des enfants de Thomas II, comte de Maurienne et de Piémont (m. 1259), frère aîné de Pierre (1); et après lui son frère Philippe, archevêque de Lyon, mais sans avoir reçu les ordres sacrés, alors

(1) C'était de droit en Savoie, et, en général, dans l'ancienne Germanie, que les frères puînés avaient la préférence sur les fils des aînés; la loi de primogéniture et de représentation ne fut introduite que par Amédée V.

âgé de soixante et un an, prit le gouvernement des domaines de sa maison. Ce n'est qu'après sa mort, 1285, que les États de Savoie parvinrent à la postérité de Thomas II, en la personne d'Amédée V, son second fils, à l'exclusion encore une fois des enfants de l'aîné, Thomas III, mort depuis 1282. Ceux-ci continuèrent la branche de Piémont, qui s'éteignit en 1416, laissant ses possessions à celle de Savoie ; en 1359 celle-ci avait également acquis les domaines de la branche de Vaud et Bugey, fondée par Louis, troisième fils de Thomas II.

Amédée V, dit le Grand, ouvre une série de grands princes, parmi lesquels se distinguent surtout son petit-fils, Amédée VI, surnommé le comte Vert, et son arrière petit-fils, Amédée VII, le comte Rouge, qui agrandirent beaucoup leur territoire.

Le fils de ce dernier, Amédée VIII, continua ces agrandissements ; il fut créé duc de Savoie par l'empereur Sigismond, 19 février 1416. Dégoûté du monde, il abdiqua en faveur de son fils Louis, et se retira à Ripaille (commanderie de l'ordre de St-Maurice qu'il avait fondé), 1434, où le concile de Bâle lui déféra la papauté sous le nom de Félix V, 1440, dignité dont il se démit en 1449 ; il mourut cardinal, 1454. Sa descendance forma plusieurs branches, mais son fils cadet, Philippe, surnommé Sans-Terre, continua la lignée. Il parvint au trône en 1496, l'année avant sa mort.

La période ducale fut funeste pour la maison de Savoie; sous Charles III, successeur de Philippe, le pays fut le théâtre des guerres des Français et des Espagnols ; François Ier l'enleva même au duc, qui tenait pour ses ennemis, 1536. Ce n'est qu'avec le fils de Charles III (m. 1553), Emmanuel-Philibert, célèbre général de Charles-Quint et de Philippe II, le vainqueur de St-Quentin, que commence une nouvelle ère de bonheur. Il recouvra ses États par la paix de Câteau-Cambrésis, 1559; mais Genève s'en était détachée pour s'ériger en république, sans qu'il y eut moyen de la reconquérir. Charles-Emmanuel Ier le Grand acquit Saluces, qui était à la France, mais dut céder à Henri IV le Bugey, le pays de Gex, Valomery, les rives du Rhône de Genève à Lyon. Ambitieux de toutes les couronnes, Charles éleva des prétentions sur le Montferrat, Chypre, les principautés de Macédoine, la couronne impériale, la succession des Valois, mais ne réussit qu'à attirer des malheurs sur ces pays, et en mourut de douleur, 26 juillet 1630. Son fils Victor-Amédée Ier réussit mieux : le traité de Cherasco, 1631, lui donna la plus grande partie du Montferrat. Le frère de ce prince, Thomas, devint la souche de la ligne de Savoie-Carignan aujourd'hui régnante.

Victor-Amédée II, petit-fils du précédent, prit une grande part à la guerre de succession d'Espagne, d'abord pour la France, puis pour l'Autriche. A la paix d'Utrecht, il obtint un accroissement de territoire et en outre l'île de Sicile avec le titre de roi. En 1718, il échangea la Sicile contre la Sardaigne et prit de là son titre royal. Ce prince abdiqua, en 1730, en faveur de son fils Charles-Emmanuel II, mais ayant bientôt tenté de remonter sur le trône, à l'instigatton de sa seconde femme, la comtesse de Saint-Sébastien, il fut arrêté et transporté au château de Rivoli, près de Turin, où il mourut le 31 octobre 1732. La guerre de succession d'Autriche, valut à la Sardaigne un nouvel accroissement de territoire.

Le fils de Charles, Victor-Amédée III, après un règne longtemps paisible, assista aux invasions des révolutionnaires français. Par la paix de Turin (15 mai 1796), il dut céder à la France, la Savoie, Nice et une partie du Piémont. Son fils Charles-Emmanuel IV, qui lui succéda cette année même, fut forcé de renoncer, par un acte du 8 décembre 1798, à toutes ses possessions continentales. Il se retira avec sa famille en Sardaigne, où, rempli de douleur par suite de ces pertes, il céda la couronne à son frère le 4 juin 1802 ; il mourut à Rome le 6 août 1819. A la chute de Napoléon, Victor-Emmanuel Ier rentra à Turin, et le congrès de Vienne lui rendit ses états agrandis de la république de Gênes. Pendant les troubles révolutionnaires excités par les Carbonari en 1821, le roi abdiqua en faveur de son frère cadet, Charles-Félix, dans lequel s'éteignit, 27 avril 1831, la ligne principale de Savoie.

La **branche de Savoie-Carignan** était sortie de la branche principale par Thomas (m. 1656), fils de Charles-Emmanuel. Elle avait donné le rameau de Soissons, commencé par Eugène, fils de Thomas (m. 1673) et éteint en 1736 dans son fils, le fameux prince Eugène de Savoie.

Charles-Albert recueillit l'héritage de son cousin Charles-Félix. En 1848, il donna une constitution à son peuple (Statut royal), et se mit à la tête du mouvement national italien contre la domination autrichienne. Il dirigea en personne la guerre de Lombardie. Victorieux d'abord, il fut défait une première fois à Custozza (24 mai 1848) ; puis, à la reprise des hostilités, à Novare (23 mars 1849). Il abdiqua le même jour en faveur de son fils, Victor-Emmanuel II, abdication qui fut confirmée le 9 avril suivant. Charles-Albert se retira en Portugal, où il mourut moins de quatre mois après, le 28 juillet.

Victor-Emmanuel, guidé par son ministre Cavour, réalisa le rêve de sa race : se mettre à la tête de l'Italie entière (1) ; mais ce fut en foulant aux pieds la justice et l'honneur, en se faisant le serviteur de la Révolution, et grâce au concours ou à la connivence de Napoléon III, et à l'apathie des autres puissances européennes. Les victoires françaises de Magenta et de Solferino donnèrent au Piémont la Lombardie (préliminaires de la paix de Villafranca, 11 juill. 1859, et traité de paix de Zurich, 10 nov. 1859). A Villafranca il avait été stipulé que les Etats d'Italie

(1) Un de ses ancêtres avait dit que l'Italie était un artichaut qu'il fallait manger feuille par feuille.

formeraient une confédération sous la présidence du Pape. Ce n'était pas le désir de la Révolution, et l'on se mit à pratiquer les annexions malgré les protestations et la résistance des princes légitimes dépossédés au mépris de tous les droits. L'Émilie, (duchés de Parme, de Modène et Romagne) fut annexée le 18 mars; le grand duché de Toscane le 22 mars; les Marches, l'Ombrie et le royaume des Deux-Siciles le 17 décembre 1860. La Savoie et Nice payèrent le silence de la France.

Le 17 mars 1861, le roi de Sardaigne prit le titre de roi d'Italie.

Depuis 1866 la Vénétie fait partie du nouveau royaume; cédée par l'Autriche à Napoléon III, celui-ci rétrocéda à Victor-Emmanuel.

Le 20 septembre 1870, on couronna l'œuvre de spoliation en s'emparant de Rome, abandonnée par les troupes françaises. La Ville Eternelle devint la capitale de l'Italie, après avoir été jusque-là la capitale du monde catholique.

Famille royale.

Catholique.

Résid.: *Rome.*

Roi.

Victor - Emmanuel II Marie Albert Eugène Ferdinand Thomas, roi d'Italie, n. 14 mars 1820, fils de *Charles-Albert* Amédée (n. 29 oct. 1796, m. 28 juillet 1850) et de *Marie-Thérèse* Françoise Joséphine (n. 21 mars 1801, m. 12 janv. 1855), fille de feu Ferdinand III, grand-duc de Toscane; succède à son père comme roi de Sardaigne, 23 mars 1849; prend le titre de roi d'Italie, 17 mars 1861; marié 1° 12 av. 1842, à Marie *Adélaïde* Françoise Renière Élisabeth Clotilde, (n. 3 juin, 1822, m. 20 janv. 1855), fille de l'archiduc Renier d'Autriche; 2° morganatiquement à *Rosa* Vercellana, créée comtesse de Mirafiore.

Enfants.

1. *Clotilde* Marie Thérèse Louise, n. 2 mars 1843; mariée au prince Napoléon Bonaparte.
2. *Humbert* Renier Charles Emmanuel Jean Marie Ferdinand Eugène, prince royal, *prince de Piémont*, n. 14 mars 1844; marié, 22 av. 1868, à sa cousine germaine Marie *Margue-*

Tableau généalogique

Philippe
7e Duc,
1e *Margu*
2e *Claudi*

1. Philippe II le Beau,
n. 1480, m. 10 sept. 1504.
1° *Iolande de Savoie, sa cousine.*
2° *Marguerite d'Autriche, tante de Charles-Quint.*

1. Louise,
n. 1477, m. 1531.
Charles d'Angoulême, père de François Ier.

2. Cha
n. 148
Béatri

Emmanuel-
n. 1528,
Marguerite,

Charles Em
n. 12 janv. 1
Cather. d'Autr., fille

Victor-Amédée Ier,
n. 8 mai 1587,
m. 7 oct. 1637.
Christine, fille de Henri IV.

Marguerite,
n. 1589, m. 1655.
Fr. de Gonzague, D. de Mantoue.

Isabelle,
n. 1591, m. 16
Alph., D. de M

Louise,
n. 1629, m. 1692.
Maurice, son oncle.

Fr. Hyacinthe,
n. 14 sept. 1632,
m. 4 oct. 1638.

Char.-Emm. II,
n. 20 juin 1634, m. 12 juin 1675.
1° *Franç., fille de Gaston d'Orléans.*
2° *Marie de Savoie-Nemours.*

Marg.-Iolande,
n. 1635,
m. 1663.
D. de Parme.

Adél. Hen,
n. 1636
m. 1676.
Ferd., él. de B

Victor-Amédée II,
n. 14 mai 1666,
R. de Sicile, 1713, de Sard., 1718.
Abd. 1730, m. 1732.
Anne-Marie d'Orléans, m. 1728

M. Adélaïde,
n. 1685, m. 1712.
Louis Dauphin, m 1712.

Marie L. Gabr.,
n. 1688, m. 1714.
Phil. V d'Esp.

Charles-Emm. III,
n. 27 av. 1701, m. 20 fév. 1773
1° *Christ. de Barière-Sulzbach, m. 1723.*
2° *Polixène de Hesse-Rhinfeld, m. 1735.*
3° *Elisabeth de Lorraine, m. 1741.*

Victor-Amédée III,
n. 26 juin 1726,
quitte la Savoie 15 mai 1796,
m. 15 oct. 1796.
M. Ant., fille de Ph. V d'Esp.

Benoît Maurice,
D. de Chablais.
n. 1741, m. 4 janvier 1808.
Marie-Anne, sa nièce.

Charles-Emm. IV.
abd. 4 juin 1802.
m. 6 oct. 1819.

Victor-Emm. Ier.
abd 13 mars 1821.
m. 10 janv. 1824.

Charles-Félix.
m. 27 av. 1831.

M. Béatrice.
D. de Modène,

M. Thérèse,
D. de Lucques.

M. Anne.
Emp. d'Autr.

M. Christ.
R. de Naples.

MAISON de SAVOIE

Terre,
. 97.
urbon, *m.* 1483.
se-Penthièvre, m. 1513.

---

le Bon,
t 1553
ugal (9 enf.)

2\. Philippe,
D. de Nemours,
n. 1490, m. 25 nov. 1533.
Charl. de Longueville.

2\. Philiberte,
posthume, m. 1524.
Duch. de Nemours.
Jul. de Méd., fr. de Léon X.

---

rt Tête de Fer,
ût 1580.
rançois Ier.

Jacques,
n. 1531, m. 85.
Marg. d'Este, veuve de Fr., D. de Guise.

Jeanne,
n. 1532, m. 68.
Nicolas de Lorr., D. de Merneur.

---

e Grand,
juill. 1630.
ppe II d'Esp., m. 1597 (10 enf.).

Charl Emm.,
m. 1595.

Henri,
Marq. de S. Sorlin,
m. 1632.
Anne d'Aumale.

Maurice,
Cardinal.
. 1593, m. 1657.
ouise, sa nièce.

Thomas Franç.,
Pr. de Carignan,
n. 1596, m. 1656.
M. de Condé, hér. de Soissons.

Louis,
n. 1620,
m. 1641.

Ch. Améd.,
m. 1652.
Él. de Vendôme.

Henri II,
m. **1659.**
M. de Longueville, s. p.

---

mm. Ph. Améd.
n. 1628, m. 1709.
élique Cath. d'Est., le du D. de Mod.

Louise Christ.
m. 1689.
Ferd. Max., Marg. de Bade.

Eug. Maurice,
Ce de Soissons,
n. 1635, m. 1673.
Nièce de Mazarin.

M. Jeanne,
m. 1724.
Ch. Em. II de Sav.

M. Franç.,
m. 1683.
Pierre de Port.

---

ict. Amédée Ier,
n. 1690, m. 1741.
M. An., fille de V. Am. II de Sav.

Louis Thomas,
n. 1657, m. 1702.
Uranie de la Cropt de-Beauvais.

Louis,
Chev. de Soiss.,
n. 1660, m. 1683.

Pr. Eugène,
n. 18 oct. 1663,
m. 21 av. **1736.**

Anne,
n. 1717,
5 av. 1745.
. de Rohan-Soubise.

Louis Victor,
n. 1720,
m. 16 déc. 1778.
Chris. de H.-Rhinfeld.

Anne Victoire,
Mlle de Soissons.
n. 1683, m. 1763.
Joseph de Saxe-Hildbourghausen.

Thom. Emm. Améd.,
n. 1687, m. 1729.
Thérèse, fille d'Adam de Liechtenstein, m. 1772.

Vict. Améd. II,
n. 1743,
m. 20 sept. 1780.
e de Lorr. et Brionne.

Léopoldine,
n. 1744,
m. 1820.
Pr. Doria.

Gabrielle,
n. 1748.
m. 1828.
Pr. Lobkowitz.

M. Thérèse,
n. 1749,
m. 3 sept. 1792.
P. de Lamballe.

Eugène,
Ce de Villafranca,
n. 1753, m. 1785.
Louise de Magon.

Catherine,
n. 1762,
m. 1823.
Pr. Colonna.

Charles-Emm.,
770, m. 16 août 1800.
. Christ. de Saxe-Courlande.

Joseph,
Chev. de Savoie,
n. 1783, m. 1825.
Pauline de la Vauguyon.

---

harles-Albert,
1831, m. 28 juill. 1849.

Élisabeth.
Renier d'Autr.

Eugène,
n. 1816.

---

ict.-Emm. II.

Ferdinand,
D. de Gênes.

rite, n. 28 nov. 1851, fille de feu Ferdinand, prince de Savoie et duc de Gênes.

Fils : *Victor-Emmanuel* Ferdinand, *prince de Naples*, n. à Naples, 11 nov. 1869.

3. *Amédée* Ferdinand Marie, *duc d'Aoste*, n. 30 mai 1845; roi d'Espagne du 4 déc. 1870 au 11 fév. 1873; marié, 30 mai 1867, à *Marie* Victoire, n. 9 août 1847, fille de feu *Charles-Emmanuel*, prince dal Pazzedella Cisterna, et de Louise Caroline Ghislaine, née comtesse de Mérode.

Fils: 1. *Emmanuel* Philibert, *duc des Pouilles*, n. 13 janv. 1869.

2. *Victor* Emmanuel, *comte de Turin*, n. 24 nov. 1870.

3. *Louis* Amédée, n. 31 janvier 1873.

4. Feu *Othon* Eugène Marie, *duc de Montferrat*, n. 11 juillet 1846; m. 22 janv. 1866.

5. Marie *Pie*, n. 16 oct. 1847 ; mariée au roi de Portugal.

6. Feu Charles Albert, *duc de Chablais*, n. 2 juin 1851; m. 28 juin 1854.

7. *Prince*, n. et m. 7 juill. 1855.

8. Feu *Victor* Emmanuel, n. 8 janv.; m. 17 mai 1855.

Frère du Roi.

Feu Ferdinand Marie Albert, *duc de Gênes*, n. 15 nov. 1822; marié, 22 av. 1850, à

Marie *Élisabeth* Maximilienne. etc., n. 4 fév. 1830, fille de feu Jean, roi de Saxe; veuve 18 fév. 1855; remariée au marquis de Rapallo.

Enfants : 1. Marie *Marguerite* Thérèse Jeanne de Savoie, n. 20 nov. 1851 ; mariée au prince Humbert.

2. *Thomas* Albert Victor de Savoie, *duc de Gênes*, n. 6 fév. 1854.

Branche de Savoie-Carignan.

Elle a pour souche le frère de l'arrière grand-père du roi, le prince Eugène *Marie Louis, comte de Villafranca, n. 21 oct. 1753; m. 30 juin 1785.*

Son fils : feu Joseph, chevalier de Savoie, n. 20 oct. 1783, m. 15 oct. 1825.

Enfants : 1. Feue *Gabrielle*, n. 18 sept. 1811 ; mariée à Camille de Massimo, prince d'Arsoli, 11 oct. 1827 ; m. 10 sept. 1837.

2. Feue *Marie* Victoire, n. 29 sept. 1814 ; mariée, 12 juin 1837, à Léopold des Deux-Siciles, comte dé Syracuse ; veuve 4 déc. 1860; m. 21 janvier 1874.

2. *Eugène* Emmanuel Joseph, n. 14 av. 1816 ; déclaré prince de Savoie-Carignan par décret royal du 28 av. 1834.

Branche aînée de Savoie éteinte dans les mâles avec Charles-Félix, 1831.

Descendants de Victor-Amédée III (n. 26 juin 1726; m. 16 oct. 1796) ; marié, 12 avr. 1750, à Marie Antoine Ferdinande, fille de Philippe V, roi d'Espagne (n. 17 nov. 1729; m. 19 sept. 1785).

1. Feu Charles-Emmanuel IV Ferdinand Marie (*prince de Piémont*), n. 24 mai 1751 ; succ. à son père Victor Amédée III, 16 oct. 1796 ; abdique, en faveur de son frère Victor-Emmanuel, 4 juin 1802 ; marié, 21 août 1775, à (*Madame*) *Adélaïde Clotilde* (n. 29 sept. 1759 ; m. 7 mars 1802), sœur de Louis XVI ; m. à Rome, 6 oct. 1819.
2. Feue Charlotte, n. 16 juill. 1742; m. 17 av. 1753.
3. Feue Marie-Louise Joséphine, n. 2 sept. 1753 ; mariée, 4 mai 1771, à (*Monsieur*) *Louis* Stanislas Xavier (plus tard Louis XVIII), frère puîné de Louis XVI ; m. 13 nov. 1810.
4. Feu Amédée Alexandre, *duc de Monferrat*, n. 5 oct. 1754 ; m. 29 av. 1755.
5. Feue Marie-Thérèse, n. 31 janv. 1756; mariée à *Charles* Philippe, comte d'Artois (plus tard Charles X), frère cadet de Louis XVI ; m. 2 juin 1805.
6. Feue Marie Anne Caroline, n. 17 déc. 1757 ; mariée, 19 mars 1775, à Benoît Maurice Marie, duc de Chablais, son oncle ; veuve 4 janv. 1808 ; m. 11 oct. 1824.
7. Feu Victor-Emmanuel Ier Cajetan (*duc d'Aoste*), n. 22 juill. 1559 ; succ. à son frère à la suite de l'abdication de celui-ci, 4 juin 1802 ; abdique lui-même en faveur de son frère cadet Charles-Félix, 13 mars 1821 ; marié, 15 mai 1789, à Marie Thérèse (n. 1er nov. 1773 ; m. 29 mars 1832), fille aînée de l'archiduc Ferdinand, duc de Modène-Brisgau ; m. 10 janv. 1824.

   Filles : 1. Feue Marie *Béatrice* Victoire Joséphine, n. 6 déc. 1792 ; mariée, 20 juin 1812, à François IV, duc de Brisgau, depuis duc de Modène ; m. 15 sept. 1840.

2. Marie *Thérèse* Ferdinande Félicité Gaëtane Pie, mariée à Charles II, duc de Parme.	nées 19 sept. 1803.
3. Marie *Anne* Caroline Pie, veuve de Ferdinand Ier, empereur d'Autriche.	

4. Feue Marie *Christine*, n. 14 nov. 1812 ; mariée, 21 nov. 1832, à Ferdinand II, roi des Deux-Sicies ; m. 31 janv. 1836.

8. Feue Marie Joséphine, n. 21 nov. 1760; m. 19 mai 1768.

9. Feu Maurice Marie Joseph, *duc de Montferrat*, n. 8 sept. 1762; m. 1er sept. 1799.

10. Feue Marie Caroline Antoinette Adélaïde ; n. 17 juin 1764 ; mariée, 24 oct. 1781, à Antoine, prince, depuis roi de Saxe (n. 27 déc. 1755 ; m. 6 janv. 1836); m. 28 déc. 1782.

11. Feu Charles-Félix Joseph Marie (*duc de Genevois*), n. 6 avr. 1765; succ. à son frère Victor Emmanuel Ier, 13 mars 1821; marié, 7 mars 1807, à *Christine* Amélie Thérèse (n. 17 janv. 1779; m. 12 mars 1849.), fille de Ferdinand IV, roi des Deux-Siciles ; m. 27 av. 1831.

12. Feu Joseph Benoît Marie Placide (*comte de Maurienne*, puis d'*Asti*), n. 5 oct. 1766, m. 29 oct. 1802.

PRINCIPAUTÉ DE LIECHTENSTEIN.

Les princes de LIECHTENSTEIN.

La principauté de Liechtenstein, sur le Haut-Rhin, est comprise entre le Voralberg et les cantons suisses des Grisons et de Saint-Gall. Elle appartint jusqu'à la fin du dix-septième siècle aux comtes de Hohenembs, sous le nom de seigneurie immédiate de Schellenberg et de comté de Vadutz. En 1699, ces domaines furent achetés par Jean Adam André, dernier descendant de la ligne de Charles de Liechtenstein.

Les Liechtenstein donnent comme auteur de leur race Azon d'Est. Ils appartiennent incontestablement à la plus ancienne noblesse de l'Autriche. Il y avait autrefois deux maisons de Liechtenstein : celle de Liechtenstein-Murau, en Styrie, et celle de Liechtenstein-Nicolsbourg, en Autriche. On suppose qu'elles ont une souche commune, mais les preuves manquent. Il ne s'agit ici que de la dernière. Sa généalogie remonte jusqu'à Hugo mentionné entre 1333-50. Son petit-fils, Henri Ier, obtint en 1249 Nicolsbourg du roi Ottocar II de Bohême.

Il se forma plusieurs lignes; mais Hartmann IV (m. 1585) réunit tous les domaines de sa famille. Ses fils, Charles et Gundaccar, obtinrent de l'Empereur, le premier en 1620, le second en 1623, la dignité héréditaire de princes de l'Empire. Ils se partagèrent les biens, et fondèrent deux lignes auxquelles ils donnèrent leurs noms. Charles obtint de l'empereur Mathias, 1614, la principauté de Troppau, et de l'empereur Ferdinand II, 1623, celle de Jægerndorf, toutes deux en Silésie. Ce fut le petit-fils de Charles, Jean Adam André, son dernier rejeton, qui acquit Schellenberg et Vadutz. Il obtint aussi un vote princier au collége du cercle de Souabe. A sa mort, 1712, les majorats et les domaines échurent aux deux branches de la famille Gundaccar, fondées par Antoine Florian (m. 1721) et son frère Philippe Érasme (m. 1704). Antoine Florian, héritier de l'ancien majorat de Liechtenstein, acheta de son neveu, Joseph Wenceslas, Vadutz et Schellenberg, qui furent érigés en principauté par l'empereur Charles VI, sous le nom de principauté de Liechtenstein. En 1713, Antoine Florian avait obtenu, pour lui personnellement, droit de vote à la diète impériale; en 1723, son fils, Joseph Jean Antoine (m. 1732), fut élevé à la dignité de prince de l'Empire, pour lui et ses descendants, en raison de cette nouvelle principauté.

La branche d'Antoine s'étant éteinte avec le fils de Joseph, Jean-Charles, en 1748, la principauté échut à la branche cadette de Gundaccar, en la personne de Joseph Wenceslas (m. 1772). Comme il mourut sans laisser postérité, tout son héritage passa aux fils de son frère Emmanuel : 1° l'aîné, François-Joseph, obtint le grand majorat auquel appartiennent les principautés de Liechtenstein, de Troppau, de Jægerndorf, la seigneurie de Gersdorf en Lusace et la plus grande partie des seigneuries située, en Autriche, en Moravie, en Silésie, en Bohême et en Hongrie ; 2° le cadet, Charles-Borromée eut le second majorat qui, outre d'autres terres, renferme les seigneuries de Grossmeseritsch et de Zhorz. Les lignes fondées par eux portent leur nom.

En 1781, Aloys-Joseph Ier succéda à son père François Joseph, auquel suivit, 1805, Jean Ier son frère. A la formation de la Confédération du Rhin, sous le protectorat de Napoléon, 1806, Liechtenstein y fut incorporé sans qu'on eût demandé son consentement et sans qu'il y eût adhéré. Comme, d'après l'acte de la Confédération, le prince aurait dû quitter le service de l'Autriche, il céda la principauté à son troisième fils, Charles, jusqu'à la dissolution de la Confédération, en 1813. Le 3 juill. 1815, Jean entra dans la Confédération germanique. En 1818 le prince donna une constitution. Le prince Jean, feldmaréchal autrichien, mourut le 20 av. 1836, et son fils Aloys-Joseph II lui succéda.

1. Famille princière.

Catholique.

Résid. : en hiver, *Vienne;* en été, le *Château d'Eisgrub,* en Moravie.

Prince.

Jean II Marie François Placide, n. 5 oct. 1840, prince souverain et chef de la maison de Liechtenstein, duc de Troppau et de Jægerndorf, comte de Rietberg, conseiller héréditaire de l'Empire, chevalier de la Toison d'Or, bailli honoraire de l'ordre de St-Jean de Jérusalem; succ., 12 nov. 1858, à son père, le prince Aloys-Joseph II (n. 26 mai 1796).

Mère du Prince.

Princesse Françoise-de-Paule, née comtesse Kinsky, 8 août 1813; mariée 8 août 1831.

Frère et sœurs.

1. Marie Joséphine, n. 20 sept. 1834 ; mariée.
2. Caroline Joséphine, n. 27 fév. 1836 ; mariée.
3. Sophie Marie, n. 11 juill. 1837 ; mariée.

4. Aloysé, n. 13 août 1838 ; mariée.
5. Ida Huberte, n. 17 sept. 1839; mariée.
6. Feu Françoise Marie, n. 30 déc. 1841 ; m. 13 mai 1858.
7. Marie Henriette, n. 6 juin. 1843 ; mariée à son cousin Alfred.
8. Anne, n. 26 fév. 1846 ; mariée.
9. Thérèse Marie, n. 28 juill. 1850.
10. François-de-Paul, n. 28 août 1853.

Oncles et Tantes.

1. Feue Léopoldine, n. 11 sept. 1793 ; m. 17 juillet 1808.
2. Feue Caroline, n. 2 fév. 1795; m.
3. Feue Marie Sophie, n. 5 sep. 1798; mariée; m. 27 juin 1869.
4. Marie Joséphine, n. 11 janv. 1800.
5. François-de-Paule Joachim, n. 25 fév. 1802 ; mariée à *Julie*, née comtesse Potocka.

Fils : 1. *Alfred*, n. 11 juin 1842; marié, 26 av. 1865, à *Marie* Henriette de Liechtenberg, sa cousine (cinq enfants).

2. *Aloys*, n. 18 nov. 1846 ; marié.

3. *Henri* Charles, n. 16 nov. 1853.

6. Feu Charles Jean Népomucène, n. 14 juin 1803 ; marié à *Rosalie*, née comtesse de Grunne, comtesse douairière de Schœnfeld (m. 20 avr. 1841) ; m. 12 oct. 1871.

Enfants : 1. *Rudolphe*, n. 28 déc. 1833 ; marié.

2. *Philippe* Charles, n. 17 juill. 1837 ; veuf.

3. Feue *Albertine* Joséphine, n. 29 juin 1838; m. 25 av. 1844.

4. Feue *Clotilde*, n. 19 août 1804 ; m. 27 janv. 1807.

7. Henriette, n. 1er av. 1806 ; mariée.
8. Frédéric, n. 21 sept. 1807; veuf.
9. Feu Édouard François Louis ; n. 22 fév. 1809 ; m. 27 juin 1864.

Enfants : 1. Marie Jean *Aloyse*, n. 25 juin 1840 ; mariée.

2. Feue *Mélanie*, n. 25 fév. 1844; m. 8 janv. 1858.

10. Auguste Ignace, n. 22 av. 1810.

11. Ida Léopoldine, n. 12 sept. 1811 ; mariée.
12. Feu Rodolphe, n. 5 oct. 1816; m. juin 1848.

2. Second Majorat.

Descendants du Prince Charles-Borromée Joseph,

arrière-grand-oncle du prince régnant, n. 29 sept. 1730 ; m. 21 fév. 1789.

1 Feu Charles-Borromée Jean-Népomucène, n. 1er mars 1765; m. 24 déc. 1795.

Fils : Feu Charles François Antoine, n. 23 oct. 1790 ; m. 7 av. 1865.

Enfants: 1. Marie *Anne* ; n. 25 août 1820 ; veuve.
2. Feue *Thérèse*, n. 28 oct. 1822 ; m. 1825.
3. Feue Éléonore, n. 1er oct. 1825, m. 1826.
4. *Charles* Rodolphe, n. 19 av. 1827.
5. Feue *Françoise*, n. 1er nov. 1830; m. 1331.
6. *Élisabeth*, n. 13 nov. 1832 ; mariée.
7. *Françoise*, n. 30 oct. 1833 ; mariée.
8. *Marie*, n. 19 sept. 1835 ; mariée.
9. *Rodolphe*, n. 18 av. 1838.

2. Feu Maurice Joseph, n. 21 juill. 1775 ; m. 21 mars 1819.

Enfants : 1. Feu *Nicolas*, n. 5 av. 1807; m. 8 mai 1808.
2. Feue *Marie*, n. 31 déc. 1808; m. 24 mai 1871.
3. Feue *Éléonore*, m. 25 déc. 1812; mariée, m. 27 juill. 1873.
4. *Léopoldine* n. 4 nov. 1815 ; mariée.

PRINCIPAUTÉS DE LIPPE.

LIPPE-DETMOLD ET SCHAUMBOURG-LIPPE.

La maison de LIPPE.

Cette maison, qui compte parmi les plus anciennes de l'Allemagne, remonte jusqu'à Haold qui fonda, entre les années 946 et 948, avec ses frères Brunon et Frédéric et sa sœur Wigbourg, le couvent de Geseke, et qui mourut avant le 10 avril 1011. Ses successeurs arrondirent leurs domaines par mariages et successions, et gouvernèrent avec le titre de nobles seigneurs de la Lippe jusqu'à Bernard VIII (m. 15 avr. 1563), qui fut élevé à la dignité de Comte.

Le fils de Bernard VIII, Simon VI (m. 1613) est la souche la plus proche des maisons actuelles de Lippe. Il fonda, par trois de ses fils, trois lignes: celle de Detmold, par l'aîné Simon VII; celle de Bracke, par Othon et celle d'Alverdissen (Schaumbourg) par le cadet, Philippe. Simon VI avait stipulé dans son testament que l'aîné de ses fils régnerait, et qu'en cas d'extinction d'une ligne, la moitié de sa succession passerait au comte régnant.

La ligne de Bracke s'éteignit le 29 oct. 1707, et, après des démêlés qui ne finirent qu'en 1734, ses possessions furent partagées par les deux autres.

Lippe-Detmold. Simon VII laissa plusieurs fils. Le quatrième, Hermann-Adolphe, continua la famille; le cadet, Jobst-Hermann, fonda la branche de Biesterfeld (qui, à la troisième génération, se partagea en Lippe-Biesterfeld et Lippe-Weissenfeld), et reçut des apanages dans les bailliages de Swalenberg, d'Oldenbourg et de Stoppelberg; mais il s'éleva dans la suite un long procès par rapport à ces apanages qui se termina en 1762 par un accord, en vertu duquel ces biens furent cédés à la maison régnante moyennant certaines rentes à payer annuellement.

Le 20 oct. 1720, la maison régnante fut créée Prince de l'Empire par l'empereur Charles VI; mais elle ne commença à faire usage de cette dignité que le 10 déc. 1789. En 1777, à l'extinction de la branche aînée de Schaumbourg, Detmold éleva des prétentions sur les bailliages de Blomberg et de Schieder qui étaient venus à Schaumbourg de l'héritage de Bracke; elle obtint Schieder, par décision de la chambre impériale. En 1812, Schaumbourg lui abandonna encore Alverdissen. La principauté de Lippe accéda, le 18 av. 1807, à la Confédération du Rhin; après la dissolution de celle-ci, elle entra dans la Confédération germanique.

Schaumbourg-Lippe. La ligne dite aujourd'hui de Schaumbourg eut pour fondateur Philippe, fils cadet de Simon VI, qui obtint dans le partage de 1613 Lipperode, Alverdissen et Uhlenbourg. Sa sœur Élisabeth avait épousé le comte de Holstein-Schaumbourg; après la mort de son époux et de son fils, 1640, elle céda le comté de Schaumbourg à son frère Philippe. Ce territoire étant un fief relevant en partie de Hesse-Cassel, et en partie de Minden et de Brunswick-Lunebourg, Philippe, après bien des débats, dut céder trois bailliages à Brunswick-Lunebourg et la moitié du reste à Hesse-Cassel; il garda l'autre moitié, mais à titre de fief relevant des Landgraves.

En 1668, Philippe établit le droit de primogéniture, et donna Alverdissen à son second fils. C'est ce qui donna origine aux deux branches de Schaumbourg-Lippe-Buckebourg, par Frédéric-Christian (m. 1728), et de Schaumbourg-Lippe-Alverdissen, par Philippe-Ernest. La ligne aînée s'éteignit, en 1777, dans la personne de Frédéric-Guillaume-Ernest, feld-maréchal au service du Portugal. Philippe-Ernest d'Alverdissen avait droit aux possessions vacantes de la primogéniture; mais lorsqu'il mourut, en 1787, laissant un fils de trois ans, Hesse-Cassel prit possession de Schaumbourg par la raison que le comte Philippe-Ernest était né d'un mariage morganatique; Detmold, d'autre part, faisait valoir des droits à la succession que lui donnaient des arrangements conclus en 1722. Toutefois le fils put entrer en possession des domaines en abandonnant Schieder à Detmold.

Le 5 mai 1807, le comte adhéra à la Confédération du Rhin et prit le titre de Prince. En 1815, il fit partie de la Confédération germanique. En 1812, il céda Alverdissen à Detmold.

1. Lippe-Detmold.

Famille princière.

Culte réformé.

Résid. : *Detmold.*

Prince.

Gonthier Frédéric **Woldemar,** prince de Lippe, seigneur de Schwalenberg et Sternberg, n. 18 av. 1824, fils de Paul Alexandre *Léopold* (n. 6 nov. 1796) et d'*Émilie* Frédérique Caroline (n. 23 av. 1800; mariée 23 av. 1820; m. 2 av. 1867), fille de feu Gonthier, prince de Schwarzbourg-Sondershausen; succ., 8 déc. 1875, à son frère Léopold; marié, 9 nov. 1858, à

Princesse.

Sophie Pauline Henriette, n. 7 août 1834, fille aînée de feu le margrave Guillaume de Bade.

Frères et sœurs du Prince.

1. Feu Paul Frédéric Émile **Léopold**, n. 1er sept. 1821 ; succ. à son père 1er janv. 1851; marié 17 av. 1852, à

   Élisabeth, n. 1er oct. 1833, fille d'Albert, prince de Schwarzbourg-Rudolstadt.
2. Christine Louise Auguste Charlotte, n. 9 nov. 1822; abbesse de Cappel et Lemgo, déc. 1825.
3. Marie Caroline Frédérique, n. 1er déc. 1825.
4. Feu Frédéric Paul Alexandre, n. 18 oct. 1827; m. 21 août 1854.
5. Émile Hermann, n. 4 juill. 1829.
6. Charles Alexandre, n. 16 janv. 1831.
7. Feu Charles, n. 11 oct. 1832 ; m. 1er mai 1834.
8. Caroline Pauline, n. 2 oct. 1834.

Lignes seigneuriales de Lippe.

1. Ligne aînée ou de Lippe-Biesterfeld.

La famille comtale réside au château de *Neudorf*, près Bentschen, dans la province prussienne de Posen.

2. Ligne cadette ou de Lippe-Weissenfeld.

Le comte réside à *Baruth* dans la Haute-Lusace, royaume de Saxe. Une branche de cette ligne est catholique et habite en Autriche.

2. Schaumbourg - Lippe.

Famille princière.

Culte réformé.

Résid. : *Buckebourg.*

Prince.

Adolphe Georges, prince de Schaumbourg-Lippe, comte de Schwalenberg et Sternberg, n. 1er août 1817, fils de *Georges* Guillaume (n. 20 déc. 1784) et d'*Idu* Caroline Louise (n.

26 sept. 1796; m. 12 av. 1869), fille de feu *Georges* Frédéric, prince de Waldeck; succ. à son père, 21 nov. 1860; marié, 25 oct. 1840, à

Princesse.

Hermine, n. 29 sept. 1827, fille de feu *Georges* Frédéric, prince de Waldeck-et-Pyrmont.

Enfants.

1. *Hermine*, n. 5 oct. 1845.
2. Etienne Albert *Georges*, prince hérédit., n. 10 oct. 1846.
3. Pierre *Hermann*, n. 19 mai 1848.
4. Feue *Emma*, n. 16 juill. 1850; m. 25 nov. 1855.
5. *Ida* Mathilde Adélaïde, n. 28 juill. 1852; mariée à Henri XXII, prince régnant de Reuss.
6. *Othon* Henri, n. 13 sept. 1854.
7. *Adolphe* Guillaume, n. 20 juill. 1859.
8. Feue *Emma*, n. 13 juill. 1865; m. 27 sept. 1868.

Frères et sœurs du Prince.

1. Mathilde Auguste Wilhelmine, n. 11 sept. 1818; veuve d'*Eugène* Guillaume, duc de Wurtemberg.
2. Adélaïde Christine Julienne, n. 9 mars 1821; mariée à Frédéric, prince de Schleswig-Holstein-Sonderbourg-Glucksbourg.
3. Feu Ernest, n. 12 déc. 1822; m. 2 av. 1831.
4. Ida Marie Auguste, n. 26 mai 1824.
5. Feue Emma, n. 24 déc. 1827; m. 23 janv. 1828.
6. Guillaume Charles Auguste, n. 12 déc. 1834; marié, 30 mai 1802, à *Bathilde* Amalgonde, n. 29 déc. 1837, fille de feu *Frédéric* Auguste, prince d'Anhalt.

   Enfants: 1. *Charlotte* Marie Ida, n. 10 oct. 1864.

   2. François Joseph, n. 8 oct. 1865.

   3. Frédéric Georges, n. 30 janv. 1868.

   4. Christian *Albert*, n. 24 oct. 1869.

5. *Maximilien* Auguste, n. 13 mars 1871.

6. *Bathilde*, Marie, n. 21 mai 1873.

7. *Prince*, n. 26 ; m. 27 juin 1874.

7. Feu Hermann, n. 31 oct.; m. 23 déc. 1829.

8. Élisabeth Wilhelmine Auguste, n. 5 mars 1841 ; mariée à Guillaume, prince de Hanau (Hesse-Électorale) ; divorcée.

GRANDS-DUCHÉS DE MECKLEMBOURG.

MECKLEMBOURG-SCHWÉRIN ET MECKLEMBOURG-STRÉLITZ.

La maison de MECKLEMBOURG.

Les côtes de la Baltique entre l'Elbe et l'Oder étaient occupées originairement par des peuplades de race germanique. A l'époque de la migration des peuples, des tribus slaves, parmi lesquelles celle des Obotrites était la plus puissante, vinrent s'établir dans le Mecklembourg proprement dit et l'évêché de Schwérin. Depuis l'époque de Charlemagne, elles eurent des démêlés fréquents avec les empereurs d'Allemagne, qui tâchèrent de les soumettre ou de les amener à la civilisation chrétienne, mais sans y réussir; enfin, Henri le Lion conquit le pays, tua dans une bataille le duc Niclot, 1160, força les habitants païens à embrasser le christianisme et à recevoir des colonies et des lois saxonnes.

La dynastie Mecklembourgeoise est aujourd'hui la seule en Europe d'origine slave, et qui gouverne encore les mêmes pays qu'elle possédait primitivement. On fait remonter son origine jusqu'à Witzan, roi des Obotrites du temps de Charlemagne, 980; mais la filiation n'est établie d'une manière authentique que depuis Mistiwoi Billuy, roi des Obotrites (vers 1000).

Pribislaw II, fils de Niclot, recouvra les biens paternels, après s'être réconcilié avec Henri le Lion, 1167; il avait dû lui céder Stargard, Ratzebourg et Schwérin, et accepter pour son fils Henri Burwin Ier la main d'une fille de Henri le Lion. En 1170, Pribislaw fut créé Prince de l'Empire. Ses successeurs, après la chute de Henri le Lion, parvinrent à se soustraire à la suzeraineté des Saxons, et par la bataille de Bornhoeved, 1227, à celle des Danois qui leur avait été imposée ensuite.

En 1228, les fils de Henri Burwin II se partagèrent les domaines et fondèrent quatre lignes: Mecklembourg, Werle, Rostock et Parchim; mais les trois dernières lignes s'éteignirent, et la première seule se perpétua. Elle eut pour souche Jean le théologien, créé docteur en théologie par l'Université de Paris. Henri II, petit-fils de Jean, 1302-29, par son mariage avec la fille du margrave de Brandebourg, ajouta la seigneurie de Stargard à ses États. Les fils de Henri, Albert Ier et Jean Ier, fondèrent les lignes de Mecklembourg et de Stargard; ils furent créés Ducs par l'empereur Charles IV, et admis au conseil des princes de l'Empire, 8 juill. 1348. En 1358, Albert acheta le comté de Schwérin; puis la ligne de Gustrow (branche de Werle) s'étant éteinte en 1436, et celle de Stargard en 1471, Henri le Gras, arrière-petit-fils d'Albert, réunit le Mecklembourg tout entier.

L'électeur de Brandebourg lui disputa d'abord la succession ; le traité de Wittstock mit fin à la contestation, et stipula qu'à l'extinction de la maison de Mecklembourg celle de Brandebourg hériterait.

Le duc Jean-Albert Ier (m. 1576), introduisit le protestantisme dans ses États. Ses fils, Adolphe-Frédéric Ier et Jean-Albert II, fondèrent, 1592, les lignes de Schwérin et de Gustrow; en 1627, ils furent mis au ban de l'Empire à cause de leur alliance avec le Danemark, et dépouillés de leurs duchés, qui furent donnés à Wallenstein. Gustave-Adolphe, roi de Suède, les rétablit dans leurs États. A la paix de Westphalie, Schwérin céda à la Suède la ville de Wismar avec les districts de Pœl et de Neukloster; en échange, il reçut les évêchés sécularisés de Schwérin et de Ratzebourg, ainsi que les commanderies de Mirow et de Nemerow de l'ordre de St-Jean. A Adolphe-Frédéric Ier (m. 1658) succéda, dans le Mecklembourg-Schwérin, son fils Christian-Louis, qui retourna à l'Église catholique, et qui mourut sans postérité en 1692.

Les frères puînés de ce prince avaient formé les lignes de Mirow, de Grabow et de Strélitz. La première s'éteignit avec son fondateur, Jean-Georges, le 9 juill. 1675. A la mort de Christian de Schwérin, ses frères, Frédéric de Grabow et Adolphe-Frédéric II de Strélitz, se disputèrent son héritage ; la querelle s'envenima et se compliqua encore davantage quand la mort de Gustave-Adolphe de Gustrow ouvrit une nouvelle succession, 1695. A la fin, il fut conclu par l'intermédiaire des commissaires impériaux une convention à Hambourg, 1701, en vertu de laquelle la maison de Grabow obtint Schwérin et Gustrow ; et celle de Strélitz les principautés de Ratzebourg, les seigneuries de Stargard, Mirow, Nemerow et une part du produit du péage de l'Elbe à Boitzenbourg. C'est ainsi que se fondèrent les deux lignes de Schwérin et de Strélitz. Le droit de primogéniture fut établi.

Ligne de Mecklembourg-Schwérin. A Frédéric-Guillaume, fils de Frédéric, succéda son frère Charles-Léopold, qui fut destitué par l'Empereur, 11 mai 1728, à cause de ses démêlés avec les Etats de son pays et de sa résistance aux rescrits de l'empire ; son frère cadet, Christian II Louis, fut chargé de l'administration du pays, et Charles-Léopold étant mort sans enfants (2 nov. 1747), il le suivit sur le trône. Lui-même décéda en 1756 ; son fils, Frédéric (m. 1785), ne laissa pas de postérité; il eut pour successeur son neveu Frédéric-François Ier (24 av. 1785), qui racheta de la Suède, en 1803, la ville de Wesmar et l'île de Poel, et acquit sept villages de la principauté de Lubeck, enclavés dans ses États. En 1806, les Français occupèrent le pays, et le duc dut l'abandonner ; mais en 1807 il lui fut restitué, à condition d'adhérer à la Confédération du Rhin. En 1813. Frédéric-François s'unit aux alliés contre la France; il fit ensuite partie de la Confédération germanique et prit le titre de Grand-duc (28 juill. 1815). Son fils, le grand-duc héréditaire Frédéric-Louis, étant mort le 9 nov. 1819, ce fut son petit-fils, Paul Frédéric, qui lui succéda, 1er fév. 1837; le fils de ce prince règne aujourd'hui.

Ligne de Mecklembourg-Strélitz. Le fils cadet d'Adolphe-Frédéric Ier, Adolphe-Frédéric II, obtint dans le partage des biens paternels Strélitz, 1658. Nous avons dit plus haut comment par la convention de Hambourg, Adolphe Frédéric augmenta son territoire. Lui et ses successeurs eurent de fréquents démêlés avec Schwérin, surtout par suite de la communauté des institutions d'État, jusqu'à ce que Adolphe-Frédéric III eut obtenu la reconnaissance formelle de l'indépendance de sa maison, et le droit de convoquer des États dans des circonstances particulières. Charles Louis Frédéric, duc régnant depuis 1794, pour rentrer dans la possession de ses États, se vit forcé d'adhérer à la Confédération du Rhin, 1808, qu'il abandonna après la bataille de Leipzig pour entrer plus tard dans la Confédération germanique. Le congrès de Vienne lui donna le titre de Grand-duc, et ajouta à son pays un territoire d'une population de 10,000 âmes, territoire qu'il vendit à la Prusse, en 1819, pour la somme d'un million de thalers. Charles mourut le 6 nov. 1816, laissant le trône à son fils Georges, père du prince actuellement régnant.

1. Mecklembourg-Schwérin.

Famille grand-ducale.

Conf. Luth.

Résid. : *Schwérin.*

Grand-duc.

Frédéric-François II, grand-duc de Mecklembourg, prince de Wenden, Schwérin et Ratzebourg, comte de Schwérin, seigneur des pays de Rostock et de Stargard, n. 28 fév. 1823; succ., 7 mars 1842, à son père, Paul-Frédéric (n. 15 sept 1800); marié, 1° 3 nov. 1849, à *Auguste* Mathilde Wilhelmine, n. 26 mai 1822, fille de feu Henri LXIII, prince de Reuss-Schleitz-Kœstritz; veuf 3 mars 1863; 2° 12 mai 1864, à Marie *Anne* Wilhelmine Élisabeth Mathilde, n. 25 mai 1843, fille de *Charles* Guillaume Louis prince de Hesse (Darmstadt); veuf 16 av. 1865; 3° 4 juill. 1868, à Rudolstadt, à

Grande-duchesse.

Marie Caroline Augustine, n. 29 janv. 1850, fille de François Frédéric *Adolphe*, prince de Schwarzbourg-Rudolstadt.

Enfants.

Du 1er lit : 1. *Frédéric-François* Paul Nicolas, grand-duc héréditaire, n. 19 mars 1851.

2. *Paul-Frédéric* Guillaume Henri, n. 19 sept. 1852.

3. *Marie* Alexandrine Élisabeth Éléonore, n. 14 mai 1854 ; mariée à Wladimir, fils de l'empereur de Russie.

4. Feu *Nicolas*, n. 18 août 1855; m. 23 janv. 1856.

5. *Jean-Albert* Ernest Constantin, n. 8 déc. 1857.

6. Feu *Alexandre*, n. et m. 13 août 1859.

7. Du 2d lit : *Anne* Élisabeth Augustine, n. 7 av. 1865.

8. Du 3e lit : *Élisabeth* Alexandrine Mathilde. n. 10 août 1869.

9. *Frédéric Guillaume* Adolphe Gonthier, n. 5 av. 1871.

10. *Adolphe-Frédéric* Albert Henri, n. 10 oct. 1873.

Mère du Grand-duc.

Grande duchesse Frédérique Wilhelmine **Alexandrine** Marie Hélène, n. 23 fév., 1803, fille de feu Frédéric-Guillaume III, roi de Prusse; mariée, 25 mai 1822, au grand-duc Paul-Frédéric; veuve 7 mars 1842.

Frère et sœur.

Feue Louise Marie Hélène, n. 17 mai 1824 ; mariée, 20 oct. 1849, à Hugo de Windischgrætz ; m. 6 mars 1859.

Frédéric Guillaume Nicolas, n. 5 mars 1827 ; marié, 9 déc. 1865, à Frédérique Wilhelmine Élisabeth *Alexandrine*, n. 1er fév. 1842, fille de feu Albert, prince de Prusse. Fille : Frédérique Wilhelmine *Charlotte*, n. 7 nov. 1868.

Oncles et Tantes.

a) *Du 1er mariage du grand-père, le grand-duc hérédit.* Frédéric-Louis *(n. 13 juin 1778; m. 29 nov. 1819), avec* Hélène *Paulowna (n. 13 (24) déc. 1784; mariée 11 (23) oct. 1799; m. 24 sept. 1803) fille de l'empereur Paul Ier de Russie.*

1. Feue Marie Louise, etc., n. 31 mars 1803; mariée, 7 oct. 1825, à *Georges* Charles, duc de Saxe-Altenbourg; veuve 3 août 1853; m. 31 mars 1862.

b) *Du 2^d^ mariage du grand-père avec* Caroline *(n. 18 juill. 1786; mariée 1er juill. 1810; m. 20 janv. 1816) fille de Charles-Auguste, grand-duc de Saxe-Weimar.*

2. Feu Albert, n. 11 fév. 1812; m. 18 oct. 1834.
3. Feue Hélène Louise Élisabeth, n. 24 janv. 1814; mariée, 30 mai 1837, à Ferdinand duc d'Orléans; veuve 13 juill. 1842; m. 18 mai 1858.
4. Feu Magnus, n. 2 mai 1815; m. 25 av. 1816.

2. Mecklembourg-Strélitz.

Famille grand-ducale.

Conf. Luth.

Résid. : *Neu-Strélitz.*

Grand-duc.

Frédéric-Guillaume Charles Georges Ernest Adolphe Gustave, grand-duc de Mecklembourg, prince de Wenden, Schwérin et Ratzebourg, seigneur des pays de Rostock et de Stargard, n. 17 oct. 1819; succ., 6 sept. 1860, à son père, *Georges* Frédéric Charles Joseph (n. 12 août 1779); marié, 28 juin 1843, à

Grande-duchesse.

Auguste Caroline Charlotte Élisabeth Marie Sophie Louise princesse de la Grande-Bretagne, d'Irlande et de Hanovre, n. 19 juill. 1823, fille aînée de feu Adolphe, duc de Cambridge.

Fils.

1. *Prince*, n. et m. 13 janv. 1845.

2. Georges *Adolphe-Frédéric* Auguste, grand-duc héréditaire, n. 22 juill. 1848.

Mère du Grand-duc.

Grande-duchesse **Marie** Wilhelmine Frédérique, n. 21 janv. 1796, fille de feu Frédéric, landgrave de Hesse-Cassel; mariée, 12 août 1817, au grand-duc Georges; veuve, 6 sept. 1860.

Frère et sœurs.

1. Feue Louise Caroline Wilhelmine Thérèse Frédérique, n. 31 mai 1818; m. 1/2 fév. 1842.
2. Caroline Charlotte Marianne, n. 10 janv. 1821; mariée, 10 juin 1841, à Frédéric VII, alors prince royal, plus tard roi de Danemark (m. 15 nov. 1863); divorcée 30 sept. 1846.
3. Georges Auguste Ernest Adolphe Charles Louis, n. 11 janv. 1824; marié, 16 fév. 1851, à *Catherine* Michaïlowna, n. 28 août 1827, fille de feu Michel, grand-duc de Russie.

Enfants : 1. *Hélène* Marie, n. 16 janv. 1857.
2. *Georges-Alexandre* Michel, n. 6 juin, 1859.
3. Charles *Michel*, n. 17 juin 1863.

Oncles et Tantes.

a) *Du 1er mariage du grand-père, le grand-duc* Charles II *(n. 10 oct. 1741; m. 6 nov. 1816), avec* Frédérique *(n. 2 août 1752; mariée 18 sept. 1768; m. 22 mai 1782), fille de Georges Guillaume de Hesse-Darmstadt.*

1. Feu Charlotte Georgine Louise Fréd., n. 17 nov. 1769; mariée, 3 sept. 1785, au duc Frédéric de Saxe-Altenbourg.
2. Feue Caroline-Auguste, n. 17 fév. 1771; m. 11 janv. 1773.
3. Feu Georges Charles Frédéric, n. 4 mars 1772; m. 21 mai 1773.
4. Feue Thérèse *Mathilde* Amélie, n. 5 av. 1773; m. 12 fév. 1839, veuve du prince Charles Alexandre de la Tour et Taxis.
5. Feu Frédéric Charles Georges, n. 1er sept.; m. 5 nov. 1774.
6. Feue Louise Auguste Wilh. Amélie, n. 10 mars 1776; mariée, 24 déc. 1793, à Frédéric-Guillaume III, roi de Prusse; m. 19 juill. 1810.

7. Feue Frédérique Caroline Sophie Alexandrine, n. 2 mars 1778 ; mariée 1° 26 déc. 1793, à Fréd. *Louis* de Prusse ; veuve 28 déc. 1796 ; 2° 10 déc. 1798, à Fréd. Guillaume, prince de Solms-Braunfelds ; veuve 13 av. 1814 ; 3° 29 mai 1815, à Ernest-Auguste II, duc de Cumberland, depuis roi de Hanovre ; m. 29 juin 1841.

8. Feu Frédéric Charles Ferdinand, n. 7 janv, 1781 ; m. 24 mars 1783.

9. Feue Auguste-Albertine, n. 19, m. 20 mai 1782.

b) *Du 2d mariage du grand-père avec* Charlotte *Wilhelmine, sœur de sa première épouse (n. 5 nov. 1755 ; mariée 28 sept. 1784 ; m. 12 déc. 1785.*

10. Feu Charles Frédéric Auguste, n. 30 nov. 1785 ; m. 21 sept. 1837.

PRINCIPAUTÉ DE MONACO.

La dynastie des GRIMALDI.

Monaco fut érigé en principauté souveraine par Othon Ier, en 968, en faveur de Grimaldi Ier, fils de Pessano, seigneur d'Antibes, qui laissa son nom à sa race. Les Grimaldi avaient aussi des possessions considérables dans le Milanais et le royaume de Naples. Depuis 1450 Monaco était sous la protection de l'Espagne ; Honoré II s'étant mis sous la protection de la France, par le traité de Peronne de 1641, et ayant reçu garnison française dans sa ville, l'Espagne confisqua ses possessions milanaises et napolitaines. En compensation de ces pertes, Louis XIV céda au prince Honoré le duché de Valentinois, ainsi que le marquisat de Boux, le comté de Carlades dans le Lyonnais, la baronnie de Pouis en Dauphiné, et la seigneurie de Saint-René en Provence.

La ligne mâle des Grimaldi s'éteignit le 26 fév. 1731, dans la personne d'Antoine Grimaldi, dont la fille avait épousé, 20 oct. 1715, Jacques François Léon de Goyon-Matignon d'une antique noblesse de Bretagne. La souveraineté de la principauté passant aux femmes et se transmettant par elles, ce fut son petit-fils, né de sa fille, qui lui succéda. Le père de celui-ci avait consenti, lors de son mariage en 1715, à prendre le nom et les armes de Grimaldi, à condition que le duché-pairie de Valentinois, érigé en 1642 en faveur d'Honoré II, lui serait transféré par son beau-père, ce qui eut lieu par suite de la cession faite le 20 oct. 1715 et vérifiée au Parlement le 13 déc. 1716.

Le 14 fév. 1793, la principauté de Monaco fut réunie à la France. La paix de Paris du 30 mai 1814 la rendit à son légitime souverain, Honoré IV, dans les mêmes relations avec la France. Le traité de Paris du 20 nov. 1815 la mit sous la protection de la Sardaigne. Le roi de Sardaigne s'engagea en 1817, par un traité particulier, à maintenir la souveraineté du prince sur Monaco, Menton et Roquebrunne. Aussi, quand, en 1848, Charles-Albert fit occuper par ses troupes Menton et Roquebrunne pour les annexer à ses États, les puissances signataires des traités de 1814 et 1815 s'opposèrent à cette violation du droit.

Le 2 fév. 1861, le prince, par un traité conclu avec Napoléon III, céda ces deux villes à la France contre une indemnité de quatre millions de francs.

La principauté ne comprend aujourd'hui que la ville de Monaco et Monte Carlo.

Famille princière.

Catholique.

Résid. : Six mois à *Monaco* et six mois à Paris.

Prince.

Charles III Honoré, prince de Monaco, etc., n. 8 déc. 1818, succ. à son père, le prince Florestan Ier (n. 10 oct. 1785), 20 juin 1856; marié, 28 sept. 1846, à *Antoinette* Ghislaine, née comtesse de Mérode (n. 28 sept. 1828); veuf, 10 fév. 1864.

Fils.

Albert Honoré Charles, prince héréditaire, *duc de Valentinois*, n. 13 nov. 1848, grand d'Espagne de 1re classe; marié, 21 sept. 1869, à *Marie* Victoire, n. 11 déc. 1850, fille de feu Guillaume Alexandre Archibald Antoine, duc d'Hamilton, Brandon et Châtellerault, et de Marie, fille de feu *Charles* Louis Frédéric, grand-duc de Bade.

Fils : *Louis* Honoré Charles Antoine, n. 12 juill. 1870.

Mère du Prince.

Princesse Marie Louise *Caroline* Gabrielle, n. 18 juill. 1793; mariée 27 nov. 1816 ; veuve 20 juin 1856.

Sœur.

Florestine Gabrielle Antoine, n. 22 oct. 1833; mariée, 15 fév. 1863, à Frédéric *Guillaume*, duc d'Urach, comte de Wurtemberg; veuve 16 juill. 1869.

GRAND DUCHÉ D'OLDENBOURG.

La dynastie de **HOLSTEIN-GOTTORP**.

Nous avons vu plus haut (v. Danemark et maison de Holstein) que c'est de l'ancien comté d'Oldenbourg qu'est originaire la maison dite aujourd'hui de Holstein, et primitivement d'Oldenbourg.

On croit pouvoir remonter historiquement jusqu'à Égilmar, 1088-1108, qualifié dans les documents de « *Comes in confinio Saxoniæ et Frisiæ* » comte sur les confins de la Saxe et de la Frise. Son petit-fils Christian II se rencontre, 1148, avec le titre de comte d'Oldenbourg. Le fils de celui-ci, Christian III le Belliqueux, défendit le comté contre Henri le Lion, duc de Saxe, 1167. Son neveu, Christian IV, 1209-44, eut pour successeur Jean Ier, 1244-63, dont les fils, Christian V et Othon V, fondèrent les maisons comtales d'Oldenbourg et de Delmenhorst Thierry le Fortuné d'Oldenbourg (m. 22 janv. 1440) réunit les deux comtés par son mariage avec Adélaïde, fille et héritière d'Othon VIII, dernier comte de Delmenhorst.

Des trois fils de Thierry, le premier, Maurice, garda Delmenhorst ; le second, Christian VIII d'Oldenbourg, étant devenu roi de Danemark, le troisième, Gérard le Belliqueux, obtint l'Oldenbourg en 1454. Maurice mourut sans postérité, le 2 août 1464, et Gérard réunit les deux comtés.

La lignée de Gérard s'éteignit en 1667. En vertu d'une transaction conclue en 1648 entre Frédéric III, roi de Danemark, et le duc Frédéric III de Holstein-Gottorp, les deux comtés devaient être partagés entre eux ; mais le duc Joachim-Ernest de Sonderbourg-Plœn ayant réclamé contre cette transaction elle resta sans effet. Il s'engagea un procès entre Joachim-Ernest et Frédéric de Gottorp relativement à Oldenbourg ; Frédéric le perdit et le comté échut au duc de Plœn, qui le céda, en 1676, au Danemark. La seigneurie de Jever avait été donnée à Anhalt-Zerbst (1), et celle de Kniphausen laissée à Antoine, fils naturel d'Antoine-Gonthier, le dernier comte d'Oldenbourg.

En 1773 (lorsque la partie gottorpienne du Holstein passa au Danemark, du consentement de Catherine II et de son fils le grand-duc, plus tard l'empereur Paul Ier), les comtés d'Oldenbourg et de Delmenhorst furent cédés à la Russie. Paul Ier les donna immédiatement (14 juill. 1773) à la branche cadette de sa maison, en la personne de Frédéric-Auguste, prince-évêque de Lubeck, qui en prit possession le 25 nov. 1774. L'empereur Joseph II approuva cet échange, et érigea les comtés en grand-duché d'Oldenbourg, 29 déc. 1774.

(1) Jean III d'Anhalt-Zerbst était marié à Sophie Auguste, fille du duc de Gottorp.

Guillaume, fils de Frédéric-Auguste, ayant perdu la raison, son cousin germain, Pierre, fut chargé de l'administration du pays. Par un recez de l'Empire de 1803, Pierre obtint l'évêché et le chapitre de Lubeck en échange de quelques villages cédés à la ville de Lubeck, et prit le titre de prince de Lubeck; il obtint aussi la principauté d'Eutin, qui depuis 1586 avait presque toujours été la possession de la ligne cadette de Gottorp. En 1808, il entra dans la Confédération du Rhin; en 1810, Napoléon Ier incorpora Oldenbourg à son empire, offrant au prince Erfurt en compensation, ce que celui-ci refusa. En 1813, le duc rentra en possession de ses Etats, et reçut du congrès de Vienne le titre de Grand-duc, qui ne fut pris que par son fils. En 1817, il reçut la principauté de Birkenfeld enclavée dans la Prusse rhénane, et le 18 avril 1818 la maison impériale de Russie lui donna la seigneurie héréditaire de Jever, dont il ne prit possession qu'en 1823.

A la mort de son cousin Guillaume Pierre Frédéric (2 juill. 1823), Pierre lui succéda; son petit-fils règne aujourd'hui.

Famille grand-ducale.

Conf. Luth.

Résid. : *Eutin.*

Grand-duc.

Nicolas Frédéric **Pierre II**, grand-duc d'Oldenbourg, héritier de Norwége, duc de Schleswig, Holstein, Stormarn, Ditemarsche et d'Oldenbourg, prince de Lubeck et de Birkenfeld, seigneur de Jever et de Kniphausen, etc., etc., n. 8 juill. 1827, fils du grand-duc Paul Frédéric *Auguste* (n. 13 juill. 1783) et de sa seconde femme Ida (n. 10 mars 1804; mariée 24 juin 1825; m. 30 mars 1828), fille cadette de feu le prince Victor II d'Anhalt-Bernbourg-Schaumbourg; succ. à son père 27 fév. 1853; marié, 10 fév. 1852, à

Grande-duchesse.

Élisabeth Pauline Alexandrine, n. 26 mars 1826, fille de feu Joseph, duc de Saxe-Altenbourg.

Enfants.

1. Frédéric *Auguste*, grand-duc hérédit., n. 16 nov. 1852.

2. *Georges* Louis, n. 27 juin 1855 ; propriétaire (par héritage) de la seigneurie de Schaumbourg.

3. Princesse morte-née, 19 mai 1857.

Frères et sœurs consanguins du Grand-duc.

a) *Sœurs du 1er mariage du père avec Adélaïde (n. 23 fév. 1800; mariée, 22 juill. 1817 ; m. 13 sept. 1820), sœur aînée d'Ida, seconde épouse du Grand-duc.*

1. Feue Marie Frédérique Amélie, n. 21 déc. 1818 ; mariée, à Othon Ier, roi de Grèce ; veuve, 21 juill. 1867 ; m. 20 mai 1875.

2. Élisabeth Marie Frédérique, n. 8 juin 1820 ; mariée.

b) *Frères du 3e mariage du père avec Cécile (n. 22 juin 1807 ; mariée 5 mai 1831 ; m. 27 janv. 1844), fille de feu Gustave IV Adolphe, roi de Suède.*

4. Feu Alexandre, n. 16 juin 1834 ; m. le 6 juin 1835.

5. Feu Auguste, n. 14 fév. 1836 ; m. 30 av. 1837.

6. Antoine Élimar, n. 23 janv. 1844.

Descendants de l'oncle,

feu Pierre Frédéric Georges, *n. 9 mai 1784 ; marié, 3 août 1809, à* Catherine *Paulowna (n. 10* (21) *mai 1788, m. 9 janv. 1819, fille de feu Paul, empereur de Russie, depuis reine de Wurtemberg); m. 27 déc. 1812.*

1. Feu Pierre *Alexandre*, n. 30 août 1810 ; m. 16 nov. 1829.

2. Constantin Frédéric *Pierre*, n. 26 août 1812 ; marié, 23 av. 1837, à *Thérèse* Wilhelmine, n. 17 av. 1815, fille de feu Guillaume, duc de Nassau ; veuf 8 déc. 1871.

Enfants : 1. *Alexandra* Petrowna (ci-devant *Alexandra* Frédérique Wilhelmine), n. 2 juin 1838 ; mariée au grand-duc *Nicolas* Nicolaïewitch de Russie :

2. *Nicolas* Auguste, n. 9 mai 1840 ; marié.

3. Feue *Cécile*, n. 27 fév. 1842 ; m. 10 janv. 1843.

4. *Alexandre* Constantin, n. 2 juin 1844 ; marié, 19 janv. 1868, à *Eugénie* Maximilianowna, fille de feu Maximilien, duc de Leuchtenberg.

Fils : *Constantin* Pierre, n. 9 mai 1850.

5. Feue *Catherine* Pauline, n. 21 sept. 1846 ; m. 23 juin 1866.
6. Feu *Georges* Alexandre, n. 17 av. 1848 ; m. 7 mars 1871.
7. Feu *Constantin* Pierre, n. 9 mai 1850.
8. Thérèse Olga, n. 30 mars 1852.

ROYAUME DES PAYS-BAS.

La dynastie de NASSAU.

La famille qui règne dans les Pays-Bas représente la ligne cadette de l'antique maison de Nassau, dont l'origine se perd, on peut le dire, dans la nuit des temps. Nous ne nous arrêterons pas aux divers systèmes qui ont tâché d'éclaircir cette origine, parce que aussi longtemps que des documents nouveaux ne viendront pas jeter un jour plus grand, ils n'auront jamais pour eux qu'une probabilité plus ou moins grande.

L'ancienne principauté (depuis 1806 duché) de Nassau, une des plus belles contrées de l'Allemagne, doit son nom au château de Nassau sur la Lahn, que Robert et Arnould, seigneurs de Laurenbourg acquirent de l'évêché de Worms. On rencontre en 1159 les fils de ces deux princes, Walram et Robert II, avec le titre de « Comtes de Nassau » ; ils accompagnèrent Frédéric Ier à la croisade.

Le fils de Walram, Henri le Riche (m. vers 1250), laissa deux fils, Walram et Othon, qui fondèrent deux lignes encore existantes aujourd'hui : l'aînée ou ligne Walramienne, qui a régné jusqu'à nos jours dans le pays originaire, le duché de Nassau ; la cadette ou ligne Othonienne occupe le trône des Pays-Bas. Dans un partage du 16 déc. 1255, Walram avait obtenu la partie sud des possessions paternelles, comprenant les comtés de Wiesbaden, Idstein, Weilbourg et la moitié de Nassau ; Othon la partie nord, c'est-à-dire, Hadamar, Dillenbourg, Belstein et Siegen, avec l'autre moitié de Nassau.

Ligne Walramienne. — Adolphe de Nassau, fils de Walram, devint empereur d'Allemagne, 1292, mais perdit la couronne et la vie, 1298, en combattant contre son compétiteur Albert d'Autriche. Les petits-fils de ce prince, Adolphe Ier et Jean Ier, commencèrent, le premier, la branche de Wiesbaden Idstein, le second, celle de Weilbourg, qui acquit Saarbruck par héritage. La branche aînée s'étant éteinte dans la personne de Jean-Louis en 1605, Louis II de Weilbourg réunit tous les biens de la ligne Walramienne.

Les fils de Louis se les partagèrent de nouveau, et fondèrent les branches de Nassau-Saarbruck, Nassau-Idstein et Nassau-Weilbourg. Idstein finit en 1721 avec le petit-fils du fondateur. Nassau-Saarbruck se divisa, en 1640, en trois rameaux : Ottweiler, Saarbruck et Usingen. Ceux d'Ottweiler et de Saarbruck finirent à la seconde génération, 1728 et 1713, et Usingen acquit leurs domaines.

Le 4 août 1688, l'empereur Léopold Ier renouvela pour les différentes branches de la ligne de Walram la dignité de prince de l'Empire, déjà conférée, en 1366, par Charles IV à Jean Ier de Weilbourg ; la ligne de Weilbourg ne le prit qu'en 1737.

En 1806, les maisons d'Usingen et de Weilbourg accédèrent à la Confédération du Rhin ; elles réunirent leurs possessions en un duché indivisible qui devait être gouverné en commun par les deux, Usingen avec le titre ducal, comme étant l'aînée, et Weilbourg avec le titre princier. Le congrès de Vienne reconnut à la ligne Walramienne le droit de succession sur le Luxembourg à l'extinction de la ligne Othonienne ; ce droit fut racheté, en 1839, par le roi des Pays-Bas pour une somme d'argent. Le 24 mars 1816, finit en la personne de Frédéric Auguste, la ligne d'Usingen et Guillaume de Weilbourg réunit tous les pays de la ligne Walramienne.

Son fils Adolphe, fut le dernier duc-régnant de Nassau. Ses États furent occupés en juillet 1866 par les Prussiens, auxquels il avait refusé de se liguer contre l'Autriche ou de garder la neutralité, et par décret du 20 sept. suivant ils furent déclarés réunis à jamais au royaume de Prusse. Un traité pour les biens a été conclu entre le duc et la couronne de Prusse à la fin de sept. 1867.

Ligne Othonienne. — Comme il est arrivé souvent dans l'histoire, la ligne cadette a été plus favorisée par la fortune que l'aînée.

Cette ligne fondée par Othon (m. vers 1290), acquit des possessions dans les Pays-Bas, et se divisa en 1516, en deux nouvelles lignes : celle des Pays-Bas et celle d'Allemagne, ou de Dillenbourg. René, dernier mâle de la ligne des Pays-Bas, hérita, par sa mère, de la principauté d'Orange, au sud de la France. René prit pour devise : *Je maintiendrai Nassau*, qui est restée celle de la maison d'Orange. Mort sans héritier en 1544, il laissa ses biens au fils aîné de son oncle Guillaume le Riche de Dillenbourg (tige de la ligne allemande), savoir, à Guillaume Ier, devenu si fameux sous le nom de Taciturne, qui prit le titre de prince d'Orange.

On sait le rôle que joua le Taciturne dans la révolte des Pays-Bas contre l'Espagne. En récompense de ses services, il fut nommé Stadhouder, capitaine et amiral-général des sept provinces du nord, signataires de l'Union d'Utrecht (23 janv. 1579) : Hollande, Zélande, Utrecht, Gueldre, Groningue, Frise et Over-Yssel ; il était sur le point d'être proclamé comte héréditaire des trois premières provinces, quand il fut tué à Delft par Balthazar Gérard (10 juill. 1584). Les États de Hollande et de Zélande, conférèrent le Stadhouderat, pour ces provinces, à son fils Maurice, et le nommèrent capitaine et amiral.

Ce prince, fameux général, vit s'accroître sous son gouvernement, 1585-1625, la puissance, l'autorité et la richesse de la République ; mais les conflits religieux furent funestes au pays. A sa mort, son frère Frédéric-Henri fut nommé au stadhoudérat. Sous son administration la République parvint à l'apogée de la grandeur. Son commerce s'étendait sur toutes les côtes du monde civilisé. Il mourut le 14 mars 1647. Il n'avait pas vécu assez longtemps pour voir l'indépendance de la République des Provinces-Unies des Pays-Bas sanctionnée par la paix de Westphalie et reconnue par l'Espagne. La guerre de l'indépendance avait duré quatre-vingts ans, 1568-1648.

Guillaume II succéda à son père à l'âge de vingt-deux ans; mais il mourut le 6 mai 1650, huit jours avant la naissance de son fils devenu célèbre sous le nom de Guillaume III.

A la mort de Guillaume II, les Etats-généraux abolirent le stadhoudérat, et le gouvernement passa à quelques hommes énergiques, tels que le Pensionnaire Cats et plus tard le célèbre Jean de Witt, qui conduisit les affaires de la République avec vigueur et intelligence (Époque glorieuse de la marine hollandaise, Tromp, de Ruyter, etc.). L'invasion des Français sous Louis XIV, au printemps de 1672, peu après l'assassinat du Pensionnaire Jean De Witt, ramena la maison d'Orange au pouvoir. Toute la vie de Guillaume III fut employée à défendre la liberté de l'Europe contre le despotisme de Louis XIV. A la suite de ses succès, Guillaume fut proclamé stadhouder-héréditaire, 1674. La paix de Nimègue, 1678, mit fin à cette première guerre avec la France. En 1677, Guillaume avait épousé Marie, fille du duc d'York, plus tard, Jacques II. Appelé en Angleterre par un parti de mécontents, il renversa son beau-père et devint roi d'Angleterre, 1688. Il engagea la République, en communauté avec l'Angleterre, l'Autriche et l'Espagne, dans une nouvelle guerre avec la France qui ne fut terminée qu'en 1697 par la paix de Ryswyck.

Guillaume III mourut, à la suite d'une chute de cheval, le 19 mars 1702. Sa belle-sœur, Anne, lui succéda en Angleterre ; la Hollande, la Zélande, Utrecht et l'Over-Ysel rétablirent le gouvernement tel qu'il avait été de 1650 à 1672. Hensius fut grand-pensionnaire, 1702 à 1720.

Avec Guillaume III s'était éteinte la ligne aînée de la descendance d'Othon. La ligne cadette ou Allemande, fondée par Jean de Nassau, frère du Taciturne, s'était divisée à sa mort en quatre branches: Siegen, Dillenbourg, Dietz, Hadamar, (La première, la seconde et la quatrième se sont éteintes respectivement en 1743, 1739 et 1711). Jean-Guillaume Frison de Dietz, stadhouder héréditaire de Frise, hérita dans les Pays-Bas, du droit de son aïeule, Albertine, fille de Frédéric-Henri et tante de Guillaume III, et prit le titre d'Orange; Frédéric Ier de Prusse, issu de Louise, sœur d'Albertine, hérita Orange, Neufchâtel, Valengin, et les comtés de Lingen et de Mœrs.

Guillaume Frison, âgé de vingt ans, se mit à la tête de l'armée hollandaise, dans la guerre de succession d'Espagne, mais se noya au Mœrdijk en 1711, avant que la paix d'Utrecht y eût mit fin. Cette paix de

1713 clôture l'époque glorieuse de la Néerlande (traité des Barrières).

En mai 1747, pendant la guerre de succession d'Autriche, le stadhoudérat-général-héréditaire fut rétabli en faveur de Guillaume Charles Henri Frison, dit Guillaume IV. Il mourut en 1751, laissant un fils de trois ans, Guillaume V, qui lui succéda sous la tutelle de sa mère Anne. A sa majorité, 1766, il prit les rênes du gouvernement. Sous l'excitation de l'exemple de la France, il se forma un parti de soi-disant patriotes, hostiles à la maison d'Orange, qui forcèrent le stadhouder à s'éloigner ; mais son beau-père, le roi de Prusse, le fit rétablir par ses troupes, 1787.

En 1795, les Français, sous la conduite de Pichegru, s'emparèrent des Pays-Bas et les érigèrent en République Batave. Guillaume V abdiqua le pouvoir et s'embarqua pour l'Angleterre (8 janv. 1795). Les années qui suivirent furent des plus calamiteuses pour le pays, jusqu'à ce que Napoléon mit à sa tête, avec le titre de Pensionnaire du Conseil, Rutger Jean Schimmelpennick, homme d'État de haute capacité qui tâcha de porter remède à ces maux, 1805.

Au régime républicain succéda, le 5 juin 1806, la royauté de Louis Bonaparte, de par la volonté de son frère l'empereur Napoléon. Il gouverna de manière à se faire aimer de son peuple, mais au mécontentement de son frère. Il abdiqua le 1er juill. 1810, en faveur de son fils aîné, mais Napoléon incorpora la Hollande à l'empire français.

Après la bataille de Leipzig les Français durent évacuer la Hollande, un gouvernement provisoire fut constitué et le prince d'Orange, fils de Guillaume (mort dans l'exil en 1806) fut rappelé d'Angleterre. Il aborda à Scheveningen le 30 nov. 1813. Le 1er déc. il fut proclamé Prince souverain sous le nom de Guillaume Ier, et inauguré solennellement le 30 mars de l'année suivante. Le congrès de Vienne réunit la Belgique à la Hollande, dans la forme d'un Royaume des Pays-Bas sous la souveraineté héréditaire de Guillaume Ier, qui devint en même temps Grand-duc de Luxembourg. Le 21 sept. 1815, le roi fit son entrée à Bruxelles.

En 1830, la Belgique se sépara de la Hollande pour former un royaume indépendant, qui ne fut reconnu par Guillaume qu'en 1839 par l'acceptation des vingt-quatre articles.

Guillaume Ier abdiqua le 7 oct. 1840, en faveur de son fils le prince d'Orange, qui lui succéda sous le nom de Guillaume II. Il mourut à Tilbourg à la suite d'une courte maladie, le 17 mars 1849, laissant le trône à son fils Guillaume III.

I. Ligne cadette ou d'Othon.

Famille royale.

Culte réformé.

Résid. : *La Haye*, et *Amsterdam*.

Roi.

Guillaume III Alexandre Paul Frédéric Louis, roi des Pays-Bas, prince d'Orange-Nassau, grand-duc de Luxembourg, n. 19 fév. 1817, fils du roi *Guillaume II* Frédéric Georges Louis (n. 6 déc. 1792) et d'*Anne* Paulowna (n. 7 (18) janv. 1795; mariée 21 fév. 1816; m. 1er mars 1865), fille de Paul Ier de Russie; succ. à son père, 17 mars 1849; marié, 18 juin 1839, à

Reine.

Sophie Frédérique Mathilde, n. 17 juin 1818, fille de feu Guillaume Ier, roi de Wurtemberg.

Fils.

1. *Guillaume* Nicolas Alexandre, *prince d'Orange*, n. 4 sept. 1840.
2. Feu *Maurice*, n. 15 sept. 1843 ; m. 4 juin 1850.
3. Guillaume *Alexandre* Charles, n. 25 août 1850.

Frères et sœurs du Roi.

1. Feu Guillaume Alexandre, n. 2 août 1818; m. 20 fév. 1848.
2. Guillaume Frédéric Henri, n. 13 juin 1820; lieutenant du roi dans le grand-duché de Luxembourg ; marié, 19 mai 1853, à *Amélie* Marie-da-Gloria, n. 20 mai 1830, fille de feu Bernard, duc de Saxe-Weimar-Eisenach; veuf, 1er mai 1872.
3. Feu Ernest, n. 21 mai ; m. 22 oct. 1822.
4. Wilhelmine Marie Sophie, n. 8 av. 1824 ; mariée à Charles-Alexandre, grand-duc de Saxe-Weimar-Eisenach.

Oncle et tantes.

1. Feu Louise-Pauline, n. 1er mars 1800 ; m. 20 déc. 1806.

Tableau généalogique de

Jean I

5e desc

Engelbert II,
m. 1504
(Pays-Bas.)

Henri III,
m. 1538
(**Pays-Bas.**)
2° *Claudie hér. d'Orange*, m. 1521

René,
de Nassau-Orange,
n. 1519,
m. 1544.

Guillaume (II) Ier le Taciturne,
n. 14 av. 1533, Prince d'**Orange**. 1544,
Stadhouder, 15 juill. 1572,
tué 10 juill. 1584.
13 enf. de 4 femmes.

Louis,
n. 1538,
m. 1574.

Philippe Guillaume
(Orange, partage du 27 juin 1609),
n. 1554, m. 1618.

Maurice,
(Veere et Flessingue, 1609,)
(Orange, 1618),
n. 14 nov. 1567, m. 13 av. 1625.

Frédéric Henri,
(Gertruidenberg, 1609),
(Tous les biens, 1625),
n. 24 fév. 1582, m. 14 mars 1647.

Louise,
n. 1627, m. 1667,
Fréd. Guill. de Pr., m. 1688.

Guillaume II,
n. 27 mai 1626, m. 6 nov. 1650.
Marie, f. de Ch. Ier d'Angl., m. 1660.

Albertine,
n. 1634, m. 1696.
Guill. Fréd. de Nass.-Di

Guillaume III,
R. d'Angleterre, 21 fév. 1689,
n. 14 nov. 1650, m. 8 mars 1702.
Marie II, R. d'Anglet., m. 1694.

He
n. 1
Amélie d'A

Jean Gui
hérite dans les P
n. 4 août 1
M. Louise de

Guil
n. 1er sept. 1
Anne, f. de Georg

Guil
n. 8 mars 1
Wilhelmine, f. G

Frédérique,
n. 1770, m. 1819.
Ch. de Brunswick,
m. 1806

Guil
R. des Pays-B
n. 24 août 1772, abd. 7
1° *Wilhelmine, f. de Fr*
2° *Henriette d'Oultrem*

Guil

Guil

LIGNE OTHONIENNE de NASSAU.

illenbourg,
75,
Othon, m. vers 1290.

516
agne.)

Guillaume Ier le Riche,
m. 1559
(Allemagne.)
14 enf. de 2 femmes.

Adolphe,
n. 1540,
m. 1568.

Henri,
n. 1550,
m. 1574.

Jean Ier,
(Dillenbourg-Siegen, etc.)
n. 1536, m. 1606.
25 enf. de 3 femmes.

Ernest Casimir,
n. 1575, m. 1604.
(Dietz.)

Jean II,
n. 1561, m. 1607.
(Siegen.)
23 enf. de 2 femmes.

Georges,
n. 1562, m. 1623.
(Dillenbourg.)

Jean Louis,
m. 1655.
(Hadamar.)

Guill. Fréd.
r. de l'Emp., 1652, m 1664.
lbertine de Nass.-Orange.

Jean III,
n. 1585,
m. 1638.

Henri,
n. 1611,
m. 1652.

Louis Fréd.,
Pr. de l'Emp., 25 nov.
1652, m. 1662.

Maurice Henri,
n. 1629,
m. 1674.

asimir II,
mars 1694.
essau, *m.* 1724.

J. Fréd. Désiré,
Pr. de l'Emp.
25 nov. 1652,
m. 1699.

Guill. Maurice,
Pr. de l'Emp.,
24 nov. 1679,
m. 1691.

Georges Louis,
n. 1618,
m. 1656.

Franç. Alex.,
n. 1674.
m. **1711**.

RISON,
range à la Prusse),
. 14 juill. 1711.
assel, *m.* 1765.

Guill. Hyacinthe,
n. 1666.
m. 1743.

Adolphe,
n. 1680,
m. 1722.

Henri,
n. 1641,
m. 1700.

e IV,
., 22 oct. 1751.
Angl., *m.* 1759.

Fréd. Guill.,
n. 1706,
m. **1730**.

Guill.,
n. 1670,
m. **1724**.

e V,
. 9 av. 1806.
. r. de Prusse, m. 1820.

e Ier,
fév. 1815,
40, m. 12 déc. 1843.
uill. II, R. de Prusse, m. 1837;
mtesse de Nassau, m. 1864.

e II.

e III.

2. Guillaume **Frédéric** Charles, n. 28 fév. 1797, marié, 21 mai 1825, à *Louise* Auguste, n. 1er fév. 1808, fille de feu Frédéric-Guillaume III, roi de Prusse; veuf 6 déc. 1870.

Enfants : 1. Feue Wilhelmine Frédérique *Louise*, n. 5 août 1828; mariée, 19 juin 1850, à Charles XV de Suède; m. 30 mars 1871.

2. Feu *Frédéric*, n. 6 juill. 1833; m. 1er nov. 1834.

3. Feu *Guillaume* Fréd., n. 22 août 1836; m. 23 janv. 1846.

4. Anne *Marie*, n. 5 juill. 1841; mariée, 18 juill. 1871, à Guillaume, prince de Wied.

3. Louise *Marianne*, n. à Berlin, 9 mai 1810; mariée, 14 sept. 1830, à Fréd. Henri *Albert*, prince de Prusse (m. 14 sept. 1872); divorcée, 28 mars 1849.

2. Ligne aînée ou de Walram, ci-devant régnante.

Famille ducale de Nassau.

Conf. évangélique.

Duc.

Adolphe Guillaume Auguste Charles Frédéric, duc de Nassau, comte palatin du Rhin, n. 24 juill. 1817; succ., 20 août 1839, à son père le duc *Guillaume* Georges Auguste Henri Belge (n. 14 juin 1792); dépossédé en 1866; marié, 1° 31 janv. 1844, à *Élisabeth* Michaïlowna (n. 14 (26) mai 1826); fille de feu Michel, grand-duc de Russie; veuf, 28 janv. 1845; 2° 23 av. 1851, à

Duchesse.

Adélaïde Marie, n. 25 déc. 1833, fille de *Frédéric* Auguste, prince d'Anhalt-Dessau.

Enfants.

Du 1er lit: 1. *Princesse*, morte-née, 27 janv. 1845.

Du 2d lit: 2. *Guillaume* Alexandre, prince hérédit., n. 22 av. 1852.

3. Feu *Frédéric*, n. 23 sept. 1854; m. 23 oct. 1855.

4. Feue *Marie*, n. 14 nov.; m. 28 déc. 1857.

5. Feu *François* Joseph, n. 30 janv. 1859; m. à Vienne, 20 av. 1875.

6. *Hilda* Charlotte, n. 5 nov. 1864.

Frères et sœurs du Duc.

a) Du 1er mariage du père avec Louise *Charlotte Frédérique Amélie (n. 28 janv. 1794; mariée 24 juin 1813 ; m. 6 av 1825), fille de feu Frédéric duc de Saxe-Altenbourg.*

1. Feue Auguste, n. 13 av.; m. 3 oct. 1814.
2. Feue Thérèse Wilh. Fréd. Isabelle, n. 17 av. 1815; mariée, 23 av. 1837, à Constantin Fréd. *Pierre,* duc d'Oldenbourg ; m. 8 déc. 1871.
3. Feu Guillaume, n. 8 sept. 1819 ; m. 28 av. 1825.
4. Feu Maurice Auguste, n. 21 nov. 1820; m. 23 mars 1850.
5. Feue Marie, n. 5 av. 1822 ; m. 3 av. 1824.
6. Feu Guillaume, n. 12 août 1823; m. 28 déc. 1828.
7. Marie Élisabeth, n. 29 janv. 1825; mariée, 20 juin 1842, à Hermann, prince de Wied; veuve 5 mars 1864.

b) Du 2d mariage du père avec Pauline *Frédérique Marie (n. 25 fév. 1810; mariée 23 av. 1829; m. 7 juill. 1856), fille de feu Paul, prince de Wurtemberg.*

8. Princesse, n. 27; m. 28 av. 1830.
9. Hélène Henriette Pauline, n. 12 août 1831; mariée à Georges, prince régnant de Waldeck-et-Pyrmont.
10. Nicolas Guillaume, n. 20 sept. 1832; marié morg.
11. Sophie Marianne, n. 9 juill. 1836; mariée à Oscar II, roi de Suède et Norwége.

ROYAUME DE PORTUGAL.

La maison de BRAGANCE.

La maison de Bragance, qui règne en Portugal et au Brésil, descend, mais de bâtard en bâtard, du comte Henri de Bourgogne (m. 1114), petit-fils de Robert Ier (m. 1075) duc de Bourgogne et tige de la première maison de ce nom, et qui était lui-même petit-fils de Hugues Capet. Les comtes bourguignons Raymond et Henri, qu'unissaient des liens de parenté, étaient venus en Espagne avec d'autres chevaliers de France pour aider leurs coreligionnaires dans leurs luttes contre les Maures. La haute naissance et la valeur de Henri lui gagnèrent à tel point l'estime d'Alphonse VI, roi de Castille et de Léon, qu'il lui donna en mariage sa fille Thérèse, et lui abandonna comme fief tous les pays en deçà du Tage, entre le Minho et le Douro, qui portaient déjà alors le nom de Portugal, avec la pleine souveraineté héréditaire sur tous ceux qu'il enlèverait aux Maures. Avant de mourir, 1109, Alphonse donna à son beau-fils la souveraineté héréditaire de tous ces pays.

Henri agrandit ses possessions de provinces conquises sur les infidèles; son fils Alphonse Henrique fut proclamé roi de Portugal le 25 juill. 1139, après la célèbre victoire d'Ourique remportée sur cinq rois maures, et devint le véritable fondateur de la dynastie portugaise.

Neuf descendants légitimes de Henri de Bourgogne occupèrent le trône pendant huit générations, jusqu'en 1383, année de la mort de Ferdinand Ier. Cet espace de trois cents ans fut une époque de formation : le royaume de Portugal se constitue par les conquêtes faites sur les Maures.

A la mort de Ferdinand Ier, son frère naturel, Jean Ier, grand maître d'Avis, monta sur le trône par le vœu de la nation et malgré les prétentions du roi de Castille, 1385. Son fils Édouard lui succéda, tandis que son fils naturel, Alphonse, venu d'Agnès Perez, fonda la maison de Bragance aujourd'hui régnante. Le règne de la maison d'Avis qui dura plus de deux cents ans, sous huit souverains et neuf générations, fut l'époque la plus brillante du Portugal. Elle est marquée par l'extension du commerce, de la navigation, par les grandes découvertes et les immenses acquisitions des Portugais aux Indes. Elle finit en 1580, avec le cardinal Henri, dernier descendant légitime de Jean Ier.

A la mort de Henri, Philippe II s'empara du Portugal du droit de sa première femme, Marie, fille de Jean III (frère du cardinal Henri) et de sa mère Isabelle, sœur de ce prince. Le Portugal resta soixante ans sous la domination espagnole. Traité en province conquise, accablé d'impôts, son commerce fut ruiné, ses colonies enlevées par les Hollandais, tout le pays réduit à un état misérable. L'oppression appela la révolution. Elle éclata en 1640 ; elle fut générale, prompte et ne coûta presque pas de sang. Le chef de la maison de Bragance, possesseur du tiers du pays, dont l'aïeule était nièce du cardinal Henri, prit la couronne sous le nom de Jean IV. Des guerres heureuses assurèrent l'indépendance contre l'Espagne. En 1654, le Brésil et quelques autres colonies de moindre importance revinrent au Portugal, mais ses possessions aux Indes orientales restèrent à jamais perdues. Une union politique intime avec l'Angleterre caractérise l'époque de la dynastie de Bragance. Le traité de Méthuen (1), 1703, rendit le royaume tributaire de l'industrie anglaise, et sa décadence devint complète. Le fameux marquis de Pombal, l'ennemi acharné des Jésuites, ministre de Joseph Ier, 1750-1777, ne parvint pas à le tirer de sa léthargie, malgré ses réformes continuelles.

Joseph Ier ne laissant pas d'héritiers mâles, la couronne passa à sa fille Maria Ire ; son oncle et époux, Pierre III, frère de Joseph, régna conjointement avec elle jusqu'en 1786. Le 10 fév. 1792, son fils Jean (VI) dut prendre la régence à la place de sa mère, atteinte d'une maladie mentale ; le 13 juill. 1799, il fut solennellement proclamé Régent du royaume. En 1801 et en 1806 le Portugal par ordre de Napoléon Ier, dut à deux reprises fermer ses ports aux Anglais ; conformément au traité secret de Fontainebleau du 27 oct. 1807, conclu entre la France et l'Espagne, le Portugal devait être enlevé à la maison de Bragance et partagé entre les deux puissances contractantes. Ce traité n'arriva pas à exécution ; mais les Français envahirent le Portugal et la cour passa au Brésil. Dès le mois de juin 1808, le pays se souleva contre les envahisseurs, et malgré les efforts de Junot, 1808, Soult, 1809, et Masséna, 1810, il reconquit son indépendance. Seulement, les Anglais y devinrent plus puissants que jamais, et ce furent eux qui gouvernèrent le royaume pendant l'absence de la famille royale jusqu'en 1814, où ils le rendirent au prince régent du Brésil.

En 1815, le Brésil avait été érigé en royaume ; jaloux du rang que prenait sa colonie, mécontent de l'absence prolongée de la cour, le Portugal se souleva, 1820. La régence (qui gouvernait au nom du roi) convoqua les Cortès, qui n'avaient plus été réunies depuis 1697, et une constitution fut votée. Jean VI, roi depuis la mort de sa mère (20 mars 1816), revint en Europe (fév. 1821), jura deux fois la Constitution, 1821 et 1822, mais l'abolit en 1823, en promettant une charte qu'il ne donna pas.

Nous avons vu que profitant de ces troubles le Brésil s'était séparé de la mère-patrie pour s'ériger en Empire sous l'autorité de Dom Pedro Ier, fils de Jean VI.

(1) Ainsi appelé du nom de son négociateur anglais.

A la mort de son père (10 mars 1826) l'empereur du Brésil se proclama roi de Portugal, et envoya la constitution promise mais non octroyée par son père, puis abdiqua la couronne de Portugal en faveur de sa fille, Dona Maria-da-Gloria, sous la tutelle de sa sœur Isabelle. Le pays était depuis longtemps divisé entre les chartistes et les absolutistes; ces derniers avaient pour chef Dom Miguel, frère de Pedro. Bientôt la guerre civile éclata, l'avantage resta aux absolutistes, dom Pedro fut déclaré étranger et dom Miguel s'empara du pouvoir (30 juin 1828). Pedro, revenu du Brésil où il avait abdiqué, 1831, vint combattre son frère, à l'aide de secours qu'il trouva en Angleterre, et parvint à replacer sa fille sur le trône (18 sept, 1834) ; dom Miguel dut quitter le pays.

Le règne de Maria II da-Gloria fut troublé par les luttes entre les radicaux qui, en sept. 1838, remplacèrent la charte de 1826 par une constitution nouvelle, et les chartistes qui, en 1842, rétablirent la charte de dom Pedro. En av. 1851, une révolution militaire, excitée par le maréchal Saldanha, ramena les radicaux au pouvoir.

Maria II décéda le 15 nov. 1853. Son fils Pedro V lui succéda sous la régence de son père Ferdinand, reconnu régent par les chambres du royaume le 19 déc. 1853. Pedro V, roi régnant depuis le 16 sep. 1855, mourut le 11 nov. 1861. Un de ses frères l'avait précédé dans la tombe quelques jours auparavant, un autre l'y suivit quelques jours après ; ces décès si rapprochés des membres de la famille royale produisirent une grande émotion dans le pays.

Famille royale.

Catholique.

Résid. : *Lisbonne.*

Roi.

Louis Ier Philippe Marie Ferdinand, etc., de Bragance-Bourbon, roi de Portugal et des Algarves, en deçà et au delà de la mer en Afrique, seigneur de la Guinée, etc., etc., duc de Saxe, sa Majesté très-fidèle(1), n. 31 oct. 1838; succ., 11 nov. 1861, à son frère, le roi Pedro V; marié, par proc. à Turin 27 sept., et en pers. à Lisbonne 6 oct. 1862, à

Reine.

Marie **Pie**, n. 16 oct. 1847, fille de Victor-Emmanuel II, roi d'Italie.

(1) Ce titre fut conféré aux rois de Portugal par le pape Benoît XIV, le 23 déc. 1748.

Fils.

1. *Charles* Ferdinand Louis, etc., de Bragance-Savoie-Bourbon Saxe-Cobourg-et-Gotha, *duc de Bragance*, prince royal, n. 28 sept. 1863.
2. *Alphonse* Henri, etc., *duc d'Oporto*, n. 31 juill. 1865.
3. Enfant mort-né 27/28 nov. 1866.

Frères et sœurs du roi.

1. Feu le roi **Pedro V** d'Alcantara, etc., n. 16 sept. 1837 ; succ. à sa mère Maria da-Gloria, 15 nov. 1853, sous la tutelle de son père jusqu'au 16 sept. 1855 ; marié, 15 mai 1858, à Stéphanie (n. 15 juill. 1837), fille de Charles-Antoine prince de Hohenzollern-Sigmaringen ; veuf 17 juill. 1859; m. 11 nov. 1861.
2. Princesse, n. et m. 4 oct. 1840.
3. Feu Jean Marie, etc., *duc de Beïra*, n. 16 mars 1842 ; m. 28 déc. 1861.
4. Marie Anne Ferdinande, etc., n. 21 juill. 1843; mariée à Georges, duc de Saxe, fils de feu le roi Jean de Saxe.
5. Antonie Marie Ferd., etc., n. 17 fév. 1845; mariée à Léopold de Hohenzollern-Sigmaringen.
6. Feu Ferdinand Marie, etc., n. 23 juill. 1846 ; m. 6 nov. 1861.
7. Auguste Marie Ferd., etc., *duc de Coïmbre*, n. 4 nov. 1847.
8. Prince, n. et m. 9 mai 1849.
9. Feu Marie, n. et m. 3 fév. 1851.
10. Enfant mort-né 4 oct. 1851.
11. Prince mort-né 15 nov. 1853.

Père.

Roi **Ferdinand** Auguste François Antoine, roi de Portugal, duc de Saxe, n. 29 oct. 1816; marié, par proc. 1er janv. et en pers. 9 av. 1836, à dona Maria II da-Gloria, fille de feu l'empereur du Brésil Pedro (IV) Ier, reine de Portugal depuis l'abdication de son père, 2 mai 1826 (née 4 av. 1819; mariée d'abord, par proc. 1er déc. 1834 et en pers. 26 janv. 1835, à *Auguste* Charles, duc de Leuchtenberg, veuve depuis le 28 mars 1835); veuf 15 nov. 1853; reçoit le titre de " Roi „ le 16 sept. 1837 ; régent pendant la minorité de son fils jusqu'au 16 sept. 1855; remarié, 10 juin 1869, à *Élise*, née Hensler, comtesse d'Edla.

Oncles et tantes.

(V. Brésil).

Grand oncle et grand'tantes,

frère et sœurs de Pedro (IV) Ier, *nés de Jean VI, roi de Portugal (n. 13 mai 1767; m. 10 mars 1826) et de son épouse Charlotte (n. 25 avril 1775; mariée, par proc. 27 mars 1785, en pers. 9 janv. 1790; m. 6 janv. 1830), fille de Charles IV, roi d'Espagne.*

1. Feue Marie Thérèse, etc., n. 29 av. 1793; mariée, 1° 18 mai 1810, à don Pedro, infant d'Espagne, veuve 4 juill. 1812; 2° 2 oct. 1838, à don Carlos, veuf de sa sœur Françoise; m. 17 janv. 1874.
2. Feu Antoine, n. 21 mars 1795; m. 12 juin 1801.
3. Feue Isabelle Marie, n. 19 mai 1797, mariée; 3 oct. 1816, à Ferdinand VII, roi d'Espagne; m. 26 déc. 1818.
4. Feue Marie Françoise, n. 22 av. 1800; mariée, 28 sept. 1816, à don Carlos, infant d'Espagne; m. 4 sept. 1834.
5. Isabelle Marie-de-la-Conception, n. 4 juill. 1801, régente de Portugal depuis le 10 mars 1826 jusqu'au 26 fév. 1828.
6. Feu Miguel Marie-de-Patrocinio, etc., n. 26 oct. 1802; par l'acte de son frère Pedro IV (Ier au Brésil) du 3 juill. 1827 et d'après le serment du 26 fév. 1828, régent du Portugal; se déclare roi 30 juin 1828; s'engage en 1834 (convention d'Evora-Monte du 26, et sa déclaration du 29 mai) à quitter le Portugal et à ne jamais intervenir dans les affaires politiques de ce pays; s'embarque à Sinès, 1er juin 1834; marié, 25 sept. 1851, à

Sophie Amélie *Adélaïde*, princesse de Lœwenstein-Rosenberg, n. 3 av. 1831; veuve 14 nov. 1866.

Enfants: 1. *Maria-des-Nives*-Isabelle, etc., n. 5 août 1852; mariée à don Alphonse de Bourbon, frère de don Carlos (Charles VII) d'Espagne.

2. *Miguel* Charles, etc., n. 19 sept. 1853.

3. *Marie-Thérèse*, etc., n. 24 août 1855; mariée à l'archiduc Charles, frère de l'empereur d'Autriche.

4. Marie *Josèphe*, etc., n. 19 mars 1857 ; mariée à Charles Théodore, duc en Bavière.

5. *Aldegonde*-de-Jésus-Marie, etc., n. 10 nov. 1858.

6. Marie *Anne*, etc., n. 13 juill. 1861.

7. Marie *Antonie*, etc., n. 28 nov. 1862.

7. Feue *Marie* Joseph, n. 25 juill. 1805 ; m. 7 janv. 1834.

8. Feue *Anne*-de-Jésus-Marie, n. 23 déc. 1806; mariée, 1er déc. 1827, à Nunez, marquis de Loulé; m. 22 juin 1857.

ROYAUME DE PRUSSE.

La dynastie de HOHENZOLLERN.

En 1411, l'empereur Sigismond pour récompenser Frédéric VI de Hohenzollern, burgrave de Nuremberg, des services signalés que celui-ci avait rendus en maintes occasions, le nomma gouverneur héréditaire de la Marche de Brandebourg ; le 30 av. 1415, devant les Électeurs réunis à Constance, l'Empereur lui conféra la dignité d'Électeur de Brandebourg et le titre d'Archi-Camérier de l'empire (1); l'investiture solennelle eut lieu sur la place publique de Constance, le 18 av. 1417. Ce fut le premier pas vers la puissance à laquelle la maison de Hohenzollern devait s'élever rapidement ; mais les agrandissements successifs de ses États ne furent pas toujours aussi irréprochables que le fut cette première acquisition.

Le berceau des Hohenzollern se trouve dans la Souabe, entre le Danube et le Neckar, où leurs ancêtres occupaient le château de Zollern et portaient le titre de comte. Vers la fin du douzième siècle, on trouve des comtes de Hohenzollern investis de la dignité de Burgrave de Nuremberg. Comme tels, ils exerçaient, au nom de l'Empereur, l'autorité militaire, et rendaient la justice dans le territoire de la ville impériale de Nuremberg. Le premier qui parvint à la dignité burgraviale fut Conrad, fils cadet de Rodolphe II qui vivait vers 1165; il fonda la ligne de Franconie, tandis que son frère aîné, qui hérita des pays de Hohenzollern, devint la tige de la ligne de Souabe.

La ligne de Souabe se divisa en 1576 en deux branches : Hechingen et Sigmaringen, dont la dernière existe encore, et la première s'est éteinte dans les mâles en 1869. Elles sont toujours restées catholiques.

En 1623, Ferdinand II érigea le comté allodial de Hohenzollern en comté princier dont chaque possesseur devait porter le titre de prince. Les deux lignes furent élevées dans la suite à la dignité de Prince de l'Empire. En 1807, les princes de Hechingen et de Sigmaringen, par leur accession à la Confédération du Rhin, devinrent souverains.

En 1695 et 1707, ces deux branches avaient conclu avec le roi de Prusse, reconnu comme chef de toute la maison, des conventions héré-

(1) Dans l'acte d'octroi l'Empereur se réservait de pouvoir racheter la Marche moyennant une somme de 400,000 fl. d'or, ce qui fit croire plus tard que Sigismond avait donné e Brandebourg en gage pour des prêts d'argent que lui aurait faits le riche burgrave de Nuremberg. C'est une erreur historique qui n'a eu cours que depuis le commencement du XVIIe siècle et dont la fausseté est démontrée aujourd'hui. La clause ne figure plus dans l'acte de 1417. La somme stipulée devait dédommager Frédéric, en cas de retrait du fief, des dépenses et des travaux qu'il devait faire pour rétablir l'ordre dans la Marche de Brandebourg dont la situation était alors des plus malheureuses.

ditaires, mais par un accord du 7 déc. 1849, elles ont abdiqué leur droit de souveraineté en sa faveur, et lui ont vendu leurs principautés.

Ligne de Franconie. C'était la ligne cadette qui était appelée aux plus hautes destinées. Les burgraves de Nuremberg se créèrent une brillante position et acquirent une grande influence, influence dont ils usaient pour le bien de l'Empire, particulièrement dans le choix des Empereurs. Ceux-ci savaient reconnaître ces loyaux services par toutes sortes de faveurs ; c'est ainsi que Rodolphe de Habsbourg, qui était surtout redevable de son élection à Frédéric II de Nuremberg, rendit le burgraviat héréditaire dans sa famille, et que Charles IV créa Frédéric V Prince de l'Empire, 1363, et lui céda le produit des mines du burgraviat, ce qui fut la source de grandes richesses. Leurs possessions, insensiblement accrues, comprenaient à la mort de Frédéric V, Ansbach, Culmbach et Baireuth. Il les divisa entre ses deux fils, donnant à l'aîné, Jean, le haut-burgraviat (pays sur les montagnes) ou principauté de Bayreuth avec Culmbach, et au cadet, Frédéric VI, le bas-burgraviat (pays sous les montagnes) ou principauté d'Ansbach. Après la mort de Jean, 1430, Frédéric réunit tous les biens de Franconie. C'est lui qui devint Électeur de Brandebourg.

Les Électeurs de Brandebourg tenaient un rang distingué dans l'Empire. Pour accroître leurs possessions, ils s'assurèrent, par des conventions, la succession dans des pays limitrophes à l'extinction des familles régnantes. C'est ainsi que Frédéric II, 1442, acquit le droit de succéder dans le Mecklembourg, et Jean Cicéron, 1493, dans la Poméranie ; Joachim II Hector, conclut, en 1537, un pacte de confraternité avec le duc de Liegnitz, Brieg et Wolau, par lequel ils se léguaient mutuellement leurs pays à l'extinction d'une des familles ; ce fut l'origine des prétentions ultérieures de la Prusse sur la Silésie.

Albert Achille régla l'ordre de succession dans sa maison (*dispositio Achillea*, 1473) : l'électorat devait rester indivis et passer à l'aîné des fils, tandis que les domaines de Franconie serviraient d'apanages aux autres, de manière à n'avoir jamais plus de trois lignes souveraines. En vertu de cette disposition, l'aîné de ses fils, Jean Cicéron, eut la Marche, les deux autres, Frédéric et Sigismond, reçurent Ansbach et Baireuth. Sigismond étant mort sans enfants, 1495, Frédéric réunit toutes les possessions franconiennes pour les partager de nouveau entre deux de ses fils, le troisième, Albert, fut élu grand-maître de l'Ordre teutonique en Prusse.

Joachim Ier Nestor, fils de Jean Cicéron, resta fidèle à l'Église catholique au milieu de la défection générale de l'Allemagne du Nord ; mais Joachim II Hector, son successeur, passa au protestantisme. Il obtint de Sigismond II, de Pologne, père de sa seconde femme, l'investiture du

Tableau généalogique de [illegible]

Frédé[illegible]
1er Elect[illegible]
Elisabeth de B[illegible]

Jean l'Alchimiste,
(Ansbach et Baireuth),
n. 1401, m. 1464.

Frédéric II Dents-de-F[illegible]
n. 13 nov. 1413, abd. 2 av. 14[illegible]
m. 10 fév. 1471.
Catherine de Saxe, m. 147[illegible]

1° **Jean** Cicéron,
n. 2 août 1455, m. 2 janv. 1499.
Marguerite de Saxe, m. 1501.

Joachim Ier Nestor,
n. 21 fév. 1484, m. 11 juill. 1535.
Élisabeth de Danem., m. 1555.

Albert,
Arch. de Mayence,
n. 1490, m. 1545.

Joachim II Hector,
n. 9 janv. 1505, m. 2 janv. 1571.
1° *Magdeleine de Saxe, m.* 1534.
2° *Hedwige de Pologne, m.* 1573.

Jean le Prudent,
marg. de Custrin (Nouv.-Marche),
n. 1513, m. 1571.
Cath. de Brunsw., m. 1574.

Barbe,
n. 1527, m. 1595.
Duc de Liegnitz.

Jean Georges,
n. 11 sept. 1525, m. 8 janv. 1598.
(23 enf. de 3 femmes.)
1° *Sophie de Liegnitz, m.* 1545.

Élisabeth,
n. 1540, m. 1578.
J. Fréd. d'Ansbach.

Catherine[illegible]
n. 1541, m. 16[illegible]
Élect. Joach. F[illegible]

Joachim Frédéric,
n. 27 janv. 1546, m. 18 juill. 1608.
1° *Catherine de Custrin, m.* 1602.
2° *Éléonore de Prusse, m.* 1607.

Jean Sigismond,
D. de Prusse en 1618,
n. 8 nov. 1572, m. 22 déc. 1619.
Anne de Prusse, hér. de Clèves, m. 1625.

Marie Éléonore,
n. 1594, m. 1655.
Gustave II, Ad. de Suède.

Georges Guillaume,
n. 30 nov. 1595, m. 21 nov. 1640.
Elisabeth Palatine, m. 1660.

Frédéric-Guillaume,
le grand Électeur.
n. 6 fév. 1620, m. 29 av. 1688.
1° *Louise de Nassau-Orange, m.* 1667.
2° *Dorothée de Holst.,-Glucksb., m.* 1689.

Frédéric III (Ier),
R. de Prusse.
(V. tableau suivant.)

Philippe Guill.,
n. 1669 m. 1711.
(Brandbg-Schwedt.)

Alb. Fréd.,
Gr. M. de Sonnebourg,
n. 1670, m. 1731.

Fréd. Guill.,
n. 1701, m. **1771.**
(laisse 3 filles.)

[M]AISON de HOHENZOLLERN.

[Frédéric] Ier,
[m. 2]1 sept 1440.
[Élisabeth de Lan]dshut, m. 1443.

Albert l'Achille,
n. 24 nov. 1414, m. 11 mars 1486.
1° *Marguerite de Bade, m.* 1457.
2° *Anne de Saxe, m.* 1512.
(19 enf.)

Frédéric le Gros,
(à Tangermunde),
n. 1422, m. 1463.

2° Frédéric,
(**Ansbach** et (1495), **Baireuht**),
n. 1460, m. 1536.
Sophie, fille de Casimir de Pol.

2° Barbe,
n. 1464, m. 1515.
D. de Glogau et Crossen.

2° Sigismond,
(**Baireuth**.)
n. 1468, m. 1495.

Casimir,
(Baireuth)
n. 1481, m. 1527.

Albert l'Alcibiade,
n. 1522,
m. **1557**.

Georges le Pieux,
(Ansbach)
achète Jægerndorf
n. 1484, m. 1543.

Georges Frédéric,
hérite Baireuth, 1557,
n. 1539, m. **1603**.
Élisabeth de Custrin.

Albert, Gr. Maît. Teuton.,
Ier Duc de Prusse, 1525,
n. 1490, m. 20 mars 1568.
Anne de Brunswick.

Albert Frédéric,
n. 1553, en démence 1573,
m. 8 août **1618**.
*Marie de Clèves, Jul. et Berg, m.*1608.

Anne,
n. 1576, m. 1625.
L'Él. Jean Sigismond

Éléonore,
n. 1583, m. 1607.
L'Él. Joach. Fréd.

Christian,
(**Baireuth**),
n. 1581. m. 1655.

Erdmann Aug.,
(**Baireuth**),
n. 1615, m. 1651.

Christ. Ernest,
n. 1644,
m 1712.

Georges Guill.,
n. 1676,
m. 1726.

Georges Albert,
(**Culmbach**),
n. 1616, m. 1666.

Christ. Henri,
n. 1661, m. 1708.
(14 enf.)

Georges Fréd.,
(**Baireuth**, 1726),
n. 1688, m. 1735.

Frédéric,
n. 1711, m. 1763.

Fréd. Christ.
(**Baireuth**, 1763),
n. 1708.
m. **1769**.

Joachim Ernest,
(**Ansbach**)
n. 1583, m. 1625.

Albert,
n. 1620,
m. 1667.

Jean Fréd.,
n. 1654,
m. 1486.

Guill. Fréd.,
n. 1685,
m. 1723.

Charles Guill.
n. 1712, m. 1757.

Christ. Fréd. Alexand.
n. 1736, hérite Baireuth, 1763.
abd. 1792, m. 1806.

duché de Prusse en commun avec son cousin Frédéric-Albert et le droit de lui succéder. Ses trois successeurs travaillèrent à s'assurer pleinement cet héritage. Dans ce but, Jean-Georges maria son petit-fils, le jeune Sigismond, à Anne, fille aînée d'Albert-Frédéric (héritière, par sa mère, de Juliers, Clèves et Berg); et son fils et successeur, Joachim-Sigismond, à l'âge de cinquante-huit ans, épousa en secondes noces une autre de ses filles, Éléonore, et administra le duché pendant la démence de leur père. Sous Jean-Georges, les domaines de Franconie étaient rétournés à l'Électorat, mais il les avait de nouveau donnés à ses deux plus jeunes fils, qui fondèrent deux nouvelles lignes de Baireuth et d'Ansbach, continuées jusqu'au commencement de ce siècle.

Jean-Sigismond obtint de la succession de Juliers (convention de Xanten, 1614/1666) Clèves, Marck et la moitié de Ravensberg et de Ravenstein. Après la mort d'Albert-Frédéric, il réunit enfin au Brandebourg toute la Prusse orientale, à l'exception de l'Ermeland (1). Cette acquisition faisait des électeurs de Brandebourg les princes les plus puissants du nord de l'Allemagne ; leur autorité s'étendait sur quatorze cent soixante et onze milles carrés, mais éparpillés du Rhin à la Vistule, et dont les communications étaient difficiles. Aussi pendant la guerre de trente ans, qui occupa tout le règne de Georges-Guillaume, 1619-1640, les Suédois, les Hollandais et les Polonais ravagèrent-ils impunément ces possessions si distantes les unes des autres. A l'extinction des ducs de Poméranie, Georges ne put recueillir leur succession qui lui revenait en vertu d'anciennes conventions, parce que les Suédois s'en étaient emparés ; ceux-ci occupèrent même la Marche et obligèrent l'électeur à se retirer en Prusse.

Sous Frédéric-Guillaume, appelé le Grand Électeur, la fortune revint. Par la paix de Westphalie il obtint la Poméranie-Ultérieure, et, en compensation de la Poméranie-Antérieure donnée à la Suède, l'archevêché de Magdebourg sécularisé, ainsi que les évêchés de Halberstadt, Minden et Camin. Tirant adroitement parti des guerres des Suédois et des Polo-

(1) La Prusse avait été conquise, 1239-1283, convertie et civilisée par les chevaliers de l'Ordre teutonique, et était gouvernée par leur Grand-maître. Les pays soumis à l'Ordre arrivèrent à une grande prospérité, et aussi longtemps que les chevaliers restèrent fidèles à la règle ils jouirent d'une grande puissance. Cet état dura deux cents ans. Avec le quinzième siècle commença la décadence intérieure, et à la suite de guerres malheureuses l'Ordre dut céder aux rois de la Pologne (seconde paix de Thorn, 1466) la Prusse occidentale et reconnaître leur suzeraineté pour la partie orientale. Dans l'espoir de se relever, les chevaliers choisirent pour grand-maître Albert de Brandebourg-Ansbach, 1511. Celui-ci, sur les conseils de Luther, se fit protestant, se maria, et convertit la Prusse en duché séculier pour lequel il prêta hommage à Sigismond, roi de Pologne, 1525. Son fils Frédéric-Albert fut frappé de folie, et comme il ne laissait pas d'héritiers mâles, la Prusse, à sa mort, passa à son cousin de Brandebourg, Jean-Sigismond.

nais, il parvint à rompre le lien féodal qui unissait la Prusse à la Pologne, et, à la paix de Wolau (19 sept. 1657), se fit reconnaître indépendant. Frédéric prit une part active aux guerres de son temps, créa une armée permanente et commença la réputation militaire de la Prusse. Il ramena l'ordre et la prospérité dans ses États, mais ne recula pas toujours devant des actes despotiques.

Frédéric III, ami du faste jusqu'à la prodigalité, prit le titre royal et se couronna de sa propre main, à Kœnisberg, avec une pompe sans égale, le 18 janv. 1701. Il se nomma Frédéric Ier, roi *en* Prusse. Il avait obtenu l'assentiment de l'empereur Léopold Ier, en promettant de donner toujours son vote pour l'Empire à l'aîné des archiducs. L'Autriche ne prévoyait pas qu'en aidant à l'élévation de la Prusse, elle se créait une terrible rivale qui devait un jour la supplanter en Allemagne. Si Frédéric n'avait que le titre de roi, ses successeurs devaient y ajouter la puissance. Frédéric acheta différents domaines, et obtint l'héritage d'Orange, c'est-à-dire la principauté de Neufchâtel et la comté de Valangin en Suisse (en cédant Orange à la France), et les comtés de Lingen sur l'Ems et de Mœrs sur le Rhin. Son fils, Frédéric-Guillaume Ier, connu par la bizarrerie de son caractère, aussi économe que son père était dépensier, laissa à son fils ce qu'il lui fallait pour l'exécution de ses plans : un trésor bien rempli et une belle armée. A la paix de Stockholm, 1720, il obtint la Poméranie jusqu'à la Peene avec Stettin et les îles d'Usedom et de Wallin.

Frédéric II est considéré comme le héros de sa race; on l'a surnommé le Grand, et on ne peut certes lui dénier le génie de la guerre; il plaça la Prusse au rang des cinq grandes puissances de l'Europe après l'avoir agrandie d'un tiers. Profitant des embarras de la jeune souveraine de l'Autriche, Marie-Thérèse, il renouvela d'anciennes prétentions sur la Silésie, s'en empara, et après trois guerres, 1740-1742, 1744-1745, 1756-1763 (guerre de sept ans), où il triompha d'ennemis nombreux et puissants, il en resta définitivement possesseur (paix d'Hubertsbourg, 15 fév. 1763). Le premier partage de la Pologne, 1772, lui rapporta la Prusse occidentale (à l'exception de Thorn et Dantzig), l'Ermeland et le district de la Netze. Frédéric prit alors le titre de roi de Prusse. Dans les démêlés de la succession de Bavière, il s'opposa à l'agrandissement de l'Autriche en fondant l'Union des Princes, 1785. A l'intérieur, Frédéric s'appliqua à régler les finances, à encourager l'industrie et le commerce; à sa mort, il laissa un trésor de septante millions de thalers.

Frédéric n'ayant pas d'enfants, son neveu, Frédéric-Guillaume II, hérita de la couronne. Baireuth et Ansbach retournèrent de nouveau au Brandebourg, 1791, par l'abdication de Charles-Frédéric Alexandre, dernier descendant de la branche d'Ansbach, qui avait hérité Baireuth en 1769. Dans le second partage de la Pologne, 1793, la Prusse obtint

Suite du tableau généalogiq…

Fr…
n. 1er j…
1er Roi…
Cour. 18 janv. 1…
1° *Élis. Henr. fill…*
2° *Sophie Char., fill…*
3° *Sophie Louise, fille de …*

Louise,
n. 1680, m. 1705.
Fréd. de H.-Cass., R. de Suède.

Frédé…
n. 4 août 1…
Sophie, fille de G…

Fréd. L.,
n. 1707,
m. 1708.

Wilhelmine,
n. 1709, m. 1758.
Fréd. de Brand-Bair., m. 1663.

Fréd. Guill.,
n. 1710,
m. 1711.

Frédé…
n. 25 sept. 1…
Élisabeth Chri…

Sophie.
n. 1719, m. 1765.
Guill. de Brand.-Schwedt, m. 1771.

Ulrique,
n. 1720, m. 1782.
Ad. Fréd. de Suède, m. 1771.

G…
n. …
Louis…

Henri,
n. 1747,
m. 1767.

Georges,
n. 1758,
m. 1759.

Fréd…
n. 25 sept. …
1° *Élis. de Bru…*
2° *Fréd., f. de L. I…*

Frédérique
n. 1767, m. 1820.
Fréd., D. d'York (Gr.-Bret.), m. 1827.

Fréd.-Guill. III,
n. 3 août 1770, m. 7 juin 1840.
1° *Louise, f. de Ch. II de Mecklb.-Strélitz, m.* 19 juill. 1810;
2° *Auguste de Liegnitz, m.* 1873.

Wilhelmine,
n. 1772,
m. 1773.

Louis,
n. 1773, m. 1796.
Fréd., s. de la R. Lo…, m. 1841.

Fréd.-Guill. IV,
m. 1861.

Guillaume Ier,
Emp. d'All.

Frédéric,
m. 1836.

la MAISON de HOHENZOLLERN.

Ier,

sse,
5 fév. 1713.
. II de H.-Cass., m. 1683.
y. Ier de Gr.-Bret., m. 1705.
. de Meckl b.-Grabow, m. 1735.

ll. Ier, 1 mai 1740. *r.-Bret.*, m. 1757.	Fréd. Aug., n. 1685, m. 1686.

e Grand, 7 août 1786. *nsw.*, m. 1797.	Charlotte, n. 1713, m. 1714.	Philippine, n. 1714, m. 1801. *Ch. Ier de Brunsw.*, m. 1780.

ine, 758. *nsw.*, m. 1780.	Anne, abb. de Quedlinbg., n. 1723, m. 1787.	Henri, n. 1726, m. 1802. *Wilh. de H.-Cass.*, m. 1808.	Ferdinand, gr. m. de St-Jean, n. 1730, m. 1813. *Louise de Brand-Schwedt*, m. 1820.

ll. II, 6 nov. 1797. 1769, m. 1840. *arm.*, m. 1805.	Wilhelmine, n. 1751, m. 1820. *Guill. V de Nass.-Dietz*, m. 1806.	Louise, n. 1770, m. 1836. *Ant. de Radziwill*, m. 1833.	L. Ferdin., n. 1772, tué à Saalfeld 10 oct. 1806.	Auguste, n. 1779. m. 1843.

Wilhelmine, n. 1774, m. 1837. *Guill. Ier, R. des Pays-Bas*, m. 1843.	Prince, n. et m. 29 nov. 1777.	Auguste, n. 1780, m. 1841. *Guill. II, de Hesse-Cassel*, m. 1847.	Henri, Gr. maître de l'Ord. de St-Jean, n. 1781, m. 1846.	Guillaume, n. 1783, m. 1851. *Marianne, f. de Fréd. V, de H.-Homb.*, m. 1846.

Thorn et Dantzig avec la Prusse méridionale ; et dans le troisième, 1795, la Nouvelle Prusse orientale. Frédéric-Guillaume II ne fut pas heureux dans sa guerre contre la République française; dans la paix de Bâle (5 av. 1795), il dut lui céder les possessions prussiennes de la rive gauche du Rhin. A sa mort (16 nov. 1797), il laissa une dette de quarante-neuf millions de thalers et la Prusse était loin du prestige dont l'avait entourée Frédéric le Grand.

Le règne de son successeur, Frédéric-Guillaume III, est des plus mémorables. La Prusse fut sur le point de disparaître de la carte de l'Europe, et par l'énergie du gouvernement et du peuple on la vit se lever plus forte, décider du sort de l'Europe et se mettre en mesure de conquérir la place prépondérante qu'elle occupe aujourd'hui dans le concert des peuples.

Après la double victoire d'Iéna et d'Auerstædt(14 oct. 1806), Napoléon fit de la Prusse quatre départements français ; à la paix de Tilsitt (9 juill. 1807) il voulut bien rendre à Frédéric-Guillaume la moitié de son royaume. Immédiatement après, commença, sous l'inspiration du baron von Stein, le travail de réorganisation dans l'administration et l'armée, au grand déplaisir de Napoléon. En 1812, la Prusse se trouva prête pour la guerre de l'Indépendance, 1813-1815; ses armées prirent une part décisive à tous les événements qui amenèrent la chute définitive de Napoléon. Le Congrès de Vienne récompensa amplement les services rendus : la Prusse s'agrandit de toute la Poméranie, de la moitié de la Saxe, de nouveaux territoires sur le Rhin et en Westphalie. Ansbach et Baireuth furent cédés à la Bavière. La période de paix qui suivit, 1815-1840, fut féconde en créations de tout genre pour assurer l'instruction du peuple, le progrès du commerce et de l'industrie, l'administration du pays, et la formation de l'armée ; 1817, union du luthéranisme et du calvinisme en une confession évangélique ; 1834, établissement par la Prusse du Zollverein allemand.

Une grande partie du règne de Frédéric-Guillaume IV, 1840-1861, fut remplie par le mouvement constitutionnel qui travaillait l'Allemagne entière (Constitution prussienne, 1850). L'antagonisme de la Prusse et de l'Autriche (petite et grande Allemagne) se fit jour de plus en plus ; cependant le roi de Prusse refusa la couronne héréditaire d'un Empire allemand d'où l'Autriche serait exclue, couronne qui lui est offerte par le Parlement de Francfort. En 1849, acquisition des pays originaires des Hohenzollern, principautés de Hohenzollern-Hechengen et Sigmaringen; 1853, création du premier port militaire de la Prusse à l'embouchure de la Jahde, territoire acheté à Oldenbourg. Le droit de souveraineté de la Prusse sur Neufchâtel, prend fin en 1848, et en 1854 celui qu'elle exerçait sur Valengin. Une seule guerre extérieure signale de ce règne, la première guerre de Schleswig-Holstein, 1848-1850.

En 1858, Frédéric-Guillaume IV, atteint d'une maladie cérébrale, avait cédé le gouvernment à son frère Guillaume Ier qui lui succéda le 2 janv. 1861. Ce prince renouvela, le 18 oct. suivant, le couronnement solennel à Kœnigsberg, pratiqué pour la première fois par son aïeul Frédéric Ier.

Personne n'aurait osé rêver pour la Prusse la destinée qui l'attendait sous Guillaume Ier; surtout que sa réforme de l'armée, commencée déjà en 1858, fut une cause de conflits incessants entre les Chambres et le gouvernement jusqu'à la guerre de 1866, et que la politique de sang et de feu préconisée par le prince de Bismark dès son arrivée au pouvoir (24 sept. 1862) n'avait rencontré que la répulsion générale. La campagne contre l'Autriche, occasionnée par la seconde guerre du Schleswig-Holstein, fut une vraie révélation : elle fit voir quelle était la puissance militaire de la Prusse et combien elle s'était préparée dans le silence à profiter des circonstances pour arriver à l'hégémonie en Allemagne à l'exclusion de l'Autriche, dont depuis si longtemps elle s'était montrée la rivale jalouse. Les résultats de la guerre furent grands pour la Prusse : le Hanovre, la Hesse-Électorale, Nassau annexés établissaient la communication entre les provinces orientales et occidentales, le Schleswig-Holstein qu'elle garda lui donnait des côtes sur la mer du Nord et lui permettait de devenir une puissance maritime militaire; la Confédération du Nord, qu'elle créa, lui assurait la souveraineté sur toute l'Allemagne jusqu'au Main.

Il appartenait au chauvinisme français et à la légèreté du gouvernement de Napoléon III de faire monter la Prusse à l'apogée de la gloire et de la puissance. Toute l'Allemagne, le Sud comme le Nord , s'unit avec enthousiasme contre l'ennemi commun. Les succès fabuleux obtenus sous la conduite des princes et des généraux prussiens, aboutissent à la constitution de l'unité allemande. Vers la fin de l'année 1870, les États de la Confédération du Sud (Bade, Hesse, Wurtemberg et Bavière) adhèrent à la Confédération du Nord, et la dignité impériale est offerte au roi de Prusse, Guillaume Ier, le Victorieux (comme se plaisent à l'appeler les Allemands), avec l'hérédité dans sa maison. Le 18 janvier 1871, le cent et septantième anniversaire du jour où Frédéric Ier se plaça sur la tête la couronne prussienne, dans la salle des glaces du palais de Versailles, toute remplie des souvenirs des triomphes de la France sur l'Allemagne, en présence d'un grand nombre de princes et de députations de l'Allemagne, le roi de Prusse accepte la couronne impériale, et le nouvel Empire allemand est solennellement proclamé.

La persécution suscitée contre l'Eglise catholique est venue démontrer surabondamment que le nouvel Empire n'est pas le successeur du saint Empire romain. On se demande quel peut être le but que poursuit dans cette campagne l'homme qui préside aux destinées de la Prusse et de l'Allemagne ; si c'est celui de prostestantiser toute l'Allemagne, il doit être convaincu qu'il a fait fausse route; mais s'il a voulu détourner de l'Empire des Hohenzollern les affections qui se tournaient vers lui avec les espérances que faisait naître la restauration de l'Empire d'Allemagne, alors il peut dire qu'il a parfaitement atteint son but.

Famille royale.

Conf. Évangélique.

Résid. : *Berlin.*

Roi.

Frédéric **Guillaume Ier** Louis, empereur d'Allemagne, roi de Prusse (margrave de Brandebourg, duc souverain de Silésie, et du duché de Glatz, grand-duc du Bas-Rhin et de Posen, duc de Saxe, Engern et Westphalie, en Gueldre, de Magdebourg, Clèves, Juliers, Berg, Stettin, Poméranie, des Cassoubes et des Wendes, de Mecklembourg et Crossen, Burgrave de Nuremberg, etc.), n. 22 mars 1797, fils du roi Frédéric-Guillaume III et de *Louise* Auguste Wilhelmine Amélie (n. 10 mars 1776, m. 19 juill. 1810), fille de *Charles II* Louis Frédéric, grand-duc de Mecklembourg-Strélitz : régent à la place de son frère, le roi Frédéric-Guillaume IV, 9 oct. 1858; lui succ. 2 janv. 1861, est couronné 18 oct. 1861; empereur d'Allemagne, 18 janv. 1871, marié, 11 juin 1829, à

Reine.

Marie Louise **Augusta** Catherine, impératrice d'Allemagne, reine de Prusse, n. 30 sept. 1811, fille de feu Charles, grand-duc de Saxe-Weimar.

Enfants.

1. *Frédéric-Guillaume* Nicolas Charles, prince royal de l'Empire allemand et prince royal de Prusse, n. 18 oct. 1831; marié, à Londres, 25 janv. 1858, à *Victoria* Adélaïde Marie Louise, fille aînée de la reine d'Angleterre, n. 21 nov. 1840.

Enfants : 1. *Frédéric-Guillaume* Victor-Albert, n. 27 janv. 1859.

2. Victoria Élisabeth Auguste *Charlotte*, n. 24 juill. 1860.

3. Albert Guillaume *Henri*, n. 14 août 1862.

4. Frédérique Amélie Wilhelmine *Victoria*, n. 12 av. 1866.

5. Joachim Frédéric Ernest *Waldemar*, n. 10 fév. 1868.

6. *Sophie-Dorothée* Ulrique Alice, n. 14 juin 1870.

7. *Marguerite* Béatrix Féodore, n. 22 av. 1872.

2. *Louise* Marie Élisabeth, n. 3 déc. 1838 ; mariée à Frédéric Guillaume Louis, grand-duc de Bade.

Frères et sœurs du Roi.

1. Princesse n. et m. 7 oct. 1794.

2. Feu **Frédéric-Guillaume IV**, n. 15 oct. 1795 ; succ. à son père, Frédéric-Guillaume III, 7 juin 1840 ; marié, 29 nov. 1823, à *Élisabeth* Louise, fille de feu *Maximilien Ier* Joseph, roi de Bavière (n. 13 nov. 1801 ; m. à Dresde, 14 déc. 1873) ; m. 2 janv. 1864.

3. Feue Charlotte Frédérique Louise Wilhelmine (Alexandra Féodorowna), n. 13 juill. 1798 ; mariée, 13 (1er) juill. 1817, à Nicolas, grand-duc, depuis empereur de Russie ; m. 1er nov. (20 oct.) 1860.

4. Feue Frédérique, n. 14 oct. 1799 ; m. 30 mars 1800.

5. Frédéric Charles Alexandre, n. 29 juin 1801, grand-maître de l'ordre de St-Jean de Jérusalem dans le bailliage de Brandebourg ; marié, 26 mai 1827, à *Marie* Louise Alexandrine, n. 3 fév. 1808, fille de feu Charles-Frédéric, grand-duc de Saxe-Weimar.

Enfants : 1. *Frédéric-Charles* Nicolas, n. 20 mars 1828, commandeur honoraire de l'ordre de St-Jean de Jérusalem, général-feld-maréchal, etc. ; marié, 29 nov. 1854, à *Marie* Anne, n. 14 sept. 1837, fille de feu Léopold Frédéric, duc d'Anhalt.

Enfants : 1. *Marie* Élisabeth, n. 14 sept. 1855.

2. *Élisabeth* Anne, n. 8 fév. 1857.

3. *Louise-Marguerite*, n. 25 juill. 1860.

4. Joachim *Frédéric-Léopold*, n. 14 nov. 1865.

2. Marie *Louise* Anne, n. 1er mars 1829; mariée, 27 juin 1854, à *Alexis* Guillaume, landgrave de Hesse-Philippsthal-Barchfeld; divorcée, 6 mars 1861.

3. Marie *Anne* Frédérique, n. 17 mai 1836; mariée à *Frédéric* Guillaume, landgrave de Hesse.

6. Frédéric Wilhelmine Alexandrine Marie Hélène, n. 23 fév. 1803; veuve du grand-duc Paul Frédéric de Mecklembourg-Schwérin.

7. Feu Ferdinand, n. 13 déc. 1804; m. 1er av, 1806.

8. Feue Louise Auguste Wilhelmine Amélie, n. 1er fév. 1808; mariée, 21 mai 1825, à Guillaume *Frédéric*, prince des Pays-Bas; m. 6 déc. 1870.

9. Feu Frédéric Henri Albert, n. 4 oct. 1809; marié, 14 sept. 1830, à Wilhelm. Fréd. *Marianne* (n. 9 mai 1810), fille de feu Guillaume Ier, roi des Pays-Bas; divorcé, 28 mars 1849; remarié morganatiquement à Rosalie, née de Rausch, depuis 1853 comtesse de Hohenau; m. 14 oct. 1872.

Enfants : 1. Feue *Frédérique* Louise Charlotte, n. 21 juin 1831; m. 30 mars 1855.

2. *Prince*, n. et m. 4 déc. 1832.

3. Frédéric Guillaume Nicolas *Albert*, n. 8 mai 1837, commandeur honoraire de l'ordre de Saint-Jean de Jérusalem; marié, à Berlin, 19 av. 1873, à *Marie*, n. 2 août 1854, fille du duc Ernest de Saxe-Altenbourg.

Fils : *Guillaume* Ernest, n. 15 juill. 1874.

4. Feue *Élisabeth*, n. 27 août m. 9 oct. 1840.;

5. Frédéric Wilhemine *Alexandrine*, n. 1er fév. 1842, mariée au duc Guillaume de Mecklembourg-Schwérin.

Descendants des oncles,

fils du roi Frédéric-Guillaume II *et de sa seconde femme* Frédérique *Louise (n. 16 oct. 1751; m. 25 fév. 1805), fille du landgrave Louis IX de Hesse-Darmstadt.*

I. De feu Frédéric Louis Charles (n. 5 nov. 1773; m. 28 déc. 1796), marié, 39 déc. 1793, à *Frédérique* Caroline Sophie Alexandrine de Mecklembourg-Strélitz (n. 2 mars 1778; m. 27 juin 1841), remariée en 2des noces à Frédéric-Guillaume, prince de Solms-Braunfels (m. 13 av. 1814), en 3mes noces à Ernest Auguste, duc de Cumberland, plus tard roi de Hanovre.

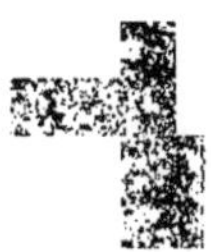

1. Feu *Frédéric* Guillaume Louis, n. 3 oct. 1794; marié, 21 nov. 1817, à

Wilhelmine Louise, n. 30 oct. 1799, fille d'*Alexis* Frédéric Chrétien, duc d'Anhalt-Bernbourg; veuve 27 juill. 1873.

Fils: 1. Frédéric *Alexandre*, n. 21 juin 1820.

2. Frédéric *Georges*, n. 12 fév. 1826.

2. Feu *Charles*, n. 26 sept. 1795; m. 6 av. 1798.

3. Feue *Frédérique* Louise Wilhelmine Amélie, n. 30 sept. 1796; mariée, 18 av. 1818, à Léopold, duc d'Anhalt-Dessau; m. 1er janv. 1850.

II. De feu Frédéric Guillaume Charles (n. 3 juill. 1783; m. 28 sept. 1851); marié, 12 janv. 1804, à Amélie *Marie-Anne* (n. 14 oct. 1785; m. 14 av. 1846), fille de *Frédéric-Louis*, landgrave de Hesse-Hombourg.

1. Feue *Frédérique*, n. 4 juill. 1805; m. 13 nov. 1806.
2. *Princesse*, n. 3, m. 14 nov. 1806.
3. *Prince*, mort-né 30 août 1809.
4. Feu *Thassilo*, m. 9 janv. 1813. } n. 29 oct. 1811.
5. Feu *Adalbert* Henri, m. 6 juin 1873. } n. 29 oct. 1811.
6. Feu *Thassilo*, n. 15 nov. 1813; m. 9 janv. 1814.
7. Marie *Élisabeth*, n. 18 juin 1815; mariée à *Charles* Guillaume, prince de Hesse-Darmstadt.
8. Feu Frédéric *Waldemar*, n. 2 août 1817; m. 17 fév. 1844.
9. Frédérique *Marie*, n. 15 oct. 1825; veuve, 10 mars 1864, de *Maximilien II* Joseph, roi de Bavière.

Ligne de Souabe ou aînée, ci-devant régnante.

1o Branche cadette.

Famille princière de Hohenzollern-Sigmaringen.

Catholique.

Résid. : *Dusseldorf.*

Charles-Antoine Joachim Zéphirin Frédéric Mainrad, n. 7 sept. 1811, prince de Hohenzollern, burgrave de Nuremberg, comte de Sigmaringen et Veringen, comte de Berg, seigneur de Haigerloch et Wœhrstein, etc., fils du prince *Charles* Antoine Frédéric (n. 20 fév. 1785; m. 11 mars 1853) et de Marie *Antoinette*, princesse Murat, cousine germaine de l'ancien roi de Naples (n. 1793; mariée 4 fév. 1808; m. 19 janv. 1847); succ. à son père, en vertu de la cession paternelle du 27 août 1848; abdique en faveur du roi de Prusse, par acte du 7 déc. 1849. et reçoit, par ordre royal du 20 mars 1850, le titre d'Altesse avec les prérogatives des princes puînés de la maison royale, et, par décret du 18 oct. 1861, celui d'Altesse Royale; marié, 21 oct. 1834, à **Joséphine** Frédérique Louise, n. 21 oct. 1813, fille de feu *Charles* Louis, grand-duc de Bade.

Enfants.

1. *Léopold* Étienne Charles, prince hérédit., n. 22 sept. 1835; marié, 12 sept. 1861, à *Antonie* Marie Ferdinande, etc., infante de Portugal, n. 17 fév. 1845, fille de Ferdinand roi de Portugal et de feue *Maria II* da Gloria.
   Fils : 1. *Guillaume* Auguste, n. 7 mars 1864.
   2. *Ferdinand* Victor, n. 24 août 1865.
   3. *Charles-Antoine* Fréd., n. 1er sept. 1868.
2. Feue *Stéphanie* Antonie, n. 15 juill. 1837; mariée, 18 mai 1858, à Pédro V de Portugal; m. 17 juill. 1859.
3. **Charles** Eitel Frédéric Zéphirin Louis, n. 20 av. 1839; élu prince de Roumanie, 20 av. 1866; marié, 15 nov. 1869, à Pauline *Élisabeth* Ottilie Louise, n. 29 déc. 1843 (évangélique), fille de feu Hermann, prince de Wied.
   Fille : Feue *Marie*, n. 8 sept. 1870; m. 9 av. 1874.
4. *Frédéric* Eugène Jean, n. 15 juin 1843.
5. *Marie* Louise, n. 17 nov. 1845; mariée à Philippe, *comte de Flandre*, frère du Roi des Belges.

Sœurs du Prince.

1. Annonciade *Caroline* Joachime Antoinette Amélie, n. 6 juin 1810; mariée, 7 janv. 1839, à *Frédéric* François Antoine, prince de Hohenzollern-Heckingen; veuve 13 déc. 1847; remariée.

2. Frédérique Wilhelmine, n. 24 mars 1820; mariée, 5 déc. 1844, à Joachim-Napoléon, marquis Pepoli (Bologne), n. 6 nov. 1825, fils du marquis Pepoli et de Létitia Joséphine, fille aînée de Murat, ancien roi de Naples.

Belle-Mère.

Catherine Wilhelmine Marie Josèphe, princesse de Hohenlohe-Waldenbourg-Schillingsfurst, n. 19 janv. 1817; mariée à *Charles* Antoine Frédéric, 14 mars 1848; veuve 11 mars 1853 (*Beuron*, Hohenzollern).

2° Branche aînée.

Hohenzollern-Hechingen.

Éteinte dans les mâles, 3 sept. 1869, avec *Frédéric* Guillaume (n. 16 fév. 1801), dernier prince souverain, du 13 sept. 1838 au 7 déc. 1849.

D'un mariage morganatique de ce prince, avec Amélie, comtesse de Rothenbourg, proviennent les comtes et comtesses de Rothenbourg.

I. *Enfants du prince Frédéric François* Xavier *(n. 31 mai 1757; m. 6 av. 1844), grand-oncle de* Frédéric *Guillaume.*

1. Feu *Frédéric* François Antoine, n. 3 nov. 1790; marié, 7 janv. 1839, à Annonciade *Caroline*, princesse de Hohenzollern-Sigmaringen.

2. Feue *Frédérique* Julie, n. 27 mars 1792, m. 1er juill. 1864.

3. Frédérique *Joséphine*, n. 7 juill. 1795; veuve.

II. *Fille du prince Hermann (n. 2 juill. 1777; m. 7 nov. 1827), fils de Frédéric-Antoine, frère du bisaïeul de* Frédéric *Guillaume.*

Marie Anne Caroline, n. 29 juin 1808.

PRINCIPAUTÉS DE REUSS.

REUSS-GREIZ ET REUSS-SCHLEIZ.

La maison de REUSS-PLAUEN.

L'empereur Henri Ier divisa, en 930, le pays situé entre la Misnie et la Bohême, dont il avait fait don à l'abbaye de Quedlinbourg, en quatre districts : Géra, Weida, Plauen et Rutzen ou Regnitz-Hof. Toute cette contrée porta le nom de Terre des Avoyers « *terra Advocatorum,* » parce qu'elle était administrée par un Avoyer de l'Empire (Vogt). Les fonctions d'avoyers, concédées d'abord à vie, devinrent héréditaires avec Henri II le Riche « *nobilem dominum de Weida et totius terræ Advocatorum,* » noble seigneur de Weida et de toute la terre des Avoyers. Il est le fondateur de la dynastie qui règne encore aujourd'hui sur une partie de ces contrées (1).

Le père de ce prince, Henri Ier, avait pris son titre de Weida de son château de ce nom sur la petite rivière de Weida. Il était fils d'Eckenbert, qui obtint la dignité comtale en épousant la fille héréditaire du comte de Gleisberg ; Eckenbert est considéré comme la souche de la maison de Reuss. Henri le Riche, en l'honneur de l'empereur Henri VI qui l'avait gratifié de la possession héréditaire du Voigtland, établit une loi de famille d'après laquelle tous les fils des Avoyers devaient porter le nom de Henri. Ils se distinguent par le chiffre apposé à leur nom. Au commencement du siècle dernier, les deux lignes principales ont recommencé à compter par un; et au commencement de celui-ci, la ligne cadette a de nouveau renouvelé la série de ses chiffres.

Les trois fils de Henri II fondèrent les lignes des seigneurs et avoyers de Weida, de Plauen et de Géra. Rutzen (Hof et Regnitzland) fut partagé entre Weida et Plauen; par suite d'échanges, les avoyers de Weida en restèrent seuls maîtres, et le vendirent ensuite, en 1373, aux burgraves de Nuremberg; ils vendirent aussi, 1410-1421, Weida aux landgraves de Thuringe et à l'électeur de Saxe, et après avoir acquis Wildenfels, dans le cercle de l'Erzgbirge, ils prirent le titre de seigneurs de Weida et de Wildenfels; cette maison s'éteignit en 1532. La ligne de Géra finit en 1550, le burgrave de Misnie, de la ligne de Plauen s'empara de leurs biens.

(1) Outre les principautés actuelles de Reuss, la Terre des Avoyers comprenait encore Plauen, aujourd'hui le cercle de Zwickau, dans le royaume de Saxe ; le bailliage de Weida, dans le grand duché de Saxe-Weimar ; le cercle de Ziegenbruck, enclave prussienne entre Reuss et Saxe-Meiningen ; le bailliage de Ronnebourg, dans la Saxe-Gotha; Hof et le Regnitzland, en Bavière.

La ligne de Plauen s'était divisée par les deux fils du fondateur. l'aîné, Henri le courageux, *dictus Bohemiæ*, dit de Bohême, reçut Plauen; le cadet, Henri le jeune, *dictus Rutze*, dit de Reuss, obtint Greiz.

Le titre de Reuss (1) devint la dénomination dynastique de la lignée de Henri le Jeune qui seule se perpétua. La ligne aînée, qui s'intitulait la burgraviale depuis qu'elle avait acquis, en 1426, le burgraviat de Misnie, s'éteignit en 1572, ne laissant aux cousins de Reuss que Schleiz et Lobenstein, ses autres possessions étant devenues la propriété de la Saxe. Depuis lors la maison de Reuss se nomma de Reuss-Plauen.

Dans cette ligne la souche la plus proche des maisons encore existantes est Henri le Tranquille (m. 1535). Ses trois fils (qui avaient été mis au ban de l'Empire en 1546, à cause de leur zèle pour la Réforme et de leurs attaches avec Jean Frédéric, électeur de Saxe, et réintégrés en 1562), firent, en 1564, un partage, et commencèrent trois nouvelles lignes; la moyenne s'étant éteinte en 1616 avec les fils du fondateur, il ne resta plus que l'aînée dite de Greiz, et la cadette de Schleiz représentée alors par deux branches : Schleiz et Lobenstein.

Ligne aînée ou **de Reuss-Greiz.** — Henri IV (m. 1629) et Henri V (m. 1617), petits-fils du fondateur de leur maison, se partagèrent les biens : les descendants du premier formèrent la branche du Haut-

(1) Le nom dynastique de Reuss est une vraie énigme qui a déjà bien mis à l'épreuve la sagacité des archéologues. Une ressemblance de mots a fait penser à la Russie. De là ces explications courantes qui disent que Henri dit de Reuss porta ce nom parce qu'il avait des possessions en Russie; ou parce qu'il avait combattu contre les Russes, alors encore païens; ou que son aïeule maternelle était une princesse russe et que le père pour distinguer ses fils avait appelé son cadet le Russe, comme il avait donné à l'aîné le surnom de Bohême, en souvenir de sa femme, mère de ce prince, qui était une princesse de Bohême.

A première vue déjà ces explications paraissent au moins singulières et la Russie semble amenée ici bien forcément. L'explication la plus plausible est que le nom Reuss, primitivement Rutze, *Henricus dictus de Rutze*, est tiré du territoire de Rutze, premier nom du pays de Regnitz-Hof. Ce nom Rutze n'est qu'une corruption de Reuth, Gereuthe, mot slave qui a la même signification que le germain Rode, Gerode, terre défrichée.

Quand, comme il est dit dans le texte, Plauen céda à Weida le Regnitz-Hof, le retour éventuel à la branche cadette de Plauen, fut sans doute stipulé et le titre que portèrent les seigneurs de Greiz, *dictus de Rutze* ou *Reuss*, aurait été non un titre de possession mais de prétention (c'est ce qui semble indiquer l'expression *dictus* qui ne permet pas de faire de Reuss un surnom), visant ce territoire de Reutzen ou Regnitzland. Lorsqu'en 1373 les avoyers de Weida vendirent Reutzen aux Hohenzollern de Nuremberg, ceux de Plauen-Greiz réclamèrent au tribunal de l'Empire. L'Empereur crut pouvoir contenter le comte de Plauen en le nommant avoyer à vie du comté de Gleisberg, alors à l'Empire. Mais les Avoyers de Greiz ne renoncèrent nullement à leurs prétentions, et continuèrent de les attester par leur titre comme dans leurs armoiries. Le temps en aurait fait perdre la signification même à ceux qui les portent. Cfr. F. B. Resch, *Ueber der Ursprung des dynastischen Namens Reuss*. Gera, 1874.

Greiz ; ceux du second, la branche du Bas-Greiz. Cette dernière s'est éteinte en 1768, et la première a réuni toutes les possessions.

Le 15 mai 1778, fut renouvelée pour la ligne de Greiz la dignité princière déjà accordée à toute la maison de Reuss par l'empereur Sigismond en 1426.

Ligne cadette ou **de Reuss-Schleiz.** — En 1635, les Reuss de Schleiz formèrent quatre branches : Géra, Saalbourg, Schleiz et Lobenstein.

Schleiz finit en 1666 et Saalbourg prit sa place, tandis que Saalbourg fut partagé. Henri Ier qui passa de Saalbourg à Schleiz laissa deux fils, dont l'aîné lui succéda dans le gouvernement, et (la primogéniture ayant été introduite en 1679 et confirmée en 1687) la branche de Kœstritz fondée par le second fut paragée, c'est-à-dire que les biens qu'elle obtint en fief, Kœstritz, Reichenbuch et autres, restèrent soumis à la souveraineté de la maison régnante.

Géra s'est éteint en 1802; son territoire resta indivis et fut depuis administré en commun par Schleiz et les deux branches de Lobenstein.

Lobenstein. Cette branche avait jeté en 1673 trois rameaux : Lobenstein, Hirschberg et Ébersdorf. Hirschberg finit avec les fils du fondateur. Lobenstein s'est éteint le 7 mai 1824, laissant ses possessions à Ébersdorf qui s'appela depuis Lobenstein-Ebersdorf. Enfin ce dernier rameau s'est également éteint, le 17 fév. 1853, en la personne du prince Henri LXXII ; la sœur de ce prince avait épousé Henri LXVII, prince régnant de la ligne cadette, et père du prince actuellement régnant.

Les maisons souveraines de la ligne cadette (alors encore au nombre de trois) et le chef Kœstritz obtinrent la dignité princière en 1806.

Les chefs des deux lignes adhérèrent en 1807 à la Confédération du Rhin et rompirent ainsi le lien de féodalité qui les unissait à la Bohême. En 1813, ils entrèrent dans la Confédération germanique.

I. Ligne aînée, ou de Reuss-Greiz.

Famille princière.

Conf. : Luth.

Résid. : *Greiz.*

Prince.

Jean XXII de la ligne aînée, prince régnant de Reuss, comte et seigneur de Plauen, seigneur de Greiz, Kranichfeld,

Géra, Schleiz et Lobenstein, etc., etc., n. 28 mars 1846, fils du prince Henri XX (n. 29 juin 1794) et de sa 2de femme *Caroline* Amélie Élisabeth (n. 19 mars 1819 ; mariée 1er oct. 1839 ; m. 18 janv. 1872), fille de Gustave, landgrave de Hesse-Hombourg ; succ. à son père, 8 nov. 1859, sous la tutelle de sa mère, gouverne en personne à sa majorité, 28 mars 1867 ; marié, 8 oct. 1872, à

Princesse.

Ida Mathilde Adélaïde, n. 28 juill. 1852, fille du prince régnant Adolphe de Schaumbourg-Lippe.

Frères et Sœurs du Prince.

1. Christine Hermine Amélie, n. 25 déc. 1840 ; mariée, 29 av. 1862, à Hugues, prince de Schœnbourg-Waldenbourg.
2. Feu Henri XXI, n. 11 fév. ; m. 14 juin 1844.
3. Feu Henri XXIII, n. 27 juin 1848 ; m. 22 oct. 1861.
4. Marie Henriette Auguste, n. 19 mars 1855.

Oncle.

Feu Henri XIX, n. 1er mars 1790 ; marié, 7 janv. 1822, à Gasparine, princesse de Rohan-Rochefort et Montauban (n. 27 sept. 1799 ; m. 27 juill. 1871) ; m. 31 oct. 1836.

Filles : 1. Feue *Louise* Caroline, n. 3 déc. 1822 ; mariée 1° 8 mars 1842, à *Édouard* Charles, prince de Saxe-Altenbourg ; veuve 16 mai 1852 ; 2° 27 déc. 1854, à Henri IV, prince de Reuss-Schleiz-Kœstritz ; m. 28 mai 1875.

2. Feue *Élisabeth* Henriette, n. 23 mars 1824 ; mariée, 4 nov. 1844, à Charles, prince de Furstenberg ; m. 7 mai 1861.

II. Ligne cadette ou de Reuss-Schleiz.

Famille princière.

Conf. : Luth.

Résid. : *Schleiz.*

Prince.

Henri XIV de la ligne cadette, prince régnant de Reuss,

comte et seigneur de Plauen, seigneur de Greiz, Kranichfeld, Géra, Schleiz et Lobenstein, etc., etc., n. 28 mai 1832; succ., 11 juill. 1867, à son père, le prince Henri LXVII; marié, 6 fév. 1858, à

Princesse.

Pauline Louise **Agnès**, n. 13 oct. 1835, fille cadette de feu le duc Eugène de Wurtemberg.

Enfants.

1. *Henri XXVII*, prince hérédit., n. 10 nov. 1858.
2. *Élisabeth*-Adélaïde, n. 27 oct. 1859.

Mère du Prince.

Sophie Adélaïde Henriette, n. 28 mai 1800, fille de Henri LI (m. 10 juill. 1822), avant dernier prince régnant de Reuss-Ébersdorf; mariée au prince Henri LXVII, 18 av. 1820; veuve 11 juill. 1867.

Frères et sœurs.

1. Feu Henri V; n. 4 déc. 1821; m. 24 mars 1834.
2. Anne Caroline, n. 16 déc. 1822; mariée.
3. Feue Élisabeth, n. 8 juin 1824; m. 17 déc. 1833.
4. Feu Henri VIII, n. 21 janv. 1827; m. 17 fév. 1828.
5. Feu Henri XI, n. 18 nov. 1828; m. 6 mars 1830.
6. Feu Henri XVI, n. 2 août 1835; m. 4 av. 1836.
7. Feue Marie Caroline, n. 12 av. 1837; m. 18 mai 1840.

Branche collatérale de Reuss-Schleiz-Kœstritz.

Elle est aujourd'hui divisée en trois rameaux : l'aîné, fondé par Henri VI (m. 17 mai 1783); le moyen, fondé par Henri IX (m. 16 sept. 1780), frère de Henri VI; et le cadet, fondé par le frère des premiers, Henri XXIII (m. 3 sept. 1787).

EMPIRE DE RUSSIE.

La dynastie de HOLSTEIN-GOTTORP.

Le 28 janv. 1725, mourut, à l'âge de cinquante-trois ans, Pierre Ier le Grand, le créateur de l'empire de Russie, transformée par lui en puissance européenne. Son *testament politique* devait perpétuer son œuvre en dirigeant ses successeurs dans la voie ouverte par lui. Mais sa descendance mâle allait finir bientôt. Il avait fait égorger son fils Alexis, hostile à ses réformes, et son petit-fils, Pierre II, mourut sans postérité en 1730 ; avec lui s'éteignit la ligne masculine des Romanow.

Les successeurs de Pierre le Grand s'attachèrent à maintenir la Russie au rang où l'avait élevée son génie. Sa femme, Catherine Ire, lui succéda ; et après elle, 1727, son petit-fils Pierre II. La couronne passa alors à Anne, fille d'Iwan V, frère de Pierre-le-Grand, qui régna dix ans (m. 28 oct. 1740). Le petit-neveu d'Anne, Iwan VI, ne fit que passer sur le trône ; Élisabeth, fille cadette de Pierre le Grand, l'en renversa pour y monter elle-même (7 déc. 1711). Elle intervint activement dans la guerre de sept ans, où ses troupes se signalèrent contre Frédéric II.

Élisabeth avait désigné pour lui succéder son neveu Pierre (III), né du mariage de sa sœur Anne avec le duc Charles-Frédéric de Holstein-Gottorp. Ce fut lui qui inaugura la dynastie de ce nom. A peine monté sur le trône, il en fut précipité par sa femme (8/9 juill. 1762), puis, quelques mois après, égorgé dans sa prison. Sa femme était la fameuse Catherine II, appelée par Voltaire la Sémiramis du Nord, et surnommée la Grande, parce qu'elle porta la Russie au plus haut degré de splendeur, mais femme méprisable pour ses cruautés et ses mœurs scandaleuses. Elle réalisa une grande partie du plan de Pierre le Grand en ouvrant à la Russie la mer Noire et la route de Constantinople, et en la faisant avancer vers le centre de l'Europe par suite du partage de la Pologne qu'elle avait conçu et préparé : ignoble besogne où l'on vit des rois dépouiller un peuple malheureux, comme des brigands un voyageur blessé. Paul Ier, tenu à l'écart pendant tout le règne de sa jalouse mère, monta sur le trône le 17 nov. 1796. Esprit violent et versatile, il bouleversa l'administration de son Empire ; ennemi déclaré de la révolution française, contre laquelle il envoya Suwarow et des troupes nombreuses, il devint ensuite grand admirateur de Bonaparte ; ami d'abord des Bourbons, il les fit plus tard sortir de ses pays. Partageant le sort de beaucoup de monarques moscovites, il fut étranglé dans son lit par des conjurés, dans la nuit du 12 mars 1801. Il avait établi la loi de succession :

la couronne se transmet par ordre de primogéniture, les femmes sont admises à défaut de mâles.

Le règne de son fils aîné, Alexandre Ier, prince généreux et éclairé, fut une époque de prospérité, de puissance et d'agrandissement. Ennemi acharné de Napoléon Ier, il entra dans la seconde coalition, qui n'eut qu'une fin malheureuse pour les alliés et que termina la paix de Tilsitt (8 juill. 1807). La seconde guerre contre la France amena l'invasion de la Russie, 1812, mais ce fut le commencement de la fin de Napoléon. Alexandre prit personnellement part aux luttes et aux traités qui marquèrent les années suivantes. Il organisa la Sainte-Alliance, et en resta l'âme jusqu'à sa mort. En 1809, il enleva la Finlande à la Suède; le congrès de Vienne lui donna la Pologne sous le titre de royaume constitutionnel ; il étendit de plus en plus son empire entre la mer Noire et la mer Caspienne. Des réformes importantes furent faites pour la prospérité et le bonheur des peuples. Ce grand prince, qui avait été l'arbitre de l'Europe et avait porté l'influence de la Russie à son apogée, fut enlevé à l'âge de 48 ans, le 1er déc. 1825. Son frère Constantin aurait dû lui succéder, mais depuis longtemps celui ci avait renoncé au trône ; ce fut le cadet, Nicolas, qui lui succéda.

Nicolas Ier régna en vrai autocrate, et cependant il sut inspirer aux Moscovites un attachement fanatique. C'est qu'il marcha sur les traces de son frère pour procurer le bonheur de ses peuples, et qu'il maintint l'influence prépondérante de la Russie dans les affaires européennes. Les conquêtes en Asie et sur la Turquie firent de grands pas ; la *question d'Orient* allait être résolue par la Russie seule et Constantinople devenait la capitale de l'empire moscovite, sans l'intervention des puissances occidentales. La France et l'Angleterre maintinrent la Turquie debout. Nicolas, affecté par les revers de Crimée, qui compromettaient les fruits de la politique de toute sa vie, mourut d'une attaque d'apoplexie, le 2 mars 1855.

Depuis la prise de Sébastopol (8 sept. 1855), la position de la Russie était devenue de plus en plus critique. Le nouvel empereur, Alexandre II, accepta les propositions de paix faites par l'Autriche. Elles furent discutées et fixées au congrès de Paris. La paix de Paris, signée le 30 mars 1856, imposait à la Russie des conditions qui la faisaient rétrograder d'un demi siècle. Depuis lors, elle a su profiter des guerres que se sont faites les puissances occidentales, et surtout de l'affaiblissement de la France pour annuler à peu près les clauses du traité de Paris. Aujourd'hui elle ne semble pas moins près de réussir dans son plan séculaire : l'occupation de la Turquie et de Constantinople, qu'il y a vingt-cinq ans; des progrès continus en Asie la rapprochent de plus en plus de l'Inde.

Famille Impériale.

Rel. grecque.

Résid.: *St-Pétersbourg.*

Empereur.

Alexandre II Nicolaïéwitch (par la grâce de Dieu empereur et autocrate de toutes les Russies, de Moscou, Kiew, Wladimir; czar de Kasan, czar d'Astrakhan, czar de Pologne, czar de Sibérie, czar de la Chersonèse Tauride; seigneur de Pskow, grand prince de Smolensk, de Lithuanie, de Volhynie, de Podolie et Finlande; etc., etc.), n. 29 (17) av. 1818, fils de l'empereur Nicolas Ier Paulowitch (n. 7 juill. [25 juin] 1796) et de l'impératrice *Alexandra* Féodorowna, auparavant Frédérique Louise *Charlotte* Wilhelmine (n. 13 [2] juill. 1798; mariée 13 [1er] juill. 1817; m. 1er nov. [20 oct.] 1860), fille de feu Frédéric-Guillaume III, roi de Prusse; succ. à son père, 2 mars (18 fév.) 1855; couronné 7 sept. (26 août) 1856; marié, 28 (16) av. 1841, à

Impératrice.

Marie Alexandrowna, ci-devant Maximilienne Wilhelmine Auguste Sophie *Marie*, n. 8 août (27 juill.) 1824, fille de Louis II, grand-duc de Hesse.

Enfants (1).

1. Feue *Alexandra* Alexandrowna, n. 30 (18) août 1842; m. 28 (16) juin 1849.
2. Feu *Nicolas* Alexandrowitch, Césarewitch, Grand-duc héritier; m. 24 (12) av. 1865.
3. *Alexandre* Alexandrowitch, Césarewitch, grand-duc héritier, n. 10 mars (26 fév.) 1845; marié, 9 nov. (28 oct.) 1866, à *Marie* Féodorowna, ci-devant Marie Sophie Fréd. *Dagmar*, n. 26 (14) nov. 1847, fille de Christian IX, roi de Danemark.

(1) Les princes et princesses de la famille impériale portent le titre de Grands-ducs et Grandes-duchesses.

Fils : 1. *Nicolas* Alex., n. 18 (6) mai 1868.

2. *Georges* Alex., n. 9 mai (27 av.) 1871.

3. *Xénie* Alex., n. 6 av. (25 mars) 1875.

4. *Wladimir* Alex., n. 22 (10) av. 1847; marié, 29 août 1874, à *Marie*, n. 14 mai 1845, fille de Frédéric-François, grand-duc de Mecklembourg.

5. *Alexis* Alex., n. 14 (2) janv. 1850.

6. *Marie* Alex., n. 17 (5) oct. 1853; mariée à Alfred, *duc d'Édimbourg* (Grande-Bretagne).

7. *Serge* Alex., n. 11 mai (29 av.) 1857.

8. *Paul* Alex., n. 3 oct. (21 sept.) 1860.

Frères et sœurs de l'Empereur.

1. *Marie* Nicolaïéwna, n. 18 (6) août 1819 ; mariée 14 (2) juill. 1839, à Maximilien, duc de Leuchtenberg ; veuve 1er nov. (20 oct.) 1852.

2. Princesse, n. et m. 22 juill. 1820.

3. Olga Nic., n. 11 sept. (30 août) 1822 ; mariée au roi de Wurtemberg.

4. Princesse, n. et m. 23 (11) oct. 1823.

5. Feue Alexandra Nic., n. 24 (12) juin 1825 ; mariée 28 (16) janv. 1844, à Frédéric Guillaume de Hesse-Cassel ; m. 10 août 1844.

6. Constantin Nic., n. 20 (9) sept. 1827 ; marié, 11 sept. (30 août) 1848, à *Alexandra* Joséfowna, ci-devant *Alexandra* Fréd. Henriette, n. 8 juill. (26 juin) 1830, fille de feu le duc Joseph de Saxe-Altenbourg.

Enfants : 1. *Nicolas* Constantinowitch, n. 14 (2) fév. 1850 ; placé sous curatelle de son père par ukase impérial du 11 déc. 1874.

2. *Olga* Const., n. 3 sept. (22 août) 1851 ; mariée à Georges Ier, roi des Hellènes.

3. *Wéra* Const., n. 16 (4) fév. 1854 ; mariée au prince Eugène de Wurtemberg.

4. *Constantin* Const., n. 22 (15) août 1858.

5. *Dimitri* Const., n. 13 (1er) juill. 1860.

6. *Wiatcheslaw* Const., n. 13 (1er) juill. 1862.

7. Princesse, morte-née 4 oct. 1829.

8. Nicolas Nic., n. 8 août (27 juill.) 1831; marié, 6 fév. (25 janv.) 1856, à *Alexandra* Petrowna, ci-devant *Alexandra* Fréd. Wilh., n. 2 juin (21) mai 1838, fille de Constantin *Pierre*, prince d'Oldenbourg.

Fils : 1. *Nicolas* Nicolaïéwitch, n. 18 (6) nov. 1856.

2. *Pierre* Nicol., n. 22 (10) janv. 1864.

9. Michel Nicol., n. 25 (13) oct. 1832; marié, 28 (16) août 1857, à *Olga* Féodorowna, ci-devant *Cécile* Auguste, n. 20 (8) sept. 1839, fille de feu Léopold, grand-duc de Bade.

Enfants : 1. *Nicolas* Michaëlowitch, n. 26 (14) av. 1859.

2. *Anastasie* Mich., n. 28 (16) juill. 1860.

3. *Michel* Mich., n. 16 (4) oct. 1861.

4. *Georges* Mich., n. 23 (11) août 1863.

5. *Alexandre* Mich., n. 13 (1er) av. 1866.

6. *Serge* Mich., n. 7 oct. (25 sept.) 1869.

Oncles et Tantes,

issus du 2d mariage de Paul Ier (1) *(n. 1er oct. [20 sept.] 1754, m. 23/24 [11/12] mars 1801) avec* Marie *Féodorowna*, *auparavant* Sophie *Dorothée Auguste (n. 25 oct. 1759; mariée 7 oct. [26 sept.] 1776; m. 5 nov. [24 oct.] 1828), fille du duc Frédéric-Eugène de Wurtemberg:*

1. Feu **Alexandre** Paulowitch, n. 23 (12) déc. 1777; succ., 24 août 1801, à son père Paul Ier; marié 9 oct. (28 sept.) 1793, à Élisabeth Alexiewna, auparavant *Louise* Marie Auguste (n. 24 janv. 1774; m. 16 mai 1826); m. 1er déc. (19 nov.) 1825.

2. Feu *Constantin* Paulowitch, Césarewitch, n. 9 mai 1779; marié 26 fév. (15 fév.) 1796, à *Anne* Féodorowna, auparavant *Julie* Henriette Ulrique (n. 23 [12] sept. 1781; m. 15 août 1860), fille de feu François, duc de Saxe-Saalfeld-et-Cobourg; séparé en vertu d'un ukase de

(1) La première femme de Paul Ier, Nathalie Alexiewna, auparavant Wilhelmine (n. 25 juin 1755; mariée 10 oct. 1775), fille du grand-duc Louis IX de Hesse-Darmstadt, mourut le 26 av. 1776.

l'Empereur du 2 av. 1820; 2° à Jeanne, fille du prince de Lowicz; m. 15 (27) juin 1831.

3. Feue Alexandra Paulowna, n. 9 (29 juill.) 1783; mariée, 30 oct. 1799, à l'archiduc *Joseph* Antoine d'Autriche; m. 16 mars 1801.

4. Feue Hélène Paul., n. 24 (13) déc. 1784; mariée 23 (12) oct. 1799, à Frédéric Louis de Mecklembourg-Schwérin; m. 24 sept. 1803.

5. Feue Marie Paul., n. 15 (4) fév. 1786; mariée, 3 août (22 juill.) 1804, à Charles Frédéric, alors grand-duc hérédit., depuis grand-duc de Saxe-Weimar; veuve 8 juill. 1853; m. 23 juin 1859.

6. Feue Catherine Paul., n. 21 (10) mai 1788; mariée 1° 3 août (22 juill.) 1809, à *Georges* Pierre Frédéric d'Oldenbourg; veuve 27 déc. 1812; 2° 24 janv. 1816, à Guillaume Ier de Wurtemberg; m. 9 janv. 1819.

7. Feue Olga Paul., n. 22 (11 juill.) 1792; m. 26 (15 janv.) 1795.

8. Feue Anne Paul., n. 18 (7 janv.) 1795; mariée, 20 (9) fév. 1816, à Guillaume II, roi des Pays-Bas; veuve 17 mars 1849; m. 1er mars 1865.

9. Feu Michel Paul., n. 8 fév. (28 janv.) 1798; marié, 20 (8 fév.) 1821, à Hélène Paulowna, auparavant Frédérique *Charlotte* Marie (n. 9 janv. 1807, m. 2 fév. [21] janv. 1873), fille de *Paul* Charles Frédéric, prince de Wurtemberg; m. 9 sept. (28 août) 1849.

Filles : Feue *Marie* Michaïlowna, n. 9 mars (20 fév.) 1825; m. 19 (7) nov. 1846.

2. Feue *Élisabeth* Michaïl., n. 26 (14) mai 1826; mariée, 30 (19) janv. 1844, à Adolphe duc de Nassau; m. 28 (16) janv. 1845.

3. *Catherine* Mich., n. 28 (16) août 1827; mariée 16 (4) fév. 1851, à Georges, duc de Mecklembourg-Strélitz.

4. Feue *Alexandra* Mich., n. 28 (16) janv. 1831; m. 27 (15) mars 1832.

5. Feue *Anna* Mich., n. 27 (15) oct. 1834; m. 22 (10) mars 1836.

ROYAUME ET DUCHÉS DE SAXE.

La dynastie de WETTIN.

Les pays qui forment aujourd'hui le royaume et les duchés de Saxe portaient autrefois d'autres noms : le royaume, celui de Marche au Margraviat de Misnie (Meissen) ; les duchés, celui de Thuringe. La contrée qui valut à ces pays le nom de Saxe n'en fait même plus partie depuis 1815.

Une bonne partie des règnes de Henri Ier et de son fils Othon fut employée à combattre les Slaves qui menaçaient de plus en plus la Germanie. Les Sorbes, une de leurs tribus, avaient occupé le pays entre l'Elbe, la Mulde, la Pleisse, l'Elster et la Saale. Henri Ier se rendit maître de tout leur pays et établit sur l'Elbe une place forte, appelée Meissen, qui donna son nom à toute la contrée entre l'Elbe et la Mulde : la Misnie. Vers 961, elle fut érigée en margraviat, qui fut donné à vie pendant deux siècles au gré de l'Empereur. En 1130, la possession héréditaire en fut accordée à Conrad le Pieux, Comte de Wettin, qui devint le fondateur de l'illustre maison de Wettin ou de Saxe.

Cette famille tire son origine de Thierry de la maison de Busici « *de tribu Busici, vir egregie libertatis* » (m. vers 982); et sa dénomination de Wettin, du château situé sur la Saale au milieu de ses vastes propriétés qui s'étendaient aux environs de Halle, Délitsch et Eilenbourg. L'arrière-petit-fils de Thierry, Dedo II (m. 1075), fut margrave de la Basse-Lusace, et le fils de celui-ci, Henri Ier d'Eilenbourg (m. 1103), margrave de Misnie. Après ce dernier, la Misnie passe à Thimo « de Wettin » (m. 1104), neveu de Dedo II; puis à Henri II, fils de Henri Ier. C'est à la mort de celui-ci, 1123, que Conrad, fils de Thimo, fut nommé margrave.

Conrad le Pieux, aussi surnommé le Grand à cause de ses exploits, acquit Leipzig, 1134, reçut de l'empereur Lothaire la Basse-Lusace, 1136, et du successeur de Lothaire le Comté de Rochlitz, 1143 ; de sorte que son pouvoir s'étendait de la Neisse et de l'Erzgebirge jusqu'au Harz et à la Saale. Conrad partagea ses pays entre ses cinq fils, mais l'aîné seul, Othon le Riche (1) (m. 1190), continua la lignée ; toutes les possessions des autres lignes firent retour à sa maison à l'exception de Wettin qui alla à l'archevêché de Magdebourg. Plus d'une fois dans la suite, il se fit des partages de biens, mais les branches ainsi fondées eurent peu de durée

(1) Il doit ce surnom aux mines d'argent et de pierres précieuses qu'on découvrit vers 1185, dans l'Erzgebirge, à Freiberg. Ce fut ce prince qui fonda les célèbres foires de Leipzig.

Le fils cadet d'Othon (l'aîné, Albert le Hardi, qui avait succédé à son père, était mort, 1195, ne laissant qu'une fille), Thierry l'Affligé (m. 1221), épousa Jutte, fille d'Hermann Ier de Thuringe et sœur de Henri Raspon dernier landgrave de ce pays, limitrophe de la Misnie. A la mort de Raspon, 1247, Thierry l'Illustre, fils de l'Affligé, prétendit, au droit de sa mère, à la Thuringe, pays plus vaste que le sien. Après une guerre de neuf ans avec Sophie de Brabant (v. Hesse), il obtint, par le partage de 1263, la plus grande partie de la Thuringe, laissant à Sophie le pays des Hessois qui relevait jusque-là de la Thuringe. En 1246, Thierry avait aussi acquis les riches contrées de la Pleisse qui appartenaient à l'Empereur.

Son petit-fils, Frédéric Ier le Mondu (m. 1324), dans la guerre qu'il eut à soutenir contre l'Empereur qui voulait lui ravir ses États, conquit Altenbourg, Zwickau et Chemnitz et tout le pays contigu à la Pleisse. Par sa seconde femme il acquit encore le comté d'Arnshaugk, auquel appartenait Neustadt sur l'Orla et un quart de Iéna ; mais il dut céder la Lusace au Brandebourg après une guerre malheureuse. Son fils, Frédéric II le Sérieux, obtint, en 1331, l'autre moitié de Iéna, et enleva aux comtes d'Orlamunde Weimar, Treffort, Orlamunde. Il mourut à l'âge de trente-neuf ans, 1349, après avoir refusé la dignité impériale que lui offraient les princes de la Germanie. Frédéric III régna trente ans en commun avec ses frères Balthasar et Guillaume. Ils augmentèrent considérablement les possessions de leur maison; entres autres ils acquirent de Reuss-Plauen, en 1354, Ziegenruck, Triptis, Ronnebourg, Weida; Frédéric, par son mariage avec Catherine de Henneberg, obtint Cobourg, et son frère Balthasar, en épousant Marguerite, fille d'Albert de Nuremberg et de Sophie de Henneberg (sœur de Catherine), Hildbourghausen, Heldbourg et Eisfeld. C'est par ses développements successifs que les Margraves de Misnie se rangeaient parmi les princes les plus puissants de l'Empire.

Mais c'était le fils de Frédéric III (par qui seul se continua la lignée), Frédéric le Belliqueux qui devait le plus contribuer à la gloire de la maison de Wettin par l'acquisition du duché de Saxe, et de la dignité électorale qu'il obtint de l'empereur Sigismond, en 1423, à l'extinction de la dynastie d'Ascanie : c'était en reconnaissance des secours que lui avait prêtés le margrave par son argent et son épée dans ses guerres contre les Hussites. Depuis lors le nom brillant de Saxe s'étendit peu à peu à toutes les possessions de la maison de Wettin (1).

(1) Les anciens Saxons n'habitaient pas le pays appelé aujourd'hui de leur nom, mais bien le Hanovre, l'Oldenbourg et la Westphalie jusqu'à la Hollande, c'est-à-dire de l'Elbe au Rhin et du Harz à la mer du Nord. Tantôt tributaire des Francs, tantôt indépendante, cette puissante nation fut définitivement soumise par Charlemagne, après trente-deux années de guerre, 772-803. Louis le Germanique érigea la Saxe en duché,

Ce sont les petits-fils de Frédéric Ier électeur de Saxe, qui fondèrent les deux lignes si connues dans l'histoire sous le nom de ligne Ernestine, l'aînée, et ligne Albertine, la cadette. Ces deux princes, Ernest et Albert, succédèrent à leur père Frédéric II le Bon, le 7 sept. 1464. Ils gouvernèrent en commun, l'aîné avec le titre d'Électeur, le second avec celui de Duc, jusqu'en 1485. Des difficultés s'étant élevées entre eux, ils firent à Leipzig, le 26 août de cette année, un partage définitif des possessions de Wettin, qui depuis lors ne furent plus jamais réunies. Ernest, outre le cercle électoral avec le titre d'électeur obtint la plus grande partie de la Thuringe, le Vogtland et le district de Cobourg; Albert reçut la Misnie avec Leipzig et Dresde, l'autre partie de la Thuringe et une grosse somme d'argent.

Ligne Ernestine ou **aînée.** Frédéric, surnommé le Sage, qui refusa la couronne impériale à la mort de Maximilien Ier, succéda à Ernest en 1486. Il fonda l'université de Wittemberg où enseigna Luther, et se signala comme le grand protecteur de ce moine apostat. Son frère Jean le

842, qu'il donna au comte Ludolph. Le petit-fils de Ludolph, Henri Ier l'Oiseleur, fut élu roi de Germanie et commença la série des Empereurs de la dynastie de Saxe; Othon le Grand céda le duché de Saxe, 960, à Hermann Billoung, noble Saxon de grande bravoure. Le duché de Saxe s'étendait sur tout le nord de l'Allemagne jusqu'à la Hesse et la Thuringe au Sud, et depuis le Rhin et le Weser à l'ouest jusqu'à l'Elbe à l'est ; de ce côté il était couvert contre les invasions slaves par la Marche du Nord (Brandebourg) et la Marche orientale (Lusace). La dynastie de Billoung s'éteignit en 1106. L'empereur Henri donna alors la Saxe à Lothaire, comte de Supplinbourg, qui monta lui-même sur le trône impérial en 1125. Lothaire laissa son duché de Saxe aux Guelfes de Bavière en la personne du duc Henri le Superbe, à qui il avait marié sa fille Gertrude. Henri perdit son duché sous le successeur de Lothaire, Conrad III, dont il avait été le compétiteur à l'Empire, et la Saxe fut donnée à Albert l'Ours margrave de Brandebourg. Toutefois le fils du Superbe, Henri le Lion, recouvra les possessions paternelles par la faveur de Frédéric Ier et porta plus haut que jamais la gloire de la Saxe par ses guerres heureuses contre les Slaves. Comme dédommagement, Albert l'Ours avait obtenu que son margraviat fût déclaré indépendant de la Saxe. En 1180, le valeureux duc de Saxe fut mis au ban de l'Empire, et déclaré déchu de son duché. La Saxe fut morcelée; on laissa à Henri ses biens allodiaux : l'Ostphalie et une partie de l'Angrie (Brunswick) ; la Westphalie fut donnée à l'archevêché de Cologne; les évêchés de Munster, Osnabruck, Paderborn, Minden, Verden, Brême, les comtés de Tecklembourg, Altona, Arnsberg, Schaumbourg, Lippe et Oldenbourg devinrent fiefs de l'Empire. Le titre et la dignité de duc de Saxe furent donnés au valeureux Bernard, comte d'Ascanie, fils d'Albert l'Ours. Il possédait le Lauenbourg et un pays restreint sur l'Elbe dans la contrée de Wittemberg et Torgau. C'est ce petit pays qui devint le nouveau duché de Saxe. Quand l'empereur Charles IV fixa par sa *Bulle d'Or* le nombre et les fonctions des Électeurs de l'Empire, 1356, il érigea le duché de Saxe en Électorat. Les petits-fils de Bernard, Jean et Albert, avaient partagé, 1260, et fondé les lignes de Saxe-Lauenbourg et de Saxe-Wittemberg. Cette dernière (devenue l'électorale) s'éteignit en 1422; c'est alors que Sigismond transféra le duché et la dignité électorale au margrave de Misnie, Frédéric le Belliqueux, nonobstant les prétentions que mit en avant la ligne aînée de Saxe-Lauenbourg.

Constant, qui lui succéda en 1525, continua de prendre sous sa tutelle le protestantisme ; ce fut lui qui présenta la confession d'Augsbourg, 1530, et qui jeta avec Philippe de Hesse, les bases de la ligue de Smalkalde.

En 1532, lui succéda son fils Jean Frédéric le Magnanime. Le rôle de protecteur du protestantisme réussit très-mal à celui-ci et eut les suites les plus funestes pour sa maison. Entré en guerre ouverte contre Charles-Quint, il fut battu et fait prisonnier à Muhlberg sur l'Elbe, 1574, et vit passer la dignité électorale et presque tous ses biens à la ligne cadette ou Albertine.

Dans cette ligne, Georges le Barbu avait succédé, en 1500, à son père Albert. Il fut l'ennemi acharné de Luther et de ses sectaires ; mais son frère, Henri le Pieux, qui régna après lui, 1539, introduisit le protestantisme dans ses Etats. Son fils Maurice lui succéda. Quoique protestant dans l'âme, le duc Maurice tint pour l'Empereur dans la guerre de Smalkalde, et contribua beaucoup à la défaite de son cousin Jean l'électeur. En récompense, il reçut l'Electorat et les possessions de la ligne Ernestine. Le prisonnier de Charles-Quint dut souscrire à cette aliénation de sa dignité et de ses biens par la capitulation de Wittemberg (19 mai 1547); il ne fut garanti à ses fils, avec une rente annuelle de cinquante mille florins, qu'une partie de la Thuringe et des pays environnants, à laquelle un nouveau traité, conclu à Naumbourg en 1554, ajouta quelques bailliages. C'est de ces débris, accrus dans la suite des temps, que se sont formés les duchés de Weimar et de Gotha, seules possessions de la ligne Ernestine. L'électorat de Saxe resta depuis lors à la ligne Albertine.

Des deux fils de Jean-Frédéric le Magnanime, l'aîné, Jean-Frédéric II, eut Gotha, le cadet, Jean-Guillaume, Weimar. Ils conclurent un pacte de succession mutuelle avec les comtes de Henneberg. L'aîné, impliqué dans une conspiration, se fit mettre au ban de l'Empire, 1566, et alla mourir à Neustadt, en Styrie, après un emprisonnement de vingt-huit ans, 1595. Le cadet réunit alors tous les biens, mais en 1572 il céda aux deux fils de son malheureux frère Cobourg et Eisenach qui firent retour à sa maison en 1638, parce que ces princes ne laissèrent pas de postérité. Lui-même eut deux fils: Frédéric-Guillaume Ier et Jean, tiges des anciennes branches d'Altenbourg et de Weimar (1). En 1583, à l'extinction des comtes de Henneberg, ils héritèrent de la plus grande partie de ce pays qui ne fut cependant partagé qu'en 1660. Altenbourg s'éteignit en 1672 avec le petit-fils du fondateur, laissant ses biens à Weimar, qui fleurit encore aujourd'hui en plusieurs branches.

Jean, le fondateur de la maison de Weimar (m. 1605) eut plusieurs fils qui prirent une part active à la guerre de Trente ans, et parmi lesquels

(1) Jean était d'abord à Altenbourg ; mais par une convention du 13 nov. 1603 il prit Weimar et les fils de son frère (m. 1602) Altenbourg.

Bernard, dit le Grand, se rendit surtout célèbre dans les armées suédoises. Les frères gouvernèrent d'abord en commun sous la direction de l'aîné, Jean-Ernest Ier qui mourut en 1626. En 1638, ils héritèrent Cobourg et Eisenach. Le 13 fév. 1640, les trois fils survivants firent un partage qui donna Weimar à Guillaume, Eisenach à Albert, et Gotha à Ernest Ier le Pieux. Albert étant mort sans postérité en 1644, ses frères partagèrent ses biens et il ne resta plus que les branches de Weimar et de Gotha qui se continuent encore de nos jours.

Branche de Weimar. — Les fils de Guillaume (m. 1662) partagèrent et commencèrent quatre nouvelles branches : Jean-Ernest II à Weimar, Adolphe-Guillaume à Eisenach, Jean-Georges Ier à Marksuhl et Bernard à Iéna.

Eisenach s'éteignit avec le fils d'Adolphe-Guillaume, en 1671, laissant sa succession et son nom à Marksuhl ; Iéna finit également avec le fils de son fondateur, 1690 ; il ne resta que Weimar et Eisenach (Marksuhl). Cette dernière ne se continua que jusqu'en 1741, Weimar réunit tous les biens et s'appela Weimar-Eisenach.

Les ducs de Weimar se sont fait remarquer par la protection accordée aux lettres, surtout Charles-Auguste (avec sa mère Anne-Amélie, régente pendant sa minorité), qui réunit à Weimar et à Gotha les savants les plus distingués et les princes de la poésie allemande. Charles-Auguste prit une part active à la guerre de la Prusse contre la France ; après la bataille de Iéna il dut entrer dans la Confédération du Rhin; après celle de Leipzig il s'unit aux alliés et prit le commandement d'un corps d'armée dans les Pays-Bas. Le congrès de Vienne lui donna le titre de Grand-Duc avec un accroissement de territoire. Son petit-fils règne aujourd'hui.

Branche de Gotha. — Ernest Ier le Pieux en est le fondateur. Le partage du 13 fév. 1640 lui avait donné la partie dont la ville principale est Gotha; la mort de son frère d'Eisenach augmenta ce territoire, comme aussi l'extinction des comtes de Henneberg ; en 1672, il obtint les trois quarts de la succession de l'ancienne branche d'Altenbourg en invoquant les droits de sa femme Élisabeth, tante du dernier duc.

Ernest laissa en mourant, 1675, sept fils qui, conformément au testament de leur père, gouvernèrent d'abord en commun; puis, le 21 sept. 1681, ils firent un partage dont il résulta sept branches : Gotha, Cobourg, Meiningen, Rœmhild, Eisenberg, Hildbourghausen et Saalfeld.

Trois de ces branches s'éteignirent avec leurs fondateurs : Cobourg en 1699, Eisenberg en 1707, Rœmhild en 1710. Les branches survivantes se partagèrent leurs successions, non sans de grandes difficultés. L'héritage de Cobourg donna surtout lieu à de longs démêlés entre Meiningen et Saalfeld, qui ne prirent fin qu'en 1735 par un partage. Meiningen

Tableau généalogique d[...]

Jean Fré[...]
pe[...]
dép. 29 ma[...]

Jean-Frédéric II,
dép. 1567, m. 1595.
Gotha.

Jean Casimir,
Cobourg, 1572,
m. **1633**.

Jean Ernest,
Eisenach, 1572,
m. **1638**.

Fréd. Guill.
m. 1602,
Altenbourg,

J. Philippe,
m. 1639.
Sa fille Élisabeth épouse
Ernest le Pieux
de Gotha.

Fréd. Guill
m. 1669.

Fréd. Guill
m. **167[...]**

Jean Ernest Ier,
Weimar,
m. 1626.

Frédéric,
m. 1622.

Guillaume IV,
m. 1662.
Weimar, 1640.

Albert,
Eisenach,
m. **1644**

Jean Ernest II,
m. 1683.
Weimar, 1662.

Adolp. Guill.,
m. 1668.
Eisenach, 1662.

J. Georges,
n. 1680. Marksuhl, 1662.
Eisenach, 1671.

Bernard,
m. 1678.
Iéna, 1662

Guill. Ern.,
n. 1728.

Jean Ern. III,
m. 1707.

Guill. Aug.
m. **1671**.

Jean Guill.,
m. 1729.

Jean Guill[...]
m. **1690**.

Ernest Auguste Ier,
m. 1748.

Guill. Henri,
m. **1741**.

Ernest Auguste II,
m. 1758.
Weimar-Eisenach.

Charles-Auguste,
Grand-Duc, 1815,
m. 1828.

Bernard,
m. 1862.

Char. Fréd.,
m. 1853.

Hermann.

Augusta,
Guill. Ier de Prusse.

Char. Alexand.

NE ERNESTINE de SAXE.

agnanime,
st,
ars 1554.

.,

Jean,
m. 1605.
Weimar, 1603.

Jean Fréd., m. 1628. — Ernest Ier le Pieux, m. 1675, **Gotha**, 1640. — Fréd. Guill., m. 1619. — Bernard le Grand, n. 1604. m. 1639.

éric Ier, 1691. **tha.** — Albert, **Cobourg.** m. **1699**. — Bernard, m. 1706. **Meiningen**, — Henri, **Rœmhild.** m. **1710**. — Ernest, m. 1705. **Hildbourgh.** — Christian, **Eisenbach.** m. **1707**. — Jean Em., m. 1729. **Saalfeld.**

éric II, . 1732. — Ern.L., m. 1724. — Fréd. Guill., m. 1746, — Ant. Ulrich, m. 1763. — Ern. Fréd. Ier, m. 1724. — Christ. Ern., m. 1745. — Fr. Jonas. m. 1764.

éric III, . 1772. — Aug. Fréd., m. 1782. — Georges Ier, m. 1803. — Ern. Fréd. II, m. 1745. — Ern. Fréd., 1800.

est, 1804. — Bernard II, abd. 1866. — Ern. Fréd. III, m. 1780. — François, m. 1806.

guste, 1822. — Frédéric IV, m. **1825**. — Georges II, **Mein Hildbghn.** — Frédéric, m. 1834. **Altenbourg.** — Ernest Ier, m. 1844. **Cob.-Gotha.** — Ferdin., m. 1851. — Léop. Ier, **R. des B.**, m. 1865.

Joseph, m. 1848. — Georges. — Ern. II. — Alb., (Gr.-Br.).

obtint la plus petite partie, Saalfeld la plus grande partie du duché avec le chef-lieu Cobourg, et s'appela depuis lors Saalfeld-Cobourg.

Ces quatre branches se continuèrent toutes jusqu'en 1825 ; alors s'éteignit l'aînée, celle de Gotha, et un nouveau partage et échange eut lieu, le 12 nov. 1829, entre les trois survivantes :

Meiningen obtint Hildbourghausen avec Saalfeld, et s'appela Saxe-Meiningen-Hildbourghausen.

Hildbourghausen eut Altenbourg et en prit le nom;

Saalfeld-Cobourg reçut Gotha et devint Saxe-Cobourg-et-Gotha. Ce duché se compose, comme celui de Weimar-Eisenach de deux parties distinctes et séparées.

Le 27 janv. 1807, Napoléon fit occuper le duché de Cobourg, après la mort du duc François; mais sur l'intervention de la Russie, il le fit restituer à son fils Ernest Ier. Celui-ci adhéra à la Confédération du Rhin; puis entra, avec les autres ducs de Saxe, dans la coalition de 1813 contre Napoléon ; en 1815, il vit son territoire agrandi de la principauté de Lichtenberg, qu'il céda à la Prusse en 1834 contre une rente annuelle de 80,000 thalers.

Cette branche cadette de toute la ligne Ernestine s'est fait une grande renommée par la brillante fortune de plusieurs de ses princes. Le frère cadet d'Ernest Ier, Léopold, fut élu roi des Belges; son neveu Ferdinand, né de son frère puîné, devint roi de Portugal par son mariage avec la reine de ce pays, Maria II da Gloria; et le cadet de ses fils à lui, Albert, épousa Victoria, reine d'Angleterre.

Ligne Albertine ou **cadette.** — Nous avons vu, plus haut, comment Maurice, duc de Saxe, enleva à son cousin Frédéric le Magnanime, sa dignité électorale et ses biens, qu'il avait pourtant promis de régir pendant que celui-ci irait combattre Charles-Quint. Maurice fit ainsi la fortune de sa maison. Parvenu à ses fins, il se tourna contre l'Empereur, se mit à la tête du parti protestant, et parvint à obliger Charles à signer, le 2 août 1552, la paix de Passau.

Maurice mourut, 1533, sans laisser d'héritiers mâles. Son frère Auguste lui succéda et ses descendants conservèrent la dignité électorale jusqu'à la dissolution de l'Empire germanique. Cette ligne a donné plusieurs branches, mais elles se sont presque toutes éteintes avec leurs fondateurs.

Deux électeurs de Saxe ont porté la couronne de Pologne en même temps que le bonnet électoral. Ce furent Frédéric Auguste Ier (m. 1733), et son fils Frédéric Auguste II (m. 1763) ; pour obtenir la couronne de Pologne, le premier embrassa le catholicisme qui resta depuis la religion de ses descendants.

Frédéric Auguste III (Ier comme roi) prit le titre de roi en entrant dans la

Confédération du Rhin (11 déc. 1805). Depuis la bataille de Iéna (14 oct. 1806), Frédéric Auguste s'était détaché de la Prusse pour s'attacher à la fortune de Napoléon Ier; celui-ci, en retour, lui donna (juin 1807) le duché de Varsovie qu'il venait de créér. La Saxe eut beaucoup à souffrir pendant les guerres de Napoléon, et ses enfants versèrent leur sang pour l'étranger sur beaucoup de champs de bataille. Après la défaite de Napoléon à Leipzig (16, 18 et 19 oct. 1813), le roi de Saxe fut fait prisonnier et envoyé à Berlin, d'où il ne revint que le 7 juin 1815. Mais son royaume était bien amoindri : le Congrès de Vienne ayant ordonné le partage de la Saxe, la plus grande partie avait été incorporée à la Prusse, sous le nom de duché prussien de Saxe; l'autre partie forma le nouveau royaume de Saxe. Frédéric Auguste put célébrer (sept. 1818) son jubilé de cinquante ans de règne; il mourut le 5 mai 1827, vivement regretté de ses fidèles Saxons, qu'il avait gouvernés pendant soixante ans.

Frédéric Auguste Ier étant mort sans enfants, la couronne passa à son frère Antoine, et après lui (6 juin 1836), à son neveu Frédéric Auguste II, qui perdit la vie dans un accident de voiture pendant un voyage au Tyrol (9 août 1854). Celui-ci ne laissant pas d'enfants, son frère, Jean, lui succéda. Pendant la guerre de la Prusse et de l'Autriche, la Saxe, fidèle à la Confédération, s'unit à cette dernière puissance, et ses troupes se distinguèrent brillamment à Gitschin et à Kœniggrætz (3 juill. 1866). Le 21 oct. 1866, le roi de Saxe fit la paix avec la Prusse et entra dans la Confédération de l'Allemagne du Nord, devenue depuis l'Empire allemand.

Le mot que le roi Jean prononça à cette occasion : qu'il serait fidèle à la nouvelle Confédération comme il l'avait été avant à l'ancienne, se vérifia pendant la guerre Franco-Allemande ; ses fils, le prince royal Albert et Georges, y maintinrent glorieusement la réputation de bravoure saxonne; après la sanglante journée de Gravelotte, où les troupes saxonnes décidèrent de la victoire, Albert fut investi par le roi de Prusse du commandant de l'armée de la Meuse. Depuis le 29 oct. 1873, ce prince a succédé à son père.

I. Ligne Ernestine (ou aînée).

Conf. Luth.

1. Branche de Weimar.

Saxe-Weimar-Eisenach.

Résid. : *Weimar.*

Grand-duc.

Charles-Alexandre Auguste Jean, grand-duc de Saxe-

Weimar-Eisenach, landgrave de Thuringe, margrave de Meissen, comte princier de Henneberg, seigneur de Blankenheyn, Neustadt et Tautenbourg, etc., etc., n. 24 juin 1818, fils du grand-duc Charles-Frédéric (n. 2 fév. 1783) et de *Marie* Paulowna (n. 15 [4] fév. 1786; mariée 3 août 1804 ; m. 23 juin 1859), fille de feu Paul Ier, empereur de Russie; succ. à son père, 8 juill. 1853 ; marié, 8 oct. 1862, à

Grande-duchesse.

Wilhelmine Marie **Sophie** Louise, n. 8 av. 1824, fille de feu Guillaume II, roi des Pays-Bas.

Enfants.

1. *Charles-Auguste* Guillaume, etc., grand-duc hérédit., n. 31 juill. 1844; marié, 26 août 1872, à sa cousine *Pauline* Ida Marie Olga Henriette Catherine, fille du prince Hermann.
2. *Marie* Anne, n. 20 janv. 1849.
3. Feue *Sophie*, n. 29 mars 1851 ; m. 26 mai 1859.
4. *Élisabeth* Sybille, n. 28 fév. 1854.

Frère et sœurs du Grand-duc.

1. Feu Charles-Frédéric, n. 25 sept. 1805 ; m. 10 av. 1806.
2. Marie Louise, mariée à Frédéric *Charles*, frère du roi de Prusse.
3. Augusta Catherine, mariée à Guillaume Ier, roi de Prusse, emp. d'Allemagne.

Descendants de l'oncle,

feu Charles Bernard; *n. 30 mai 1792; marié, 30 mai 1816, à Ida (n. 25 juin 1794; m. 4 av. 1852), fille de feu Georges, duc de Saxe-Meiningen; m. 14 juin 1862.*

1. Feue *Louise* Wilhelmine, n. 21 mars 1807 ; m. 11 juill. 1832.
2. Feu *Guillaume* Charles, n. 25 juin 1819 ; m. 22 mai 1839.
3. Feue *Amélie*, n. 30 mai ; m. 16 juin 1832.
4. Guillaume Auguste *Édouard*, n. 11 oct. 1823 ; marié morganatiquement, 27 nov. 1851, à Augusta Gordon, fille de

Charles Gordon-Lenox, duc de Richemond, créée comtesse de Dornbourg, déc. 1851.

5. *Hermann* Bernard Georges, n. 4 août 1825; marié, 17 juin 1851, à *Augustine* Wilhelmine Henriette, n. 4 oct. 1826, fille cadette de feu Guillaume Ier, roi de Wurtemberg.

Enfants : 1. *Pauline* Ida, n. 25 juill. 1852; mariée à son cousin le grand-duc hérédit.

2. *Guillaume* Charles, n. 31 déc. 1853.

3. *Bernard* Guill., n. 10 oct. 1855.

4. *Alexandre* Guill., n. 22 juin 1857.

5. *Ernest* Charles, n. 9 août 1859.

6. *Prince* mort-né, 7 mai 1865.

7. *Olga* Marie, n. 8 sept. 1869.

6. Frédéric *Gustave* Charles, n. à Zeewerghem (Gand), 28 juin 1827, marié morganatiquement, 14 fév. 1870, à *Piérina*, baronne de Neupurg, née Marcocchia.

7. Feue *Anne* Amélie, n. 9 sept. 1828, m. 14 juill. 1864.

8. Feue *Amélie* Maria-da-Gloria, n. 29 mai 1830; mariée, 19 mai 1853, au prince Henri des Pays-Bas ; m. 1er mai 1873.

2. Branche de Gotha.

a) Saxe Meiningen-et-Hildbourghausen.

Résid. : *Meiningen*.

Duc.

Georges II, duc de Saxe-Meiningen-et-Hildbourghausen, Juliers, Clèves et Berg, ainsi que d'Engern et de Westphalie, prince souverain de Saalfeld, landgrave de Thuringe, margrave de Meissen, comte princier de Henneberg, comte de Cambourg, de la Marche, de Ravensberg, seigneur de Kranichfeld, Ravenstein, etc., etc., n. 2 av. 1826; succ., 20 sept. 1866, à son père le duc Bernard, par suite de l'abdication de celui-ci; marié 1° 18 mai 1850, à Fréd. Wilh. Marianne *Charlotte* (n. 21 juin 1831; m. 30 mars 1855), fille de feu Albert, prince de Prusse,

2° 23 oct. 1858, à *Féodore* Victoire Adélaïde Pauline Amélie Marie (n. 7 juill. 1839; m. 10 fév. 1872), fille de feu Ernest. prince de Hohenlohe-Langenbourg; 3° morganatiquement, 18 mars 1873, à Hélène Franz, baronne de Heldbourg.

Enfants.

Du 1er lit : 1. *Bernard* Fréd. Guil. Albert, prince hérédit., n. 1er av. 1851.

2. Feu *Georges*, n. 12 av. 1852; m. 27 janv. 1855.

3. *Marie* Élisabeth, n. 23 sept. 1855.

4. *Prince*, n. 29; m. 30 mars 1855.

Du 2d lit : 5. *Ernest* Bernard, 27 sept. 1859.

6. *Frédéric* Jean, n. 12 oct. 1861.

7. Feu *Victor*, n. 14; m. 17 mai 1865.

Sœur du Duc.

Auguste Louise, n, 6 août 1843; mariée au prince Maurice de Saxe-Altenbourg, frère du duc régnant.

Père et Mère.

Bernard II Éric Freund, duc de Saxe-Meiningen, n. 17 déc. 1800 ; succ. 24 déc. 1803, à son père, le duc Georges Ier (n. 4 fév. 1761) sous la tutelle de sa mère, la duchesse Louise, née princesse de Hohenlohe-Langenbourg (n. 11 août 1763; m. 30 av. 1837); gouverne lui-même, 17 déc. 1821; abdique en faveur de son fils Georges, 20 sept. 1866; marié, 23 mars 1825, à **Marie** Fréd. Wilh. Christine, n. 6 sept. 1804, fille de feu Guillaume II, Électeur de Hesse.

b) Saxe-Altenbourg.

(ci-devant Hildbourghausen.)

Résid. : *Altenbourg.*

Duc.

Ernest Frédéric Paul Georges Nicolas, duc de Saxe-Altenbourg, Juliers, Clèves, Berg, ainsi que d'Engern et de Westphalie, comte princier de Henneberg, comte de la Marche et de Ravensberg, seigneur de Ravenstein, etc., etc., n. 16 sept. 1826, fils de feu le duc *Georges* Charles Frédéric (n. 24 juill. 1796) et de *Marie* Louise Frédérique (n. 31 mars 1803; mariée 7 oct. 1825; m. 26 oct. 1862); succ. à son père, 3 août 1853; marié, 28 av. 1853, à

Duchesse.

Frédérique Amélie **Agnès**, n. 24 juin 1824, fille de feu Léopold, duc d'Anhalt.

Enfants.

1. *Marie* Frédérique Léopoldine, n. 2 août 1854; mariée à Albert, prince de Prusse.
2. Feu *Georges*, n. 1er ; m. 29 fév. 1856.

Frère du Duc.

Maurice François Frédéric, etc., n. 24 oct. 1829; marié, 15 oct. 1862, à *Auguste* Louise Adélaïde, n. 6 août 1843, fille de *Bernard* Éric Freund, duc de Saxe-Meiningen.

Enfants : 1. *Marie-Anne*, n. 16 mars 1864.
2. *Élisabeth* Auguste, n. 25 janv. 1865.
3. *Marguerite* Marie, n. 22 mai 1867.
4. *Ernest* Bernard, n. 31 août 1871.
5. *Louise* Charlotte, n. 11 août 1873.

Descendants des oncles.

I. De feu **Joseph** Frédéric Ernest Georges Charles, n. 27 août 1789; succ., 29 sept. 1834, à son père, le duc Frédéric (n. 29 av. 1763); abdique en faveur de son frère, feu le duc Georges, 28 nov. 1848 ; marié, 24 av. 1817, à Louise **Amélie** Wilhelmine Philippine (n. 28 juin 1799 ; m. 28 nov. 1848), fille de feu *Louis* Frédéric, duc de Wurtemberg.

1. Alexandrine *Marie* Wilhelmine, n. 14 av. 1818; mariée à Georges V, ci-devant roi de Hanovre.
2. Feue *Pauline* Fréd., Henriette, n. 24 nov. 1819 ; m. 11 janv. 1825.
3. Henriette Fréd. *Thérèse*, n. 9 oct. 1823.

4. *Élisabeth* Pauline, n. 26 mars 1826; mariée à Pierre II, grand-duc d'Oldenbourg.

5. *Alexandra* Fréd., actuellement *Alexandra* Josefowna; mariée au grand-duc Constantin Nicolaïewitch de Russie.

6. Feue *Louise*, n. 4 juin 1832; m. 29 août 1833.

II. De feu Édouard Charles Guill. Christian, n. 3 juill. 1804; marié 1° 25 juill. 1835, à *Amélie* Antoinette Caroline Adrienne (n. 30 av. 1805; m. 14 janv. 1841), fille de feu *Charles* Antoine, prince de Hohenzollern-Sigmaringen; 2° 8 mars 1842, à *Louise* Caroline (n. 3 déc. 1822; veuve 18 mai 1852; remariée, 27 déc. 1854, à Henri IV, prince de Reuss-Schleiz-Kœstritz; (m. 28 mai 1875), fille de feu Henri XIX, prince de Reuss-Greiz.

Du 1er lit: 1. *Thérèse* Amélie, n. 21 déc. 1836; mariée, 18 fév. 1843, à Nicolas Auguste, prince de Suède et Norwége *duc de Délécarlie*; veuve 4 mars 1873.

2. *Antoinette* Charlotte, n. 17 av. 1838; mariée à Léopold *Frédéric*, duc d'Anhalt.

3. Feu *Louis*, n. 24 sept. 1839; m. 13 fév. 1844.

4. Feu *Jean*, n. 8 janv. 1841; m. 25 fév. 1844.

Du 2d lit: 5. *Albert* Henri, n. 14 av. 1843.

6. *Marie* Gasparine, n. 28 juin 1845; mariée à *Charles* Gonthier, prince de Schwarzbourg-Sondershausen.

c) Saxe-Cobourg-et-Gotha.

(Ci-devant Saalfeld-Cobourg.)

Resid.: *Cobourg* et *Gotha*.

Duc.

Ernest II Auguste Charles Jean Léopold Alexandre Édouard, duc de Saxe-Cobourg-et-Gotha, de Juliers, Clèves et Berg, d'Engern et de Westphalie, landgrave de Thuringe, margrave de Meissen, comte princier de Henneberg, comte de la Marche et de Ravensberg, seigneur de Ravenstein et de Tonna, etc., n. 21 juin 1818, fils du duc *Ernest Ier* Antoine Charles Louis (n. 2 janv. 1784; duc de Saxe-Cobourg-

Saafeld, 9 déc. 1806; duc de Saxe-Cobourg-et-Gotha par le traité de succession du 12 nov. 1826) et de sa première femme, Dorothée *Louise* Pauline (n. 21 déc. 1800 ; mariée 31 juill. 1817; divorcée 31 mars 1826; m. 30 août 1831), fille de feu Auguste, duc de Saxe-Cobourg-Altenbourg; succ. à son père, 29 janv. 1844; marié, 3 mai 1842, à

Duchesse.

Alexandrine Louise Amélie Fréd. Élisabeth Sophie, n. 6 déc. 1820, fille de feu Léopold, grand-duc de Bade.

Frère du Duc.

Feu le **Prince Albert** François Auguste Charles Emmanuel, n. 26 août 1819; prince consort de Grande-Bretagne, m. 14 déc. 1861 (V. Gr.-Bret.).

Oncles et tantes.

1. Feue Sophie Fréd. Caroline, n. 19 août 1778; mariée, 23 fév. 1804, à Emmanuel de Mensdorff-Pouilly; m. 8 juill. 1835.
2. Feue Antoinette Ernestine, n. 23 août 1779; mariée, 17 nov. 1798, à *Alexandre* Frédéric, prince de Wurtemberg; m. 14 mars 1824.
3. Feue Julie Ulrique, après Anna Féodorowna, n. 23 sept. 1781 ; mariée, 15 (26) fév. 1796, au grand-duc Constantin de Russie; divorcée 20 mars (1er nov.) 1820; m. 15 août 1860.
4. Prince, mort-né 1782.
5. Feu Ferdinand Georges Auguste, n. 28 mars 1785; marié, 2 janv. 1816, à Marie *Antonie* Gabrielle (n. 2 juill. 1797 ; m. 25 sept. 1862), fille de feu Joseph, prince de Koary (catholique); m. 27 août 1851.

Enfants (cath.): 1. **Ferdinand** Auguste François Antoine, n. 29 août 1816, duc de Saxe, roi-régent dePortugal et des Algarves (v. Portugal).

2. *Auguste* Louis Victor, n. 13 juin 1818; marié, 20 av. 1843, à Marie *Clémentine* Caroline Léopoldine Clotilde de Bourbon-Orléans, n. 3 juin 1817, fille de feu Louis-Philippe, roi des Français (résid. : *Vienne*).

Enfants: 1. Ferdinand *Philippe* Marie Auguste Raphaël, n. 28 mars 1844; marié, 4 fév. 1875, à la princesse

Louise Marie Amélie, n. 18 fév. 1858, fille de Léopold II, roi des Belges.

2. Louis *Auguste* Marie Eudes, n. 9 août 1845; marié, 15 déc. 1864, à *Léopoldine* Thérèse Françoise, etc., n. 13 juill. 1847, fille de don Pedro II, empereur du Brésil ; veuf, 7 fév. 1871 (résid. : *Rio-Janeiro).*

Fils: 1. *Pedro* Auguste, etc., n. 19 mars 1866.

2. *Auguste* Léopold, etc., 6 déc. 1867.

3. *Joseph* Ferdinand, etc., n. 21 mai 1869.

4. *Louis* Gaston, etc., n. 15 sept. 1870.

3. Marie Adélaïde *Clotilde*, mariée à l'archiduc *Joseph* Charles Louis d'Autriche.

4. Marie Louise Françoise *Amélie*, n. 23 oct. 1848 ; mariée à Maximilien, duc en Bavière.

5. *Ferdinand* Maximilien Charles, n. 26 fév. 1861.

3. Feue *Victoire* Auguste Antoinette, n. 14 fév. 1822 ; mariée, 27 av. 1840, au duc de Nemours ; m. 10 nov. 1857.

4. *Léopold* François Jules, n. 31 janv. 1824 ; marié.

6. Feu **Léopold Ier** Georges Chrétien Frédéric, n. 16 déc. 1790 ; élu roi des Belges, par le congrès national de Belgique, 4 juin 1831, accepte la couronne conditionnellement 26 juin et définitivement 12 juill., monte sur le trône 21 juill. 1831 ; marié 1° 2 mai 1816, à *Charlotte* Auguste, (n. 7 janv. 1796; m. 6 nov. 1817), fille de Georges IV, roi de Grande-Bretagne et d'Irlande ; 2° 9 août 1832, à *Louise* Marie Thérèse Charlotte Isabelle d'Orléans (n. 3 av. 1812; m. 11 oct. 1850), fille de Louis-Philippe, roi des Français ; m. 10 déc. 1865.

II. Ligne Albertine (ou cadette).

Famille Royale.

Catholique.

Résid. : *Dresde.*

Roi.

Albert Frédéric Auguste Ferdinand Joseph Charles Marie Xavier Georges Baptiste Népomucène Guillaume Fidèle, roi de

Saxe, n. 28 av. 1828 ; succ., 29 oct. 1873, à son père, le roi *Jean* Népomucène; marié, 18 juin 1853, à

Reine.

Caroline Frédérique Françoise Stéphanie Amélie Cécile, n. 5 août 1833, fille de Gustave, prince de Wasa.

Frères et sœurs du Roi.

1. Feue Marie Auguste Fréd., n. 22 janv. 1828 ; m. 8 oct. 1857.
2. Marie Élisabeth Maximilienne, n. 4 fév. 1830; mariée, 1° 22 av. 1850, à *Ferdinand* Marie Albert, prince de Sardaigne, duc de Gênes (n. 15 nov. 1822; m. 10 fév. 1855); 2° oct. 1856, au marquis de Rapallo.
3. Feu Ernest Fréd. Auguste, n. 5 av. 1831 ; m. 12 mai 1847.
4. Frédéric Auguste Georges, n. 8 août 1832; marié, 11 mai 1859, à *Marie-Anne*, infante du Portugal, n. 21 juill. 1843, fille de feue *Maria II*-da-Gloria, reine de Portugal.

   Enfants : 1. Feue *Marie*, n. 19 juin 1860, m. 2 mars 1862.
   2. Feue *Élisabeth*, n. 14 fév. 1862 ; m. 18 mai 1863.
   3. *Mathilde* Marie, n. 19 mars 1863.
   4. *Frédéric-Auguste* Jean, n. 25 mai 1865.
   5. *Marie* Josèphe, n. 31 mai 1867.
   6. *Jean-Georges* Pie, n. 10 juill. 1869.
   7. *Maximilien* Guillaume, n. 17 nov. 1870.
5. Feue Sidonie Marie, n. 16 août 1834; m. 1er mars 1862.
6. Feue Marguerite Caroline Fréd., n. 21 mai 1840; mariée, 4 nov. 1856, à l'archiduc *Charles* Louis, frère de l'empereur d'Autriche ; m. 15 sept. 1858.
7. Feue Sophie Marie Fréd., n. 15 mars 1845 ; mariée, 11 fév. 1865, à *Charles-Théodore*, duc en Bavière; m. 9 mars 1867.

Père et Mère.

Feu **Jean** Népomucène Marie Joseph, n. 12 déc. 1801, fils du duc *Maximilien* Marie Joseph (n. 13 av. 1759; m. 3 janv. 1838) et de sa première épouse *Caroline* Marie Thérèse (n. 22 nov. 1770; mariée 9 mai 1792; m. 1er mars 1804), fille de feu Ferdinand, duc de Parme ; succ., 9 août 1854, à son frère feu le roi Frédéric-Auguste II; marié, par proc. 10 et en pers. 13 nov. 1822, à

Amélie Auguste, n. 13 nov. 1801, fille de feu Maximilien Ier Joseph, roi de Bavière.

Oncles et Tantes,

tous issus du 1er mariage de Maximilien.

1. Feue Marie Amélie Fréd. Auguste, n. 10 août 1794; m. 18 sept. 1870.
2. Feue Marie Ferdinande Amélie, n. 27 av. 1796; mariée, 6 mai 1821, à Ferdinand III, grand-duc de Toscane; veuve 18 juin 1824; m. 3 janv. 1865.
3. Feu **Frédéric-Auguste II,** n. 18 mai 1797, succ., 6 juin 1837, en vertu de l'acte de renonciation au trône de son père du 13 sept. 1830, à son oncle le roi *Antoine* Clément Théodore (n. 27 déc. 1755), co-régent depuis le 13 sept. 1830; marié 1° 7 oct. 1819, à *Caroline* Ferdinande Thérèse (n. 8 av. 1801; m. 22 mai 1832), fille de François Ier empereur d'Autriche; 2° 24 av. 1833, à

   Marie Anne Léopoldine Wilhelmine, n. 27 janv. 1805, fille de feu Maximilien Ier Joseph, roi de Bavière; veuve 9 août 1854.
4. Feu Clément Marie Joseph, n. 1er mai 1798; m. 4 janv. 1822.
5. Feue Marie-Anne Caroline, n. 15 nov. 1799; mariée, par proc. 28 oct. et en pers. 16 nov. 1817, à Léopold II grand-duc de Toscane; m. 24 mars 1832.
6. Feue Marie-Josèphe, n. 6 déc. 1863; mariée, par proc. 28 août et en pers. 20 oct. 1819, à Ferdinand VII roi d'Espagne, veuf pour la 2me fois; m. 17 mai 1829.

PRINCIPAUTÉS DE SCHWARZBOURG.

SCHWARZBOURG-SONDERSHAUSEN

ET

SCHWARZBOURG-RUDOLSTADT.

La Maison de SCHWARZBOURG.

Les possessions des comtes de Schwarzbourg se limitaient primitivement à quelques parcelles de la Thuringe et de la Franconie; par le temps elles ont pris un assez grand développement. Elles se sont notamment accrues d'Arnstadt, 1332, de Frankenhauzen, 1340, des seigneuries de Sondershausen et de Strausberg, 1356, des bailliages de Heringen et de Kelbra, 1420, de Kefernbourg, 1446, et plus tard de Bodungen, 1609, et d'une partie d'Untergleichen, 1631.

La maison de Schwarzbourg compte parmi les plus anciennes de l'Allemagne, mais ses commencements sont entourés d'obscurité. On croit qu'elle a une commune origine avec la maison éteinte de Kefernbourg, et l'on admet comme souche connue avec certitude Sizzon (m. 1160), dont le fils aîné, Henri, mourut en 1184 à la diète d'Erfurt; le cadet, Gonthier, continua la lignée par ses deux fils : Henri, comte de Schwarzbourg, et Gonthier, comte de Kefernbourg. La descendance du second s'éteignit en 1387; celle du premier forma plusieurs branches.

Les comtes de Schwarzbourg portaient le titre honorifique de comtes tétrarques de l'Empire, titre que l'empereur Maximilien Ier avait accordé premièrement en 1507 et que Maximilien II confirma le 27 mai 1566. Ils étaient aussi « veneurs de l'Empire »; et quand cette charge fut donnée, en 1708, à la maison électorale de Saxe, ils furent revêtus de la dignité « d'écuyers de l'Empire. » Un comte de Schwarzbourg, Gonthier XXI, frère cadet de Henri XII, fut élu empereur en opposition à Charles IV, 1349, mais mourut empoisonné six mois après.

Lignes de Sonderhausen et de Rudolstadt. — La tige des deux lignes de Schwarzbourg qui fleurissent encore est Gonthier XL à la Bouche grasse (m. 1552), par ses deux fils Jean Gonthier Ier et Albert; le premier eut Sondershausen en partage, le second Rudolstadt.

Leurs petits-fils furent créés Princes de l'Empire. Christian, Guillaume et Antoine Gonthier (1) de Sondershausen l'obtinrent de l'empereur Léopold Ier, le 3 sept. 1697; Louis Frédéric Joseph de Rudolstadt

(1) Il avait Arnstadt en partage, mais mourut sans postérité en 1716.

en fut revêtu par Joseph Ier, le 2 juin 1710. Toutefois la Saxe électorale et Saxe-Weimar, suzerains de quelques fiefs du Schwarzbourg, ne voulurent point les reconnaître comme comtes souverains; ces contestations furent cause qu'ils ne prirent place au collége des princes que le 3 mai 1754. Les difficultés ne furent complétement terminées et le vasselage brisé qu'en 1816 par des arrangements avec la Prusse, à qui étaient passés les droits de la Saxe électorale depuis les changements territoriaux opérés par le congrès de Vienne, et avec la maison grand-ducale de Weimar.

Le 7 sept. 1713, les deux lignes conclurent un pacte de famille par lequel elles s'engagèrent à être unies d'intérêt, à reconnaître pour toujours le partage du pays en deux parties; à ne vendre ni engager aucune possession, et à adopter la primogéniture; il fut conclu également que l'âge fixerait le rang des deux princes régnants, ainsi que celui du prince héréditaire à l'égard des autres princes.

A la dissolution de l'Empire, les chefs des deux lignes entrèrent dans la Confédération rhénane, puis dans la Confédération germanique.

Chaque principauté a sa constitution et sa Chambre; la Chambre de Sondershausen est composée de seize députés, celle de Rudolstadt en compte quinze.

1. Schwarzbourg-Sondershausen.

Famille princière.

Conf. luth.

Résid. : *Sondershausen.*

Prince.

Gonthier Frédéric Charles, prince de Schwarzbourg-Sondershausen, comte de Hohenstein. seigneur d'Arnstadt, Leutenberg, Lohra et Klettenberg, etc., n. 24 sept. 1801, fils du prince *Gonthier* Fréd. Charles (n. 5 déc. 1760; m. 22 av. 1837) et de Wilh. Fréd. *Caroline* (n. 21 jav. 1774; mariée 23 juin 1799; m. 11 janv. 1854), fille de feu Frédéric *Charles*, prince de Schwarzbourg-Rudolstadt; succ., 19 août 1835, à son père, par suite de l'abdication de celui-ci; doyen de toute la maison princière de Schwarzbourg; marié 1° 12 mars 1827, à Caroline Irène *Marie*, n. 16 av. 1809, fille de feu *Charles* Gonthier, prince de Schwarzbourg-Rudolstadt; veuf

29 mars 1833; 2° 29 mai 1835, à Frédérique Alexandrine *Mathilde* Marie, n. 3 juill. 1814, fille de feu Frédéric *Auguste*, prince de Hohenlohe-Œhringen, divorcé 5 mai 1852.

Enfants.

a) du 1er lit: 1. Feu Gonthier, prince hérédit., n. 18 fév. 1828; m. 31 oct. 1833.

2. Caroline *Élisabeth*, n. 22 mars 1829.

3. *Charles* Gonthier, prince hérédit., n. 7 août 1830; marié, 12 juin 1869, à *Marie* Gasparine, etc., n. 28 juin 1845, fille du 2d lit de feu Édouard, prince de Saxe-Altenbourg.

4. Gonthier *Léopold*, n. 2 juill. 1832.

b) du 2d lit: 5. *Marie* Pauline, n. 14 juin 1837.

6. Feu Gonthier *Hugues*, n. 14 av. 1839; m. 25 nov. 1871.

2. Schwarzbourg-Rudolstadt.

Famille princière.

Conf. Luth.

Résid.: *Rudolstadt.*

Prince.

Georges Albert, prince de Schwarzbourg-Rudolstatd, comte de Hohenstein, seigneur d'Arnstatd, Sondershausen, Leutenbourg, Blankenbourg. etc., n. 23 nov. 1838, fils du prince Albert (n. 30 av. 1798) et d'Augustine *Louise* Thérèse Mathilde, née princesse de Solms-Braunfels (n. 26 juill. 1804; mariée 26 juill. 1827; m. 8 oct. 1865); succ., 26 nov. 1869, à son père (qui avait lui-même succ. à son frère Gonthier, 28 juin 1867).

Frère et sœur.

Feu Charles Gonthier, n. 30 av.; m. 9 mai 1828.

Élisabeth, n. 1er oct. 1833; mariée, 17 av. 1852, à Léopold, prince régnant de Lippe-Detmold.

Grand-oncle et Grand'tante.

1. Feu Charles Gonthier, n. 23 août 1771; marié, 19 juin 1793, à *Louise* Ulrique (n. 26 oct. 1777; m. 18 sept. 1854); fille de feu *Frédéric-Louis*, landgrave de Hesse-Hombourg; m. 4 fév. 1825.

Fils: François Frédéric *Adolphe*, n. 27 sept. 1801; marié, 27 sept. 1847, à *Mathilde*, n. 18 nov. 1826, fille de feu Othon *Victor*, prince de Schœnbourg-Waldenbourg.

Enfants: 1. *Marie* Caroline Auguste, n. 20 janv. 1850; mariée à *Frédéric-François II*, Grand-duc de Mecklembourg-Schwérin.

2. *Gonthier* Victor. n. 21 août 1852.

3. *Thècle*, n. 12 août 1859.

4. Feue *Louise*, n. 5 janv. 1862, m. 7 juin 1867.

2. Feue Wilhelmine Frédérique Caroline, n. 21 janv. 1774; mariée, 23 juin 1799, à *Gonthier* Frédéric Charles, prince de Schwarzbourg-Sondershausen; veuve 22 av. 1837; m. 11 janv. 1854.

Descendants de l'oncle,

feu Frédéric **Gonthier** (n. 6 nov. 1798; succ., 28 av. 1807, à son père, le prince Louis Frédéric, sous la tutelle de sa mère, *Caroline* Louise; émancipé 6 nov. 1814; célèbre, 6 nov. 1864, le 50e anniversaire de son avénement au trône, m. 28 juin 1867); et de sa 2de épouse Hélène, princesse d'Anhalt, comtesse de Reina (n. 1er mars 1835; mariée 7 août 1855; m. 6 juin 1860), fille adoptive de feu *Guillaume* Waldemar, prince d'Anhalt.

1. *Hélène*, princesse de Leutenberg, n. 2 juin 1860.
2. *Gonthier* Sizzo, prince de Leutenberg, n. 3 juin 1860.

ROYAUME DE SUÈDE ET NORWÉGE.

La dynastie de MONTE-CORVO ou de BERNADOTTE.

La dynastie de Holstein-Gottorp occupa le trône de Suède de 1751 à 1818 (v. la maison de Holstein). Le fils d'Adolphe Frédéric, Gustave III, fut assassiné (m. 29 mars 1792), et le fils de celui-ci, Gustave IV Adolphe, ayant irrité contre lui toute la nation par sa participation à la guerre contre la France et sa campagne malheureuse contre la Russie, se vit obligé d'abdiquer (29 mars 1809); par un acte des États du royaume du 10 mai suivant, il fut déclaré déchu du trône lui et tous ses descendants. Son oncle fut élu Roi à sa place (5 juin 1809), sous le nom de Charles XIII. On alloua une rente viagère au roi déposé, qui alla vivre en pays étranger sous le nom de duc de Holstein-Gottorp, puis sous celui de Gustave Adolphe Gustawson. Son fils porte depuis le 5 mai 1829 le titre de prince de Wasa.

Cependant le nouveau roi n'ayant pas d'héritiers, les États du royaume se réunirent et, sur sa proposition, élurent (24 août 1809) pour lui succéder, Christian-Auguste de Holstein-Sonderbourg-Augustenbourg; il fut adopté, le 24 janv. 1810, par le Roi, qui lui donna le nom de Charles-Auguste. Ce jeune prince étant mort inopinément le 28 mai 1810, on élut (21 août 1810) pour héritier de la couronne suédoise Jean Baptiste Jules Bernadotte, maréchal de l'empire français, créé par Napoléon Ier duc de Ponte-Corvo (1), que Charles XIII adopta (5 nov. 1810) sous le nom de Charles-Jean. Bernadotte avait dû acheter le trône par l'aspostasie : le 14 oct. 1809, il avait abjuré le catholicisme pour se faire luthérien.

En 1812, Charles-Jean entra dans la coalition des puissances européennes contre Napoléon; il y gagna la Norwége qui lui avait été promise par les alliés. Le Danemark la céda contre la Poméranie Suédoise et l'île de Rugen, par le traité de Kiel du 14 janv. 1814; mais la Norwége s'était proclamée indépendante, le 17 mai 1814, et, le 19, avait choisi pour Roi Christian Frédéric de Danemark. Les troupes suédoises entrèrent en Norwége (16 juill.) et le nouveau roi abdiqua le 14 août. Le 4 nov., le Storthing de Norwége accepta la réunion de cet État à la Suède sous la forme d'un royaume indépendant et indivisible, gouverné par un même

(1) Bernadotte naquit à Pau, 26 mars 1764, de l'avocat Bernadotte et de N. de Bonil Saint-Jean. Entré à l'armée à l'âge de 17 ans, il y conquit par sa bravoure et ses capacités tous ses grades et titres. Il était allié à la famille Bonaparte par son mariage avec Mademoiselle Eugénie Bernardine Désirée Clary, sœur de la femme de Joseph Bonaparte. Il était cependant peu aimé de Napoléon Ier.

monarque; il a toutefois conservé sa constitution particulière et une administration séparée. Le prince royal de Suède fit son entrée à Christiania le 9 nov. 1814.

Bernadotte succéda au roi Charles XIII le 4 fév. 1818 sous le nom de Charles XIV Jean; il mourut le 26 janv. 1844, laissant la couronne à son fils unique Oscar Ier, qui la laissa en mourant (8 juill. 1859) à son fils Charles XV Louis. Le frère de ce prince règne aujourd'hui.

Sous la dynastie de Ponte-Corvo ou de Bernadotte de grands changements ont été apportés à la constitution et à la législation; depuis le 23 oct. 1860 les dissidents sont tolérés en Suède; une loi sur la représentation nationale (déc. 1865) a modifié la composition de la Diète nationale qui était formée jusqu'alors des représentants des quatre Etats : noblesse, clergé, bourgeois, paysans, et qui se compose aujourd'hui de deux chambres. L'industrie et l'agriculture ont fait de grands progrès.

Famille royale.

Conf. Luth.

Résid. : *Stockholm.*

Roi.

Oscar II, Frédéric, roi de Suède et Norwége, des Goths et des Wendes, n. 21 janv. 1829, fils d'Oscar Ier; succ., 18 sept. 1872, à son frère, le roi Charles XV; marié, 6 juin 1857, à

Reine.

Sophie Wilhelmine Marianne Henriette, n. 19 juill. 1836, fille de feu Guillaume, duc de Nassau.

Fils.

1. Oscar *Gustave* Adolphe, *duc de Vermland*, n. 16 juin 1858.
2. *Oscar* Charles Auguste, *duc de Gothland*, n. 15 nov. 1859.
3. Oscar *Charles* Guillaume, *duc de Westrogothie*, n. 27 fév. 1861.
4. *Eugène* Napoléon, *duc de Néricie*, n. 1er août 1865.

Frères et sœurs du Roi.

1. Feu **Charles XV** Louis Eugène, n. 3 mai 1826; succ., 8 juill. 1859, à son père, le roi Joseph François *Oscar Ier* (n. 4 juill. 1799);

marié, 19 juin 1850, à Wilh. Fréd. Alexandrine Anne *Louise* (n. 5 août 1828; m. 30 mars 1871), fille de Frédéric, prince des Pays-Bas; m. 18 sept. 1872.

Enfants : 1. *Louise* Joséphine Eugénie, n. 31 oct. 1851; mariée. à Chrétien *Frédéric* Guillaume, prince royal de Danemark.

2. Feu *Charles-Oscar, duc de Sœdermanland*, n. 14 déc. 1852; m. 13 mars 1852..

: . Feu Gustave François Oscar, *duc d'Upland*, n. 18 juin 1827; m. 24 sept. 1852.

3. Charlotte Eugénie Auguste, n. 24 av. 1830.

4. Feu Nicolas Auguste, *duc de Dalécarlie*, n. 24 août 1831; marié, 16 av. 1864, à

Thérèse Amélie Caroline, etc., n. 21 déc. 1836, fille de feu *Édouard* Charles, prince de Saxe-Altenbourg; veuve 4 mars 1873.

Mère.

Reine **Joséphine** Maximilienne Eugénie, n. 14 mars 1807 (catholique), fille de feu Eugène de Leuchtenberg; mariée, par proc. 22 mai. et en pers. 19 juin 1823, au roi Oscar Ier; veuve 8 juill. 1859.

PRINCIPAUTÉ DE WALDECK.

La Maison de WALDECK.

La race antique des comtes de Waldeck, Pyrmont, Schwalenberg et Sternberg remonte diplomatiquement jusqu'à Hermann Ier, comte dans le Huetegau, Tilithi et Mersthem, vers 1015. Ses possessions étaient considérables, mais elle en perdit plusieurs à la suite d'alliances avec des maisons voisines.

Les fils de Widekind III, descendant au quatrième degré de Hermann (m. 1137), fondèrent les lignes de Waldeck et de Peremont ou Pyrmont. Cette dernière finit en 1494, et Pyrmont échut aux comtes de Spiegelberg, du chef d'Ursule, sœur des derniers comtes de Pyrmont, qui avait épousé le comte Jean III de Spiegelberg. La descendance mâle de cette maison s'éteignit en 1557, et Pyrmont passa par les femmes aux comtes de Gleichen, dont le dernier descendant (m. 15 janv. 1631) céda, en 1625, par un pacte de confraternité, Pyrmont à la maison de Waldeck, qui s'était chargée d'une partie de ses dettes.

La ligne de Waldeck se divisa, en 1214, par les arrière-petits-fils du fondateur, en Schwalenberg et Waldeck. Schwalenberg forma les rameaux de Sternberg et de Schwalenberg. A l'extinction du dernier, vers 1365, ses biens furent perdus pour Waldeck : ils furent saisis par l'évêque de Padernborn et le comte de Lippe. Le rameau de Sternberg finit en 1390.

Waldeck aussi se scinda en deux rameaux, 1397 : Landeau et Waldeck ; mais celui de Landeau n'alla que jusqu'en 1495, et ses possessions revinrent à Waldeck. En 1438, ces deux maisons, pour mieux s'assurer leurs possessions au milieu des bouleversements des temps, les cédèrent en fiefs aux landgraves de Hesse.

Plusieurs branches sortirent encore de Waldeck, mais Josias (m. 1588) réunit toutes les possessions de la famille ; il est la souche la plus proche de la maison actuellement régnante. Ses fils, Christian et Wolrad IV, fondèrent deux nouvelles lignes, celles de Wildungen et d'Eisenberg. Le fondateur de la première acquit par son épouse plusieurs seigneuries dans les Pays-Bas, entre autres Kuilenbourg, Pallant et Wittem. Elle s'éteignit en 1692 avec Georges-Frédéric, feld-maréchal au service des provinces-unies des Pays-Bas, qui fut revêtu par l'empereur Léopold Ier (17 juin 1682) de la dignité de Prince de l'Empire et obtint, en 1686, voix et séance au collége des princes. Les possessions de Waldeck firent retour à cette maison, mais ses biens allodiaux passèrent à d'autres.

Le fondateur de la ligne d'Eisenberg vit rentrer Pyrmont dans la possession de sa maison, 1625. La contestation qui existait depuis longtemps avec les landgraves de Hesse touchant la mouvance de Waldeck, furent terminées en 1635 et à la paix de Westphalie. Le petit-fils de Christian, Christian-Louis (m. 12 déc. 1706), l'héritier de Wildungen, qui avait eu de deux femmes douze filles et treize fils, introduisit le droit de primogéniture. Son fils Frédéric Antoine-Ulrich fut créé Prince du Saint Empire par Charles VI le 6 janv. 1712, mais il ne publia cette promotion que le 18 juill. 1717; ce ne fut que le 19 sept. 1719 qu'il fut introduit dans le collége des princes séculiers du Haut-Rhin. En 1803 seulement Waldeck obtint voix virile à la diète. A la dissolution de l'empire d'Allemagne, Waldeck obtint la souveraineté de tous ses pays. Il entra, en 1807, dans la Confédération du Rhin; puis, en 1813, dans la Confédération germanique.

Depuis le 1er janv. 1868, l'administration de Waldeck et Pyrmont a été transmise à la Prusse, à la suite d'un traité d'accession conclu avec ce pays le 18 juill. 1867 et approuvé par les États le 22 oct. suivant.

Le frère d'Antoine-Ulrich, Josias (m. 1763), fonda la ligne des comtes apanagés de Waldeck encore subsistante.

Famille princière.

Conf. Évang.

Résid. : *Arolsen.*

Prince.

Georges Victor, prince de Waldeck-Pyrmont, comte de Rappolstein, seigneur de Hoheneck et Geroldseck, etc., etc., n. 14 janv. 1831, fils de *Georges* Frédéric Henri (n. 20 sept. 1789) et d'Emma (n. 20 mai 1802; mariée 26 juin 1823; m. 1er août 1858); fille de *Victor II* Charles Frédéric, prince d'Anhalt-Bernbourg-Schaumbourg; succ., 15 mai 1845, à son père, sous la tutelle de sa mère; émancipé 14 janv. 1852 : gouverne lui-même 17 août 1852; marié, 26 sept. 1853.

Princesse.

Hélène Wilhelmine Henriette Pauline Marianne, n. 12 août 1831, fille de feu Guillaume, duc de Nassau.

Enfants.

1. Feue *Sophie* Nicoline, n. 27 juill. 1854; m. 5 août 1869.

2. *Pauline* Emma, n. 19 oct. 1855.
3. Georgine Henriette *Marie*, n. 23 mai 1857.
4. Adélaïde *Emma*, n. 2 août 1858.
5. *Hélène* Frédérique, n. 17 fév. 1861.
6. *Frédéric* Adolphe, prince hérédit., n. 20 janv. 1865.
7. Louise *Élisabeth*, n. 6 sept. 1873.

Frères et sœurs du Prince.

1. Auguste Amélie Ida, n. 21 juill. 1824; mariée.
2. Feu Joseph Frédéric Henri, n. 25 nov. 1825; m. 27 janv. 1829.
3. Hermine, n. 29 sept. 1827; mariée à Adolphe Georges, prince de Schaumbourg-Lippe.
4. Feu Wolrad Mélandre, n. 24 janv. 1833; m. 20 juin 1867.

Oncles et Tantes.

1. Feue Christine, n. 23 mars 1787, abbesse de Schaaken; m. 16 mars 1806.
2. Feu Charles Auguste Frédéric, n. 7 juill. 1788; m. 3 oct. 1795.
3. Feu Frédéric Louis Hubert, n. 3 nov. 1790; marié; m. 1er fév. 1828.
4. Feu Christian Wolrad, n. 19 juin 1792; m. 8 juill. 1795.
5. Feue Auguste, n. 7 août 1793; m. 29 av. 1794.
6. Feu Jean, n. 25 sept. 1794; m. 8 oct. 1814.
7. Feue Ida Caroline Louise, n. 26 sept. 1796; mariée, 23 nov. 1816, à Georges Guillaume, prince de Schaumbourg-Lippe; veuve 21 nov. 1860; m. 12 av. 1869.
8. Feu Wolrad Georges Charles, n. 23 av. 1798; m. 24 août 1821.
9. Feue Caroline Frédérique Mathilde, n. 10 av. 1801; mariée; 20 av. 1817, au duc *Eugène* Charles de Wurtemberg; m. 13 av. 1825.
10. Feu Charles Christian, n. 12 av. 1803; marié, 13 mars 1841, à

    Amélie Henriette Julie, n. 4 av. 1814, fille de feu Charles, comte de Lippe-Biesterfeld; veuve 19 juill. 1846.

    Fils: 1. *Charles* Georges, n. 11 déc. 1841; marié.

    2. *Éric* Georges, n. 20 déc. 1842.

    3. *Henri* Charles, n. 20 mai 1844.
11. Feue Caroline, n. 17 nov. 1804; m. 3 mars 1806.
12. Hermann Othon Christian, n. 12 oct. 1809.

Ligne comtale de Waldeck-Pyrmont.

Les comtes de Waldeck-Pyrmont, outre un apanage, possèdent dans la principauté de Waldeck le village de Bergheim, où ils ont leur résidence, et ceux de Melba et de Kœnigshaven, et ensuite le comté de Limpourg-Gaildorf (Wurtemberg) qui provient de la femme de Josias le fondateur de cette branche.

En vertu d'un arrêté de la Diète germanique du 12 mars et d'une déclaration du roi de Wurtemberg du 17 juin 1829, ils portent le titre de comtes illustrissimes.

ROYAUME DE WURTEMBERG.

La Maison de WURTEMBERG.

Le royaume de Wurtemberg comprend la plus grande partie de l'ancien duché de Souabe. A la chute des Hohenstauffen, ce duché cessa à jamais d'exister ; les efforts de plus d'un Empereur pour le reconstituer échouèrent devant la résistance des seigneurs qui avaient profité de l'affaiblissement de leurs ducs pour augmenter leur puissance et leurs domaines.

Parmi ces derniers se distinguaient surtout les comtes de Beutelsbach et Wirtemberg ou Wurtemberg. Infatiguables guerroyeurs ou habiles politiques, ils mirent les circonstances à profit pour accroître leurs possessions, rarement affaiblies par des partages de famille, et devinrent bientôt les princes les plus puissants de la Souabe.

En 1080, on trouve cité Conrad de Wirtemberg (1), qui bâtit le château de ce nom sur les bords du Neckar, entre Esslingen et Stuttgard. Mais Ulric au gros pouce, 1246-1265, est le véritable fondateur de la Maison. Outre les châteaux de Beutelsbach et de Wurtemberg, il possédait Cannstadt, Stuttgard, Waiblingen, Leonberg, Gœppingen avec le pays d'alentour. Il reçut du malheureux Conradin, dont il tenait le titre de maréchal de Souabe, la moitié du comté d'Urach et acheta le restant.

Ses successeurs immédiats s'appliquèrent à continuer son œuvre : à accroître les possessions territoriales de leur maison. Parmi eux sont surtout remarquables, le fils cadet d'Uric, Evérard Ier l'Illustre, 1249-1325, et le petit-fils de celui-ci, Evérard II le Querelleur, 1344-1392, qui passèrent leur vie dans des luttes continuelles, ainsi qu'Uric III, père de ce dernier, qui fut nommé porte-étendard de l'Empire, dignité qui resta depuis dans la famille.

Evérard III succéda à son grand-père Evérard II ; il eut une des cours les plus somptueuses de l'Allemagne et concourut pour l'Empire. Son fils Evérard IV, 1417-1419, avait acquis le comté de Montbéliard, en France, par son mariage avec Henriette, fille aînée du dernier comte de ce nom, tué par les Turcs à la bataille de Nicopolis, 1396. Montbéliard avec les seigneuries qui en dépendaient resta au Wurtemberg jusqu'à la Révolution française. Les fils de ce prince, Louis Ier et Ulric V, partagèrent, 1442, et fondèrent les lignes d'Urach et de Neuffen ou Stuttgard.

(1) L'orthographe du mot a souvent varié entre Wirtemberg et Wurtemberg. La dernière est officielle depuis 1803. Sur l'emplacement de l'ancien berceau de la famille s'élève aujourd'hui une chapelle dans le caveau de laquelle repose Guillaume Ier avec sa première femme, Catherine.

Louis Ier mourut laissant deux fils en bas-âge, Louis II et Evérard V, placés sous la tutelle de leur oncle Ulric. Des difficultés par rapport à la tutelle donnèrent lieu à la première réunion des députés du pays, ce fut le premier pas à la convocation des Etats régularisée quelques années après par Evérard V, et plus tard par Christophe. Louis II mourut jeune. Evérard V (Ier comme duc) le Barbu, après une jeunesse dissipée, devint l'un des princes les plus accomplis de son temps. L'Université de Tubingen lui doit son érection; ce fut lui aussi qui fonda la ligue de Souabe. Au landtag de Munsingen, si important dans l'histoire de ce pays, il fut chargé seul de l'administration de tout le Wurtemberg. Le 21 juill. 1495, à la diète de Worms, il fut proclamé duc de Wurtemberg et de Teck. Il mourut le 24 fév. 1496 sans laisser de postérité.

Son neveu Evérard VI (II comme duc) de Neuffen, fils d'Ulric V, lui succéda. A cause de ses folles dépenses et de sa mauvaise administration, il fut déposé par les États; Ulric, fils de son frère Henri de Montbéliard, fut gratifié du duché par l'Empereur, 1498. Ses prodigalités et sa tyrannie excitèrent une révolte qui finit par la convocation de l'important landtag de Tubingen, 1514, où fut proclamée la grande charte Wurtemburgeoise qui établit les droits et priviléges du peuple jurés par le prince. Ulric s'étant rendu coupable de nouvelles tyrannies, il fut chassé du pays par la ligue de Souabe, mis deux fois au ban de l'Empire, et son duché vendu à Charles-Quint, qui en fit un fief impérial en faveur de son frère Ferdinand, 1521. En 1534, Ulric parvint à reconquérir son duché avec l'aide de Philippe de Hesse; mais dans la convention de Cadan, en Bohême, conclue avec Ferdinand, il le dut accepter comme arrière-fief de l'Autriche, qui devait en hériter à l'extinction de la descendance mâle de sa maison. Ulric introduisit le protestantisme qu'il avait appris à connaître à l'étranger; il entra dans la ligue de Smalkalde et attira de nouveaux malheurs sur son pays. Il mourut en 1550.

Son fils Christophe, dans un règne de dix-huit ans travailla énergiquement à réparer les maux dont souffrait le duché; il y ramena la prospérité et mérita le nom de Père de la patrie. L'institution des députations permanentes des Etats; la codification et l'unification des lois; des réformes durables dans l'administration, l'organisation de l'enseignement furent ses œuvres. Son fils Louis lui succéda, le 28 déc. 1568. Avec ce prince s'éteignit, 1593, la première ligne de Montbéliard. La seconde commencée par Georges, oncle de Christophe, monta alors sur le trône en la personne de Frédéric.

Ce prince mécontenta son peuple par son gouvernement despotique et se suscita des différends sans fin avec les États. Il racheta le vasselage de l'Autriche de sorte que le Wurtemberg redevint fief de l'Empire. De ses cinq fils, trois formèrent souche, et fondèrent les lignes de Stuttgard, par Jean-Frédéric, Montbéliard par Louis Frédéric et la Julienne (appelée aussi d'Oels, de sa branche aînée) par Jules-Frédéric. Celle de Montbéliard s'éteignit avec le petit-fils du fondateur, Léopold Evérard, 1723; les fils qu'il laissa d'un mariage morganatique ne furent pas reconnus, et son comté retourna au Wurtemberg. La Julienne fut d'une plus longue durée. Les fils de Jules Frédéric la partagèrent en branche silésienne ou d'Oels (principauté silésienne apportée par la femme de l'aînée des fils) et Weiltingienne. La branche d'Oels survécut à toutes les autres, le dernier mâle mourut en 1792; sa fille porta Oels à son époux Frédéric Auguste de Brunswick, celui-ci la transmit à son neveu Guillaume Frédéric (m. 16 juin 1815), père du duc actuellement régnant.

Jean Frédéric, 1608-1628, vit commencer la guerre de trente ans; sous son fils Evérard III, elle ravagea le Wurtemberg comme pas une contrée de l'Allemagne. Autrichiens et Suédois y commirent tour à tour les plus effroyables excès; le duc montra peu de dévouement à son peuple. La paix de Westphalie vint seule mettre un terme aux horreurs de la guerre, et le pays se releva de ses ruines. Guillaume Louis, succéda à son père en 1674, mais mourut subitement en 1677, ne laissant qu'un fils âgé d'un an, Evérard Louis, qui resta sous la tutelle de son oncle Frédéric Charles, administrateur du pays, jusqu'en 1693. Pendant le règne d'Evérard Louis, le Wurtemberg souffrit énormément des incursions et des ravages des armées françaises pendant les guerres du Palatinat et de la succession d'Espagne. De plus, la conduite du souverain fut un scandale public pour son peuple. Il mourut sans postérité, en 1733.

Son cousin-germain, Charles Alexandre, fils de Frédéric Charles, lui succéda. Il était retourné au catholicisme qui resta la religion de sa famille jusqu'en 1797. Sous Charles, brave guerrier mais mauvais administrateur, le pays fut exploité par le juif Joseph Suss Oppenheimer qui paya de sa tête ses infamies après la mort du duc, arrivée le 12 mars 1737. Les trois fils de Charles occupèrent successivement le trône: Charles Eugène (m. 1793), qui répara dans la seconde partie de son règne les maux qu'il avait causés pendant la première; Louis-Eugène (m. 1795) et Frédéric Eugène (m. 1797) qui fut témoin du commencement des malheurs que la Révolution française attira sur l'Allemagne. Son fils Frédéric II, avait été élevé dans le luthéranisme. Il devint l'allié de Napoléon, et ses armées combattirent pour la France jusqu'à Leipzig. A la paix de Lunéville (9 fév. 1801) le duc dut renoncer à Montbéliard et à toutes les possessions de la rive gauche du Rhin, mais il en fut amplement dédommagé par des accroissements successifs de territoire à l'intérieur. Le 25 fév. 1803, Frédéric obtint la dignité électorale, et à la paix de Presbourg (26 déc. 1805), le titre de Roi; comme tel, il est Frédéric Ier. Souverain éclairé mais ami de l'absolutisme, il abolit, le 30 déc. 1805, l'ancienne Constitution des États, l'œuvre d'Evérard II et de Christophe, qui ne fut remplacée par une nouvelle, qu'après beaucoup de difficultés, sous son successeur, Guillaume Ier, 1819. Après avoir fait partie de la Confédération rhénane, Frédéric entra dans la Confédération germanique le 1er sept. 1815. Il mourut subitement le 30 oct. 1816.

Son fils, Guillaume Ier, put se consacrer entièrement au bonheur et à la prospérité de son peuple dans une paix non interrompue. Il régna près de cinquante ans entouré de l'affection de ses sujets et de la considération de l'Europe.

Famille royale.

Conf. Luth.

Résid. : *Stuttgard.*

Roi.

Charles Ier Frédéric Alexandre, roi de Wurtemberg, n. 6 mars 1823, fils du roi *Guillaume Ier* Frédéric Charles (n. 27 sept. 1781) et de sa 3e épouse, *Pauline* Thérèse Louise (n. 4 sept. 1800; mariée 15 av. 1820; m. 10 mars 1873), fille de son oncle le duc *Louis* Frédéric Alexandre; succ. à son père, 25 juin 1864; marié, 13 juill. 1846, à

Reine

Olga Nicolaïewna, n. 11 sept. (30 août) 1822, fille de feu Nicolas Ier, empereur de Russie.

Sœurs du Roi.

a) *Du 2d mariage du père, avec* Catherine *Paulowna (n. 21 [10] mai 1768; mariée 24 janv. 1816; m. 9 janv. 1819), fille de feu Paul Ier, empereur de Russie, et veuve du prince Pierre Frédéric* Georges *d'Oldenbourg.*

1. Marie Fréd. Charlotte, n. 30 oct. 1816; veuve.
2. Sophie Fréd. Mathilde, n. 17 juin 1818 ; mariée à Guillaume III, roi des Pays-Bas.

b) *Du 3e mariage du père.*

3. Catherine Fréd. Charlotte, n. 24 août 1821; veuve de Frédéric, prince de Wurtemberg (v. plus bas).
4. Auguste Wilhelmine Henriette, n. 4 oct. 1826 ; mariée à *Hermann* Bernard, prince de Saxe-Weimar.

Oncle et tante.

Feue Frédérique Catherine Sophie Dorothée, n. 21 fév. 1783; mariée, 22 août 1807, à Jérôme Bonaparte; m. 28 nov. 1835.

Feu Paul Charles Fréd. Auguste, n. 19 janv. 1785; marié, 28 sept. 1805, à Catherine *Charlotte* (n. 17 juin 1787; m. 12 déc. 1847), fille de feu Frédéric, duc de Saxe-Altenbourg; m. 16 av. 1852.

Enfants: 1. Feue Frédérique *Charlotte* Marie (après *Hélène* Paulowna), n. 9 janv. 1807; mariée, 20 fév. 1824, à Michel, grand-duc de Russie; veuve 9 sept. 1849; m. 9 (21) janv. 1873.

2. Feu *Frédéric* Charles Auguste, n. 21 fév. 1808; marié 20 nov. 1845, à sa cousine germaine.

Catherine Fréd. Charlotte, n. 24 août 1821, fille de feu le roi Guillaume Ier; veuve 9 mai 1870.

Fils: *Guillaume* Charles, n. 25 février 1848.

3. Feu *Paul*, n. 7 mars 1809; m. 28 mai 1810.

4. Feue *Pauline* Fréd. Marie, n. 25 fév. 1810; mariée 23 av. 1829, à *Guillaume* Georges de Nassau-Weilbourg; veuve 20 août 1839; m. 7 juill. 1856.

5. Fréd. *Auguste* Evérard, n. 24 janv. 1813.

Descendants des grands-oncles,

frères de Frédéric Ier (n. 6 nov. 1754; m. 30 oct. 1816), père de Guillaume Ier (1).

I. De feu le duc Louis Fréd. Alexandre, n. 30 août 1756; marié, 28 janv. 1797, à Henriette, fille de feu Charles, prince de Nassau-Weilbourg (n. 22 av. 1780; m. 2 janv. 1857); m. 20 sept. 1817.

1. Feu *Adam* Charles Guillaume, n. 16 janv. 1792; m. 26 juill. 1847.
2. Feue *Marie* Dorothée Wilh. Caroline, n. 1er nov. 1797; mariée en troisièmes noces à l'archiduc Joseph d'Autriche; m. 30 mars 1855.
3. Feue Louise *Amélie* Wilh. Philippine, n. 28 janv. 1799; mariée, 24 av. 1817, à Georges alors prince hérédit., depuis duc de Saxe-Altembourg; m. 28 nov. 1848.
4. Feue *Pauline* Thérèse Louise, n. 4 sept. 1800, mariée à son cousin germain Guillaume Ier, roi de Wurtemberg; m. 10 mars 1873.
5. Feue *Élisabeth* Alexandrine Constance, n. 27 fév. 1802; mariée, 16 oct. 1830, au margrave Guillaume de Bade; m. 5 déc. 1864.

(1) Tous ces princes portaient depuis 1806 le titre de Ducs de Wurtemberg.

6. *Alexandre* Paul Louis Constantin, n. 9 sept. 1804; marié, 2 mai 1835, à Claudine, comtesse de Rhédy, créée comtesse de Hohenstein; veuf 1er oct. 1841.

Le fils, marié à Marie-Adélaïde de la Grande-Bretagne, porte le titre de duc de Teck; les filles celui de princesses de Teck.

II. De feu le duc Eugène Fréd. Henri, n. 21 nov. 1758; marié, 21 janv. 1787, à Louise, princesse de Stolberg-Gedern, veuve du duc Auguste Fréd. Charles de Saxe-Meiningen (n. 13 oct. 1764; m. 24 mai 1834). m. 20 juin 1822.

1. Feu Fréd. *Eugène* Charles Paul Louis, n. 8 janv. 1788; marié 1° 20 av. 1817, à Caroline Fréd. *Mathilde* (n. 10 av. 1801; m. 13 av. 1825), fille de Georges, prince de Waldeck; 2° 11 sept. 1827, à

Hélène, princesse de Hohenlohe-Langenbourg, n. 22 nov. 1807; veuve 16 sept. 1857.

Enfants du 1er lit: 1. *Marie* Alexandrine, n. 25 mars 1818; veuve 12 fév. 1868, de Charles, landgrave de Hesse-Philippsthal.

2. Feu *Eugène* Guillaume, n. 25 déc. 1820; marié 15 juill. 1843, à

Mathilde Auguste, n. 11 sept. 1818, fille de feu Georges, prince de Schaumbourg-Lippe, veuve 8 janv. 1875. (*Carlsruhe*, en Silésie).

Enfants: 1. *Wilhelmine* Eugénie, n. 11 juill. 1844, mariée à Nicolas, duc de Wurtemberg (v. plus bas).

2. Guillaume *Eugène*, n. 20 août 1846; mariée, 8 mai 1874, à *Wéra* Constantinowna, grande-duchesse de Russie, n. 16 fév. 1854.

Fils: *Charles* Eugène, n. 8 av. 1875.

3. *Pauline* Mathilde, n. 11. av. 1854.

Du 2d lit. 3 Feu *Guillaume* Alexandre, n. 13, m. 15 av. 1825.

4. *Guillaume* Nicolas, n. 20 juill. 1828.

5. *Alexandrine* Mathilde, n. 16 déc. 1829.

6. *Nicolas*, n. 1er mars 1833; marié, 8 mai 1868, à sa nièce Wilhelmine (v. plus haut).

7. Pauline Louise *Agnès*, n. 13 oct. 1835, mariée au prince de Reuss-Schleiz.

2. Feue Fréd. Sophie *Louise*, n. 4 juin 1789, mariée au prince de Hohenlohe-Ingelfingen ; m. 26 juin 1851.
3. Feu *Georges*, n. 15 juin 1790; m. 25 déc. 1795.
4. Feu *Henri*, n. 13 déc. 1792; m. 28 nov. 1797.
5. Feu Fréd. *Paul* Guillaume, n. 25 juin 1797; marié, 17 av. 1827, à Marie *Sophie*, princesse de la Tour-et-Taxis (n. 4 mars 1800 ; m. 20 déc. 1870); m. 24 nov. 1860.

Fils: Guill. Ferdinand *Maximilien*, n. 3 sept. 1828.

III. De feu le duc Guillaume Fréd. Philippe, n. 27 déc. 1761; marié, 23 août 1800, à Wilhelmine, née baronne de Tunderfeld, créée burgravine de Rhodis; m. 10 août 1830.

Deux fils, *Alexandre* (m. 7 juill. 1844) et *Guillaume* (m. 17 juill. 1869), qui portèrent le titre de comtes de Wurtemberg; le second (qui était revenu au catholicisme en 1862) avait en outre celui de duc d'Urach.

IV. De feu le duc Alexandre Fréd. Charles, n. 25 av. 1771; marié, 17 nov. 1798, à Antoinette Ernestine Amélie (n. 28 août 1779; m. 14 mars 1824), fille du duc François de Saxe-Cobourg; m. 4 juill. 1833.

1. Feue Antoinette Fréd. Auguste *Marie* Anne, n. 18 sept. 1799; mariée à Ernest Ier, duc de Saxe-Cobourg-et-Gotha; m. 24 sept. 1860.
2. Feu *Paul*, n. 24 oct. 1800; m. 7 sept. 1802.
3. Frédéric Guillaume *Alexandre*, n. 20 déc. 1804; marié, 17 oct. 1837, à *Marie* Christine, etc., d'Orléans, n. 12 av. 1813, fille de feu Louis Philippe, roi des Français; veuf 3 janv. 1839.

   Fils: *Philippe* Alexandre Marie Ernest, n. 30 juill. 1838 (cathol.); marié, 18 janv. 1865, à *Marie-Thérèse*, n. 15 juill. 1845, fille de l'archiduc *Albert* d'Autriche.

   Enfants (cath.): 1. *Albert* Marie, n. 23 déc. 1865.
   2. *Marie* Amélie, n. 24 déc. 1865.
   3. Marie *Isabelle*, n. 31 août 1871.
   4. *Robert* Marie Clément, n. 14 janv. 1873.
4. Feu *Ernest* Alexandre Constantin, n. 11 août 1807 ; marié ; m. 26 oct. 1868.
5. Feu *Frédéric*, n. 29 av. 1810; m. 25 av. 1815.

www.ingramcontent.com/pod-product-compliance
Ingram Content Group UK Ltd.
Pitfield, Milton Keynes, MK11 3LW, UK
UKHW020549180726
13838UKWH00001B/138

9 782329 417653